权威·前沿·原创

皮书系列为
"十二五""十三五"国家重点图书出版规划项目

中国社会科学院创新工程学术出版资助项目

俄罗斯黄皮书
YELLOW BOOK OF RUSSIA

俄罗斯发展报告（2017）

ANNUAL REPORT ON DEVELOPMENT OF RUSSIA (2017)

中国社会科学院俄罗斯东欧中亚研究所
主　编／李永全
副主编／李中海　张昊琦

社会科学文献出版社
SOCIAL SCIENCES ACADEMIC PRESS (CHINA)

图书在版编目(CIP)数据

俄罗斯发展报告.2017/李永全主编.——北京:
社会科学文献出版社,2017.6
(俄罗斯黄皮书)
ISBN 978-7-5201-1024-2

Ⅰ.①俄… Ⅱ.①李… Ⅲ.①国家建设-研究报告-俄罗斯-2017 Ⅳ.①D751.2

中国版本图书馆 CIP 数据核字(2017)第 126861 号

俄罗斯黄皮书
俄罗斯发展报告(2017)

主　　编/李永全
副 主 编/李中海　张昊琦

出 版 人/谢寿光
项目统筹/祝得彬
责任编辑/张苏琴　王小艳

出　　版/社会科学文献出版社·当代世界出版分社(010)59367004
　　　　　地址:北京市北三环中路甲29号院华龙大厦　邮编:100029
　　　　　网址:www.ssap.com.cn

发　　行/市场营销中心(010)59367081　59367018
印　　装/北京季蜂印刷有限公司

规　　格/开 本:787mm×1092mm　1/16
　　　　　印 张:17.75　字 数:267千字
版　　次/2017年6月第1版　2017年6月第1次印刷
书　　号/ISBN 978-7-5201-1024-2
定　　价/89.00元

皮书序列号/PSN Y-2006-061-1/1

本书如有印装质量问题,请与读者服务中心(010-59367028)联系

▲ 版权所有 翻印必究

俄罗斯黄皮书编委会

主　　编　李永全

副 主 编　李中海　张昊琦

编　　委（以姓氏笔画为序）

　　王晓泉　刘显忠　孙　力　李中海　李永全
　　李进峰　吴宏伟　庞大鹏　赵会荣　柳丰华
　　柴　瑜　高　歌　程亦军　薛福岐

撰 稿 人（以姓氏笔画为序）

　　马　强　王海燕　王晨星　刘　丹　吕　萍
　　许　华　李永全　李勇慧　张昊琦　张聪明
　　庞大鹏　赵玉明　柳丰华　高际香　徐洪峰
　　郭晓琼　蒋　菁　韩克敌　程亦军

俄文翻译　凤　玲

主要编撰者简介

李永全 1955年生，辽宁海城人，1975年毕业于辽宁大学外语系，1990年毕业于莫斯科大学历史系，历史学博士，研究员。现任中国社会科学院俄罗斯东欧中亚研究所所长，中国俄罗斯东欧中亚学会会长，中国上海合作组织研究中心执行主任，《俄罗斯东欧中亚研究》杂志主编。曾长期在中共中央编译局从事经典著作翻译和国际问题研究，曾任国务院发展研究中心欧亚社会发展研究所常务副所长，《光明日报》驻莫斯科记者。

主要著作有《俄国政党史——权力金字塔的形成》（专著）（1999年，中央编译出版社，2006年第三次印刷）、《俄国政党史——权力金字塔的形成与坍塌》（2017年，社会科学文献出版社）、《莫斯科咏叹调》（2005年，东方出版社）。

主编《丝路列国志》（2015年，社会科学文献出版社）、《俄罗斯发展报告》（黄皮书）（社会科学文献出版社）、《"一带一路"建设发展报告》（蓝皮书）（社会科学文献出版社）。主要译著有格里加尔《为了欢乐而生》（1986年，天津人民出版社）、瓦·博尔金《戈尔巴乔夫沉浮录》（1996年，中央编译出版社）、尼·雷日克夫《大动荡的十年》（1998年，中央编译出版社）、肖洛霍夫《他们为祖国而战》（2005年，东方出版社）、伊·列昂诺夫《独臂长空》（2005年，东方出版社）等。

李中海 中国社会科学院俄罗斯东欧中亚研究所研究员，《俄罗斯东欧中亚研究》杂志执行主编，中国社会科学院研究生院教授。长期从事俄罗斯经济研究。主编《普京八年：俄罗斯复兴之路（2000~2008）》（经济卷），获中国社会科学院优秀科研成果二等奖；著有《俄罗斯经济外交：理论与实践》，获中国社会科学院优秀科研成果三等奖，并著有《俄罗斯中东欧中亚转型系列丛书：曲折的历程（中亚卷）》等。

张昊琦 中国社会科学院俄罗斯东欧中亚研究所副研究员，《俄罗斯东欧中亚研究》杂志副主编。从事俄罗斯政治、俄罗斯政治思想史和中俄关系史研究。著有《俄罗斯帝国思想初探》（2012年），共同主编《当代俄罗斯精英与社会转型》（2015年）。

摘 要

2016年俄罗斯对内求稳定，对外思进取，总体上保持了稳定有序发展势头。突出表现在：国家杜马选举成功举行，政治稳定可持续；经济形势略有好转，长期增长缺乏动力；大国外交风格凸显，与西方关系依旧微妙；中俄关系稳中有进，期待"一带一盟"结伴而行。

在政治方面，俄罗斯国家杜马选举历来是社会政治情绪的晴雨表和确定社会政治稳定性的重要尺度。2016年俄罗斯国家杜马选举对2018年总统大选具有重要意义，也可以说是总统选举的预演。在此次选举中，统一俄罗斯党获得343席，超过2/3的宪法多数，在立法机关中继续发挥主导作用。这次选举是在俄罗斯遭受全球经济危机影响，西方因克里米亚问题进行制裁和国内经济状况不利的形势下进行的。选举结果表明，执政当局有能力、有手段保持俄罗斯社会政治稳定。

在经济方面，2016年俄罗斯经济形势总体上好于预期，呈现不少积极迹象，具有如下特点：（1）经济没有走出困境，但降幅明显缩小；（2）实体经济表现出色；（3）国家选举对社会经济稳定有一定影响。在世界经济形势疲软、能源市场不景气、能源价格持续低迷的大背景下，以能源工业为主要产业，以能源出口为政府主要收入来源的俄罗斯经济，在2016年没有出现令人鼓舞的局面，GDP下降幅度低于1%。值得指出的是，通货膨胀水平达到近几年最低。农业连续几年快速增长，似乎成了带动俄罗斯经济增长的火车头。2016年粮食产量达到1.184亿吨，是历史最好水平。在西方制裁的背景下，进口替代政策的实施具有重要意义。2016年俄罗斯在这方面取得了显著进展，在药品工业、化学工业、轻工业、重型机械、道路设备等领域，俄罗斯基本上实现全部进口替代。

从长远看,俄罗斯经济的传统问题,即结构问题仍然没有解决,而且短期内难以解决。

在外交方面,2016年俄罗斯外交仍围绕克里米亚、乌克兰和叙利亚问题展开,但俄罗斯外交政策出现一些变化。最重要最本质的变化是从苏联解体、俄罗斯独立后的防御型外交转向积极进取或进攻型外交。新时期俄罗斯外交的特点被专家归纳为:在性质方面,是进取型外交或进攻型外交;在所关注的重点方面,首先考虑俄罗斯利益,较少关心其他国家的利益;在舆论或话语体系方面,努力占领舆论和信息宣传制高点,且主要针对国内受众;在手段方面,崇尚强力手段;在目的方面,追求提高国家的国际地位;在行动策划方面,志在反应快捷,不求深思熟虑;在与其他参与者的配合方面,明显以己为主。对俄罗斯这外交行为的目的有各种不同的解释。俄美关系是俄罗斯对外政策的重点,甚至是核心,处理好与美国的关系始终是俄罗斯外交的重要课题和议题。"向东转"战略在2016年继续推进,2016年在这方面最大的变化是,除继续加强与中国的全面合作外,俄罗斯加强了对亚太尤其东北安全议题的参与,加强了与东盟的联系和合作。

在中俄关系方面,2016年是《中俄睦邻友好合作条约》签署15周年,双方在总结合作经验的基础上,提出了进一步巩固中俄关系的愿望和目标。2016年,中俄战略协作伙伴关系在战略对接中发展。战略对接包括全球发展战略、区域发展战略、国家发展战略和行业发展战略。中俄发展战略在许多方面具有对接和互补性,从而为双边全面战略伙伴关系的提升创造了条件。在全球和地区事务中,中俄战略协作不仅表现在宣示合作领域和意向上,而且有具体行动。在维护全球和地区战略稳定方面,中俄明确表示反对美国在韩国部署反导系统,并加强军事合作,有针对性地进行军事演习,提高两国军队的合作水平。在国际政治领域,中俄在东北亚安全、叙利亚危机、互联网安全、反恐等领域进行密切战略配合,在上海合作组织、二十国集团、金砖国家等多边合作机制内继续进行富有成效的合作。在两国务实合作领域,,进一步落实两国务实合作项目,2016年中俄经贸合作企稳回升,中国继续保持俄罗斯第一大贸易伙伴地位。继 2015 年中俄提出在"丝绸之路经济带"和欧亚经济联盟建设方面实施对接后,2016 年又提出共同建立欧亚全面伙伴关系的倡议,开启了探索更广泛合作的进程,对维护地区稳定、加强互联互通和贸易便利化、深化人文交流、促进多样文明互鉴具有重要意义。

目 录

Ⅰ 总报告

Y.1 对内求稳定，对外思进取
　　——2016年俄罗斯内政外交政策述评 …………… 李永全 / 001

Ⅱ 政治

Y.2 2016年俄罗斯政治形势分析 …………………… 庞大鹏 / 014
Y.3 普京新时期俄罗斯社会治理评析：
　　以非营利组织为例 ……………………………… 马　强 / 027

Ⅲ 经济

Y.4 2016年俄罗斯经济形势述评 ………………… 程亦军 / 042
Y.5 俄罗斯的经济危机与普京的应对策略 ………… 张聪明 / 057
Y.6 经济制裁背景下的俄罗斯农业发展总体形势 … 蒋　菁 / 063
Y.7 俄罗斯养老保障制度改革新进展与难题分析 … 高际香 / 080

001

Ⅳ 外交

- Y.8 2016年俄罗斯外交 ········· 柳丰华 / 090
- Y.9 2016年独联体地区形势 ········· 刘 丹 / 097
- Y.10 2016年欧亚经济联盟运行情况分析 ········· 王晨星 / 110
- Y.11 2016：俄罗斯在上海合作组织框架内的合作与互动 ········· 吕 萍 / 129
- Y.12 "大欧亚"：从地缘经济、地缘政治到世界秩序 ········· 张昊琦 / 139
- Y.13 俄美对抗在2016年的升级 ········· 韩克敌 / 153
- Y.14 僵局难破：2016年俄欧关系的基本态势 ········· 赵玉明 / 168
- Y.15 2016年俄罗斯与东盟关系：大欧亚伙伴关系框架下寻求区域一体化合作 ········· 李勇慧 / 179
- Y.16 俄罗斯文化的对外传播：历程、资源与挑战 ········· 许 华 / 194

Ⅴ 中俄关系

- Y.17 2016年中俄关系 ········· 柳丰华 / 209
- Y.18 中俄经贸合作的新进展 ········· 郭晓琼 / 216
- Y.19 特朗普政府"美国第一能源计划"对世界能源发展和中俄能源合作的影响 ········· 徐洪峰 王海燕 / 231

Ⅵ 附录

- Y.20 Оглавление ········· / 241
- Y.21 Краткое содержание«Доклада о развитии России（2017）» ········· / 243
- Y.22 Аннотации статей «Доклада о развитии России（2017）» ········· / 248

总报告

Y.1
对内求稳定，对外思进取
——2016年俄罗斯内政外交政策述评

李永全*

摘　要：　2016年俄罗斯对内求稳定，对外思进取，总体上保持了稳定有序发展势头。突出表现在：国家杜马选举成功举行，政治稳定可持续；经济形势略有好转，长期增长缺乏动力；大国外交风格凸显，与西方关系依旧微妙；中俄关系稳中有进，期待"一带一盟"结伴而行。2016年国家杜马选举，"统一俄罗斯"党获得超过2/3的宪法多数席位，在立法机关中继续发挥主导作用。2016年经济形势总体上好于预期，呈现不少积极迹象，经济虽未走出困境，但降幅明显缩小，实体经济表现出色，通货膨胀水平达到近几年最低，农业连续几年

---

* 李永全，中国社会科学院俄罗斯东欧中亚研究所所长、研究员。

快速增长，进口替代取得了显著进展。2016年俄罗斯外交仍围绕克里米亚、乌克兰和叙利亚问题展开，外交政策从苏联解体、俄罗斯独立后的防御型外交转向积极进取或进攻型外交。2016年中俄关系继续平稳发展，双方在总结践行合作经验基础上，提出了进一步巩固中俄关系的愿望和目标，在全球和地区合作、上合组织及其他多边领域和双边合作方面都取得了一系列积极进展，中俄战略协作的重要意义进一步显现。

关键词： 俄罗斯政治　俄罗斯外交　俄罗斯经济　"一带一盟"对接

一　国家杜马选举成功举行，政治稳定可持续

2016年是俄罗斯联邦会议下院国家杜马选举之年。这次选举对2018年总统大选来说具有重要意义，也可以说是总统选举的预演。9月18日的选举以"统一俄罗斯"党的完胜告终。在俄罗斯国家杜马450个席位中，"统一俄罗斯"党获得343席，超过2/3的宪法多数，在立法机关中继续发挥主导作用。

这次选举是在俄罗斯遭受全球经济危机影响，因克里米亚问题受到西方制裁以及国内经济状况不利的形势下举行的。选举结果表明，执政当局有能力、有手段保持俄罗斯社会政治稳定。

俄罗斯国家杜马选举历来是社会政治情绪的晴雨表和确定社会政治稳定性的重要尺度。与此同时，负责立法等重要职能的国家杜马也是俄罗斯社会政治稳定的重要基础。因此，自从1993年俄罗斯恢复国家杜马建制以来，历次选举都受到俄罗斯国内外的关注，执政集团努力保证自己的支持者在国家杜马中占据多数，以保证各项政策得到立法进程的支持；各种利益集团努力把自己的代言人送进国家杜马，以便维护自身利益；形式上代表弱势群体

的反对派把国家杜马视为最重要的活动舞台,而代表某些特定选民群体的组织如俄罗斯自由民主党,则充分抓住选民心理,利用现代政治手段和技术始终在国家杜马占有一席之地。

"统一俄罗斯"党在这次选举中完胜,主要得益于以下几个因素。了解这些因素对了解俄罗斯的社会形势具有重要意义。

1. 克里米亚共识效应在延续

2014年3月,在乌克兰危机白热化阶段,克里米亚半岛被并入俄罗斯联邦,引发西方社会对俄罗斯的一系列制裁。与此同时,俄罗斯社会被近乎狂热的爱国主义情绪所笼罩,普京总统和执政集团在政治上赢得巨大支持。此次国家杜马选举中,不仅"统一俄罗斯"党,而且所谓的体制内反对派俄罗斯共产党、自由民主党和"公正俄罗斯"党都不同程度地因为"克里米亚共识",至少在对外政策上支持普京总统。而那些持反对派立场的政治力量和部分文化精英则进一步失去民众的支持。可以认为,克里米亚效应还将影响俄罗斯社会政治情绪。

2. 选举过程的组织工作周密细致

此次国家杜马选举恢复了传统的复合式选举,即国家杜马450个议席中,一半由按照选举法规定的门槛进入国家杜马的各政党分配,一半由单席位选举产生。分析人士认为,这是2011年国家杜马选举后出现大规模抗议活动的结果,是克里姆林宫当局向反对派做出的让步。这种说法有一定道理,但是不全面。实际上,这是克里姆林宫看到2007年和2011年杜马选举结果后,主动采取的措施。这样做既可以安抚反对派,也可以安抚选民。恢复单席位选区选举的做法对当局是有利的,因为谁有行政资源谁就能够赢得选举,这个过程当局绝对是可以掌控的。在形式上,只要符合选举法,每个人都可以在单席位选区竞选。这次选举结果和国家杜马党团组成情况表明,"统一俄罗斯"党在单席位选区中也取得了重要成绩,在单席位选区竞选的其他参与者,如果没有地方行政资源的配合,要想战胜"统一俄罗斯"党候选人,几乎是不可能的。这次选举中,"统一俄罗斯"党刻意让出部分机会给其他政党,并扶持几个小党赢得个别席位,为克里姆林宫总体控制的政治棋盘增添了一些色彩。总之，这次选举再次证明了克里姆林宫控制局势的能力。

3. 以法律手段遏制反对派的影响

如果不算体制内的反对派，即国家杜马内"统一俄罗斯"党以外的政党，那么俄罗斯政治反对派势力是很弱的。除进入国家杜马的4个政党外，其他参加国家杜马选举的10个政党的得票率都在1%左右，远远低于选举法规定的进入国家杜马的门槛。俄罗斯政坛上，真正的政治反对派是由前总理卡西亚诺夫领导的人民自由党，这是自由派的政党。自由主义和自由派在俄罗斯普通选民中已经声名狼藉，他们全盘否定普京的内外政策，属于"克里米亚共识"之外的政治力量，因此在俄国政坛上的影响和威信都很弱。当局对待他们的立场和手段是以法治之。之前通过的《非营利组织法》、《集会游行示威法》以及《网络安全法》等法案，不仅切断了他们的经费来源，也可以随时掌握他们的活动情况。

4. 普京执政魅力依旧在

俄罗斯人喜欢政治强人，在经历20世纪90年代的国家衰败后，普通俄罗斯人渴望出现以强硬执政风格掌管国家的领导人。普京的出现满足了俄罗斯人的这个愿望。普京对恐怖主义的无情、对西方制裁的强硬反应、对国际上突发事件的快速反应、对克里米亚命运的果断决策，都赢得了人民的拥护甚至崇拜。这种社会情绪使普京成为俄罗斯社会稳定的重要因素，成为执政党吸引选票的武器。

5. 成功地将国内问题和矛盾转移到国外

这些年俄罗斯经济形势比较严峻。全球经济危机、汇率波动、经济下滑、西方制裁、居民生活水平下降等因素都是对政治家执政能力的考验。在这些因素中，俄罗斯内部的问题，如过于依赖能源的经济结构是经济发展中的主要问题，即使没有西方的制裁，俄罗斯的经济依然面临严重的挑战。国家杜马选举在这种形势下进行，对当局是十分不利的。但是俄罗斯当局通过动员民族主义情绪，成功地将国内问题和国内矛盾转嫁到国外，使民众相信"一切问题源自外部"，从而增强了社会团结。

二 经济形势略有好转，长期增长缺乏动力

2016年俄罗斯经济形势总体上好于预期，呈现不少积极迹象，具有如下特点：一是经济没有走出困境，但降幅明显缩小；二是实体经济表现出色；三是国家选举对社会经济稳定有一定影响。

在世界经济形势疲软、能源市场不景气、能源价格持续低迷的大背景下，以能源工业为主要产业，以能源出口为政府主要收入来源的俄罗斯经济，在2016年没有出现令人鼓舞的局面。

2015年，俄罗斯国内总产值下降3.7%。2015年12月，大部分俄罗斯专家预测2016年经济下滑幅度将在2%左右，但是实际情况大大好于大部分专家的预期，2016年GDP下降幅度低于1%。全年经济走势给人一种印象，似乎俄罗斯经济在逐渐适应新环境，有些月份甚至出现增长。值得指出的是，2016年俄罗斯通货膨胀水平达到近几年来的最低，全年低于6%，而2015年通胀率曾经达到12.9%。

农业连续几年表现突出。农业似乎成了带动俄罗斯经济增长的火车头。2016年粮食产量达到1.184亿吨，是历史最好水平，其中小麦产量7200万吨，玉米产量1410万吨。① 俄罗斯成为粮食出口大国，2016年粮食出口占整个农业出口的70%。② 在西方对俄罗斯的经济制裁没有结束的情况下，农作物的大面积丰收带动了食品工业的发展，对改变经济结构发挥了积极作用。俄罗斯农业部部长乐观地说：随着石油价格不断下降，粮食生产将占据头等位置。农业的表现在进口替代方面发挥了重要作用，在俄罗斯商店里，国内生产的奶制品和肉制品等已经占到78%。③ 农业生产大幅度增长对于危

---

① 《2016年俄罗斯粮食产量将达破纪录的1.17亿吨》，http://inter.1nongjing.com/a/201612/158029.html。
② Российская экономика заканчивает 2016 год на позитиве, https://vz.ru/economy/2016/12/27/851421.html.
③ Российская экономика заканчивает 2016 год на позитиве, https://vz.ru/economy/2016/12/27/851421.html.

机形势下稳定基本商品市场起到积极作用。俄罗斯进口的农产品明显减少，从2014年到2016年8月，市场上进口食品从34%减少到22%~24%，进口猪肉消费从17%减少到9%，进口禽类从18%减少到10.5%，进口奶酪从46%减少到22%，等等。

能源工业也表现不俗。2016年俄罗斯开采石油5.47亿吨，比2015年增长2.5%。天然气开采量达到6400亿立方米，比2015年增长0.7%。① 由于国际能源价格仍然在低水平运行，能源工业增长幅度对缓解政府财政困难的作用很有限。西方制裁对俄罗斯能源工业企业造成的融资困难依然存在，从某种意义上来说，能源企业的长期发展规划由于制裁造成的融资困难而受到影响。

在西方制裁的背景下，进口替代政策的实施具有重要意义。2016年俄罗斯在这方面取得了显著进展。普京总统在年度记者会上说，工业品进口减少10%，从过去的49%下降到39%，而在药品工业、化学工业、轻工业、重型机械、道路设备等领域，俄罗斯基本上实现全部进口替代。

2016年，卢布对美元的汇率止跌回升，从1美元兑换80卢布到1美元兑换61卢布。这主要是因为通胀率下降和国际市场石油价格回升，石油价格已从30美元/桶上涨到55美元/桶。

2016年是俄罗斯国家杜马选举年。为了保证选举结果有利于社会稳定，必须引导选民选举"统一俄罗斯"党，而要做到这一点，必须保证居民生活水平不会因为西方经济制裁和经济发展下滑而降低，因此，用有限的财政资源保证市场稳定比保证企业融资更重要。这个因素也对2016年的经济形势有一定影响。总体上，虽然俄罗斯经济还处于恢复时期，居民生活还有种种困难，但是国家杜马选举仍然按照克里姆林宫的愿望顺利进行，并取得预期成果。

从长远看，俄罗斯经济的传统问题即结构问题仍然没有解决，而且短期

---

① Добыча нефти в РФ в 2016 году выросла до рекордных 547,5 млн тонн. Интерфакс, 02.01 2017.

内难以解决。2016年经济发展情况表明，农业最有可能成为俄罗斯经济结构调整或变化的重要行业。其他方面的结构调整难度很大。经济环境好的时候，即国际能源市场行情有利于俄罗斯的时候，结构改革的动力不大，而经济形势不景气的时候，结构改革的愿望强烈，但是阻力很大。从2016年的经济发展看，能源工业仍然是危机时期保证财政收入和社会政策的主要来源。2016年国家杜马选举结束后，2018年将迎来总统大选，虽然普京总统若继续参选必将获胜，但是，选举周期中进行结构改革甚至调整的可能性是有限的。因此，俄罗斯经济在现有结构下增长乏力，制裁不是俄罗斯经济增长缓慢的主要原因。随着总统大选日期的临近，社会上将再次掀起关于经济发展方式问题的讨论，或许还会出现由各个不同利益集团和不同流派的专家制定的各种发展方案和发展战略，但是那多半是选举的需要，而真正的改革将在大选结束后方见分晓。

三 大国外交风格凸显，与西方关系依旧微妙

2016年俄罗斯外交是由几个热点构成的，即克里米亚、乌克兰和叙利亚问题。这些热点反映了俄罗斯外交政策的变化，其最重要的本质是从苏联解体、俄罗斯独立后的防御型外交转向积极进取或进攻型外交。但是这种变化不是从2016年开始的，而是20余年来俄罗斯与美国和西方关系发展的结果，2016年不过是发展链条中的一个重要环节。

乌克兰危机是俄罗斯与美国在原苏联地区地缘政治博弈的逻辑结果，与此前的格鲁吉亚"颜色革命"、2008年高加索战争属于同一类问题。波罗的海三国即爱沙尼亚、拉脱维亚和立陶宛加入北约是俄罗斯向美国和北约让步的底线。俄罗斯认为格鲁吉亚和乌克兰发生的事情超出了俄美关系发展中俄罗斯可以让步的范围。俄罗斯认为，是北约东扩或西方势力侵入俄罗斯势力范围，触动了俄罗斯地缘政治核心利益，于是便有了俄罗斯与美国在新形势下的地缘政治博弈。所谓新形势，是普京主政克里姆林宫以来的国际政治形势。

了解俄美关系，必须知晓苏联解体以来双边关系的发展历程。在这个历史进程中，俄罗斯既有拥抱西方的尝试，也有接二连三的失望。20世纪90年代初期，俄罗斯曾经努力与美国等西方国家建立平等的伙伴关系，甚至加入了西方大国俱乐部，成为所谓的G8成员。但是，北约东扩的步伐并没有因此而放慢，而且兵力部署直逼俄罗斯家门口。90年代中后期，俄罗斯开始调整向西方一边倒的外交，转而实行以俄罗斯国家利益为中心、东西方兼顾的外交。普京入主克里姆林宫后，这种外交特征更加鲜明。

俄罗斯与美国等西方国家的关系包括安全问题和经济合作。在安全问题上，实际上是俄美之间的关系，因为欧洲安全或西方安全依赖美国，话语权也在美国；而经济关系则主要是俄罗斯与欧洲的关系，因为俄美之间的经贸合作规模始终没有重要突破，其规模对双方政治关系的影响可以忽略不计。在政治和安全领域，俄美之间既有共同利益，也有结构性矛盾。在全球战略稳定、不扩散核武器和核材料、反对恐怖主义等领域，双方需要配合和合作，而在欧洲安全和全球战略格局方面，美欧对俄罗斯的定位是矛盾的。欧洲安全离不开俄罗斯，与此同时，某些欧洲国家认为俄罗斯本身就是欧洲安全的问题，甚至是对欧洲安全的威胁。在这种矛盾的心理和双边关系下，合作与制约、防范俄罗斯成为西方处理对俄关系的主线，合作与摩擦成为交替发生的现象。

俄罗斯与美国等西方国家打交道时，既有"短兵相接"（如1999年俄罗斯参与前南地区维和部队200名军人为了维护俄罗斯战略利益突袭普里什蒂纳机场与北约部队的对峙①）、"唇枪舌战"（如2007年普京在慕尼黑安全会议上的讲话），也有合作（如"9·11"事件后俄罗斯对美国在阿富汗的军事行动的支持）。

进入21世纪后，俄美在原苏联地区的博弈加剧，格鲁吉亚和乌克兰不过是这场地缘政治博弈的牺牲品。克里米亚地位发生变化，从乌克兰领土变

---

① Марш-бросок на Приштину, https：//ru.wikipedia.org/wiki/Марш-бросок_на_Приштину.

为俄罗斯领土，格鲁吉亚的南奥塞梯和阿布哈兹地位的变化严格来说也是这个性质。这是地缘政治博弈的结果，也是有关国家卷入地缘政治博弈的代价。

2016年俄罗斯外交的另一个热点话题是叙利亚。

俄罗斯参与解决叙利亚冲突始于2015年。叙利亚危机涉及一系列复杂议题：中东地区动荡、伊斯兰内部矛盾、反对国际恐怖主义、大国博弈等。对于俄罗斯参与叙利亚冲突有各种各样的解释。最普遍的解释是，俄罗斯试图通过在叙利亚的行动摆脱外交孤立状态，即所谓的"声东击西"。2016年俄罗斯在叙利亚的军事行动依旧可圈可点。从2015年俄罗斯主动卷入叙利亚危机的解决进程到目前为止，俄罗斯在叙利亚的行动，无论在军事上，还是在政治上都是成功的，至少到现阶段为止是成功的。俄罗斯专家评估，当初失败的可能性和失败的危险还是很大的，但是领导人的魄力促成了这次略带冒险的行动。虽然试图通过叙利亚危机这道门走出乌克兰危机的目的没有达到，但是俄罗斯取得了意外的收获。军事行动开始一个月后，局势就发生重大变化，叙利亚政治调解进程出现转机，内外冲突各方同意参加对话，美国和西方集团也不得不承认俄罗斯在战场上取得的成绩和这一成绩引发的政治效果。有些俄罗斯专家甚至认为，利用军事手段促成政治解决，俄罗斯这次行动完全可作为正面教材写入国际关系教科书。这场军事行动极大地提高了俄罗斯的国际影响力，加强了俄罗斯与美国和西方对话的实力。

普京在这场外交战役中既有强大的军事行动，也有细致的外交手段，两者相得益彰，比如对土耳其。2015年土耳其击落俄罗斯苏－24飞机，次年俄罗斯驻土耳其大使遇害，俄土关系一度非常紧张，俄罗斯对土耳其实施了一系列制裁措施，甚至一度出现俄罗斯和土耳其之间可能发生军事冲突的预测。但是，现实生活本身的变化却出乎意料，普京以大局为重，不仅没有使俄土关系继续恶化，而且巧妙地使双边关系在大战略基础上得到改善。美国在乌克兰问题、克里米亚问题以及制裁问题上没有向俄罗斯做出实质性让步，但是俄美对话的前景是明朗的。虽然叙利亚危机前景仍旧充满未知数，但是大国都情愿或不情愿地参与俄罗斯主导的这场"舞台剧"，足以说明普

京这场外交的效果。

俄罗斯外交政策和行为的这种质的变化，是多年战略谋划的具体实施，标志着俄罗斯不认可现存的、忽视俄罗斯利益的国际秩序，要以实际行动改变这个秩序。

新时期俄罗斯外交的特点被专家归纳为：在性质方面，是进取型外交或进攻型外交；在所关注的重点方面，首先考虑俄罗斯利益，较少关心其他国家的利益；在舆论或话语体系方面，努力占领舆论和信息宣传制高点，且主要针对国内受众；在手段方面，崇尚强力手段；在目的性方面，追求提高国家的国际地位；在行动策划方面，志在反应快捷，不求深思熟虑；在与其他参与者的配合方面，明显体现出以己为主。[1]

对俄罗斯这种外交行为的目的有各种不同的解释。第一种解释是俄罗斯追求战术效果，实质是对西方进攻的防御性反应，目的是破坏或抵消西方的进攻影响。第二种解释是俄罗斯外交行为在实践和空间上具有战略意义，实质是外交上的反攻，而且是被迫进行的反攻，目的是主导国际政治议题。第三种解释是俄罗斯在把国内问题国际化，或转移国内矛盾。把国内问题的责任归罪于外部敌人及其在国内的代理人是屡试不爽的政治手段。这既有战术意义，也有战略意义。对于2016年的俄罗斯而言，这样做至少达到三个目的：保证国家杜马选举胜利，反击对当局政策的批评和扩大对当局的支持，实现国内政治上的团结。

俄美关系是俄罗斯对外政策的重点，甚至是核心，处理好与美国的关系始终是俄罗斯外交的重要议题。2016年是美国选举年。历来美国的选举年中，俄美关系都是双方的议题。无论唐纳德·特朗普还是希拉里·克林顿，竞选中都必提美俄关系。但是两人对俄罗斯的态度差距颇大，俄罗斯对两人的态度也异常鲜明。对民主党候选人希拉里·克林顿，俄罗斯始终表现出厌恶情绪；对于特朗普，俄罗斯虽然并没有对他在改善双边关系方面抱多大希望，但是在努力尝试，因此对于美国奥巴马政府以干预美国大选为由驱逐

---

[1] Мировая Экономика И Межпународные Отношения, 2016, том 60, № 7, c. 5 - 15.

35名俄罗斯外交官的做法保持异常克制态度，没有进行对等报复。但是，从特朗普当选后俄美关系走势看，左右俄美关系的显然不是个人，哪怕是总统，而是两国在全球和地区的根本利益，俄美关系的走向最终是由利益和利益集团决定的。

俄罗斯与西方的双边关系是俄罗斯精英的经常性话题。对于双边关系发展前景，也有几种设想和预测。第一，理想状态的双边关系是，俄罗斯是西方的一部分，甚至被视为西方的领袖之一；第二，俄罗斯不是西方的一部分，但是与西方进行有效合作；第三，俄罗斯与西方的关系是一种竞争关系，在外部世界竞争；第四，俄罗斯与西方形成冲突对抗关系，如果发生这种对抗，多半是在俄罗斯的"势力范围"，即独联体地区；第五，俄罗斯在东西方发挥平衡作用，这个前景的前提是西方与俄罗斯以外的大国处于对抗状态；第六，俄罗斯组织非西方国家反对西方国家。

在这些双边关系前景中，第一种前景不十分现实，双方都不会朝着这个方向努力，现在俄罗斯的强势外交，西方不喜欢，俄罗斯也不会改变；第五种和第六种的可能性也不大，最有可能的是第三种和第四种关系。当然，事态的发展不会像预测的那样，实际生活中，俄美之间既合作又摩擦的状况在相当长时间内将是常态。

俄罗斯"向东转"战略在2016年继续推进。"向东转"并不是放弃西方，做一个180度的转弯，而是根据俄罗斯发展和地缘政治利益实施的务实平衡外交。2016年在这方面最大的变化是，除继续加强与中国的全面合作外，俄罗斯加强了对亚太尤其是东北亚安全议题的参与，加强了与东盟的联系和合作。"向东转"最终取决于俄罗斯远东开发战略的实施和国内远东开发的步伐，地缘政治上取决于各种力量平衡进程，区域合作方面取决于欧亚经济联盟和"一带一路"的对接前景。

四　中俄关系在战略对接中发展

2016年是《中俄睦邻友好条约》签署15周年。双方在总结践行条约15

年经验的基础上，提出了进一步巩固中俄关系的愿望和目标。6月25日，普京总统访华期间，双方签署了《中俄联合声明》、《关于加强全球战略稳定的联合声明》和《关于协作推进信息网络空间发展的联合声明》。与此同时，中俄双方还签署了30多个合作文件，涵盖经贸、外交、基础设施、技术创新、农业、金融、能源、媒体、网络和体育等领域。

2016年，中俄战略协作伙伴关系在战略对接中发展，战略对接包括全球发展战略、区域发展战略、国家发展战略和行业发展战略。中俄发展战略在许多方面具有互补性和对接的可能，从而为双边全面战略伙伴关系的提升创造了条件。

在全球和地区事务中，中俄战略协作不仅表现在宣示合作领域和意向方面，而且有具体的行动。在维护全球和地区战略稳定方面，中俄明确表示反对美国在韩国部署反导系统，与韩加强军事合作，有针对性地进行军事演习，提高美韩两国军队的合作水平。

在国际政治领域，中俄在东北亚安全、叙利亚危机、互联网安全、反恐等领域进行密切战略配合，在上海合作组织、20国集团、金砖国家等多边合作机制内继续进行富有成效的合作。

在两国务实合作领域，2016年11月，中俄两国总理举行定期会晤，进一步落实两国务实合作项目。中俄经贸合作总水平在经历2015年下滑后，2016年企稳回升，中国继续保持俄罗斯第一大贸易伙伴地位，双边贸易结构继续改善，机电产品交易大幅增长，中国对俄罗斯机电产品出口增幅超过30%，从俄进口机电产品增幅达到35%。① 能源合作取得进展，2016年中国从俄罗斯进口原油5248万吨，② 创造历史新高。

在地区合作领域，双方继续探索中国东北振兴和俄罗斯远东开发对接的可能性，探索并实施长江中下游和伏尔加河流域城市间合作规划。

2015年，中俄签署了在"丝绸之路经济带"和欧亚经济联盟建设方面

---

① 数据来源：中国商务部网站，http：//www.mofcom.gov.cn。
② 《2016年俄罗斯成为中国进口原油第一来源国》，http：//mt.sohu.com/20170206/n480033892.shtml。

实施对接的联合声明，2016年又提出共同建立"欧亚全面伙伴关系"的倡议，包括吸纳欧亚经济联盟、上海合作组织和东盟成员国加入。这个倡议开启了探索更广泛区域合作的进程，对于维护地区稳定，加强互联互通和贸易便利化、深化各国人文交流、促进多样性文明互鉴，具有重要意义。

政 治

Y.2
2016年俄罗斯政治形势分析

庞大鹏*

摘　要： 2016年"统一俄罗斯"党在第七届国家杜马选举中获得议会绝对多数席位，为普京运筹2018年总统大选奠定坚实基础。在新的选举周期内，普京团队的执政精英进入代际更替。2016年全球民粹主义反弹影响俄罗斯政治的变化。俄罗斯的政治发展需要处理好开放政治与控制局势之间的关系，处理好安全利益与发展利益之间的关系。

关键词： 国家杜马选举　政治精英社会管理　民粹主义

---

* 庞大鹏，中国社会科学院俄罗斯东欧中亚研究所研究员，俄罗斯政治社会文化研究室主任。

2016年俄罗斯政治的中心事件是9月18日的第七届国家杜马选举。政权党"统一俄罗斯"党获得议会绝对多数席位，为普京政权运筹2018年总统大选奠定坚实基础。同时，俄罗斯政治也出现了一个"中期"①概念，社会和民众也会把"中期"后的问题都归结到政权党的身上。普京要直面一系列棘手的问题：经济增长乏力，精英团结出现裂痕且需要更新换代，后克里米亚共识逐渐褪去，民众有可能在民生等问题上出现厌倦和不满情绪等。②普京面临政治压力。

一 政治形势概述

2016年俄罗斯第七届国家杜马选举的背景是"普京主义"、"后克里米亚共识"和"危机源自国外"的宣传及由此形成的社会共识。这三大要素已经可以确保议会和总统选举不会出现大的意外。即便如此，普京政权为了确保选举万无一失，依然在政治控制上采取了更为严密的举措，主要体现在三个方面：严格管控反对派利用非营利性组织和网络公共空间开展组织和动员活动；严格控制政党制度和议会制度的运行机制，反对派无法在现有体制内向普京政权发难；有针对性地采取政治举措以确保"统一俄罗斯"党的政治地位。借助上述社会基础和制度保障，政权党"统一俄罗斯"党获得议会多数席位，为普京全面规划2018年总统大选前的内外政策奠定了坚实基础。

1. "统一俄罗斯"党夺得该党参加国家杜马选举以来在议会中的最多席位

根据2016年9月23日中央选举委员会的最终统计，在全联邦区按照政党比例代表制选举的结果为："统一俄罗斯"党得票率54.2%，俄罗斯共产党得票率13.34%，俄罗斯自由民主党得票率13.14%，"公正俄罗斯"党得

---

① 美国政治中有一个概念叫"中期"，即4年总统任期的时间中点。在俄罗斯杜马选举和总统任期分别延长为5年和6年后，俄罗斯政治的"中期"概念也出现了。
② Константин Гаазе, Новая пятилетка Путина: правила игры, http://www.ia-centr.ru/expert/16008/.

票率6.22%。其他政党未能跨过5%的资格线。在由225个单一选区选举产生的席位中,"统一俄罗斯"党赢得203席,俄罗斯共产党获7席,俄罗斯自由民主党获5席,"公正俄罗斯"党获7席。此外,祖国党和公民平台党以及一名自我提名的无党派独立候选人各获得单一选区一个议席。综合统计两种方式的选举结果,新一届国家杜马席位分配为:"统一俄罗斯"党获得343个议席(上届238席),俄罗斯共产党、俄罗斯自由民主党、"公正俄罗斯"党分获42个、39个和23个议席(上届分别为92席、56席、65席)。①

"统一俄罗斯"党按政党比例代表选举的得票率出乎意料的高。"统一俄罗斯"党全联邦区政党比例代表的得票率大大高出选前民调41%的平均得票率,而且,该党创造了建党以来历届国家杜马选举的最佳成绩。从政治生态上看,"统一俄罗斯"党再获议会宪法多数席位,预示在未来5年"统一俄罗斯"党可以在国家杜马中独自通过包括宪法修正案在内的任何法律,这为普京布局2018年总统选举、调整国家内外政策提供了坚实的政治基础。

俄罗斯自由民主党与俄罗斯共产党势均力敌。这突破了自由民主党稳居议会第三大党的政治形象。在此次选前民调、选举投票以及选后计票的整个过程中,自由民主党始终紧紧咬住俄罗斯共产党,甚至在计票过程中一度反超俄共,最后的选举结果实际上与俄共势均力敌。

单一选区选举未出现任何意外。"人民阵线-为了俄罗斯"社会运动蓄力五年,功不可没。选前"统一俄罗斯"党让出了19个单一选区,只参加206个单一选区选举,最终赢得203个单一选区。既确保了在单一选区的绝对优势,又让其他党派,尤其是四党以外的小党,比如祖国党、公民纲领党赢得个别席位。此举既确保了自己万无一失,又给了小党参政的机会,表面上看还加强了政党制度的竞争性。

投票率创历史最低。此次选举投票率仅为47.88%,比上届选举剧减

---

① Постановление ЦИК о результатах выборов депутатов Госдумы, https://rg.ru/2016/09/24/postanovlenie-dok.html.

13%。2006年12月6日，普京在2007年第五届杜马选举前曾经签署《取消任何选举中的最低投票率限制》的法律修正案。这个法律规定在此次选举中第一次派上用场。如果没有这个规定，此次选举未过选民半数的事实将造成选举无效，这对普京的政治布局乃至政治稳定都会产生不利影响。

  其他党派与进入新一届杜马的四党差距明显。其他获准参选的十个政党的得票率基本维持在1%左右，选前在对国家杜马的准入门槛方面，有政治力量曾提出：从原来7%的门槛降至5%还不够，应该降到3%。此次选举结果证明，其他党派政治力量薄弱，甚至都未过1%的得票率。从这个角度看，2011年以来的政党制度改革其实是"雷声大，雨点小"。诸多改革举措实际并没有改变俄罗斯国内政治力量的对比。

  "普京主义"确保选举没有大的意外，"后克里米亚共识"则让2016年的选举向更加有利于普京政权的方向发展。"统一俄罗斯"党超出了该党参加前三届国家杜马选举的平均得票率。[①] 如果说此次选举有一些"波动"，那么"统一俄罗斯"党54.2%的得票率以及最终获得该党参加国家杜马选举以来最高的343个席位应属于较大"波动"。"统一俄罗斯"党按照政党比例代表制的得票率并没有超过2007年全民挽留普京、普京威望达到顶点时的64.3%得票率。不过需要指出的是，尽管2007年时"统一俄罗斯"党有64.3%这一该党历史上最高得票率并获得315席，但在2016年由于单一选区的存在，"统一俄罗斯"党最终获得343席。此次"统一俄罗斯"党获得该党历史上也是国家杜马历史上最多的席位，很大程度上得益于普京政权对于单一选区选举超前的政治设计和运作，也与国家杜马选举复杂的计票程序和超低投票率有关。

2. 政治精英进入代际更替

  2016年政治形势的另一个指标性事件是普京执政团队进入大规模更新换代期，集中体现在2016年7月28日的人事任命和8月12日总统办公厅

[①] "统一俄罗斯"党参加了2003年、2007年和2011年三届国家杜马选举，得票率分别为37.57%、64.3%、49.32%，平均得票率为50.4%。

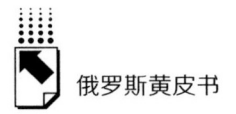

主任易人。一系列迹象表明，老的"强力派"精英将逐渐退出政治舞台。老的"强力派"已经逐渐成为普京的负资产，在俄罗斯社会中形象不佳。2016年4月，在普京与民众直播连线中，俄总检察长柴卡之子腐败问题被直接提问。谢钦、切梅佐夫和亚库宁对普京公开财产的要求都置若罔闻。亚库宁2015年5月即被免职。新一代精英将成为俄政坛的中坚力量。

2016年7月28日，普京签署了一系列命令，若干州长、总统驻各联邦区的全权代表、海关局局长、驻乌克兰大使遭解职，很多接替人员具有在强力部门工作的经验。身陷腐败丑闻的联邦海关局局长别利亚尼诺夫被解职，是此次人事变动表面的导火索。总统驻西北联邦区全权代表布拉温接替别利亚尼诺夫担任海关局局长，加里宁格勒州州长楚卡诺夫担任总统驻西北联邦区全权代表，加里宁格勒州安全局局长济尼切夫担任加里宁格勒州代理州长。总统驻克里米亚联邦区代表别拉文采夫被调至北高加索联邦区接替梅利科夫，后者转而担任俄罗斯国民近卫军副司令。塞瓦斯托波尔市市长梅尼亚伊洛担任驻西伯利亚全权代表，工业和贸易部副部长奥夫相尼科夫担任塞瓦斯托波尔市市长。联邦登记局局长瓦西里耶夫接替被捕的别雷赫担任基洛夫州代理州长。内务部副部长米罗诺夫接替亚斯特列波夫担任雅罗斯拉夫尔州州长。

自2012年普京再次担任总统以来，如此大规模的人事调整尚属首次。这次调整至少传递以下几点政治信号。

第一，优化中央与地方之间的互动。政治信息中心主任穆欣认为，地方政治家进入中央，而中央官员下到地方，目的在于优化权力配置。社会经济和政治研究所所长德米特里·巴多夫斯基指出，对各地区而言，具有联邦机构工作经验的新领导人的调任是一个积极趋势，这些新领导人理解联邦权力和管理机构的规则，具备相应的机关工作经验、行业背景和人际关系，这一切有助于提高地区行政机构的工作效率，确保最大限度地对接联邦和地方层面的工作。①

---

① Пересмотр кадров: зачем Владимир Путин сменил губернаторов и полпредов, http://tass.ru/politika/3493872, 28 июля 2016.

第二，巩固强力部门地位，着眼 2018 年总统大选。政治经济改革中心主任米罗诺夫认为，精英的更新换代不会影响 2018 年总统大选，地方上需要绝对忠诚的执政精英，而出自强力机构的政治家具备这一素质。①

第三，宣示治理克里米亚的坚强意志。与此次人事调整相关，克里米亚联邦区被撤销，克里米亚和塞瓦斯托波尔一起被并入南方联邦区，其全权代表仍是原总检察长乌斯季诺夫。普京实际上借此次人事任命表明一个政治意志：无论世事如何变化，克里米亚问题不容谈判。现在克里米亚不仅是拥有地方自治权的行政区划，而且已经完全融入俄罗斯国家结构中。

2016 年 8 月 12 日，普京免去了总统办公厅主任谢尔盖·伊万诺夫的职务，取而代之的是名不见经传的瓦伊诺。这项人事变动引起了广泛关注。现年 44 岁的瓦伊诺升任总统办公厅主任，再次表明普京选才主要看重的是良好的行政管理素质，主要任命的是事务型官员，要求具备低调、忠诚和高效的执行力。此外，大选结束后，从媒体上传出的普京要对强力部门进行重大改革、重新建立国家安全部、取消紧急情况部的消息也值得关注。此前成立的国民近卫军已经是普京直接掌握的一支强有力的军事机动部队，足以应对在莫斯科出现的紧急情况。

对于 2016 年俄罗斯政治出现的精英换代现象，2016 年 11 月，明琴科咨询公司更新了 2014 年撰写的《政治局 2.0》报告②。该报告认为，到 2012 年前普京建立了一个在很多方面类似于苏联政治局的非正式的单独管理机构。政治局成员实际上是俄罗斯国家的高管，每个人都有自己负责的领域。普京本人则作为仲裁者管理"政治局 2.0"，解决所有争端，有时在其内部重新分配影响力。2016 年精英内部一是发生了强力资源的重组，二是强力部门继续得到加强，强力人员的地位进一步巩固。在这个基础上，普京团队的政治精英可以划分为以下几类：年轻的技术型人才，如总统办公厅主

---

① Велимир Разуваев, Путин продолжает делать ставку на силовиков, http://www.ng.ru/politics/2016-07-29/1_putin.html.

② Доклад «Минченко консалтинг»: «Политбюро 2.0: демонтаж или перезагрузка?», http://www.minchenko.ru/Doklad%20Politburo%202.0_2016%2007.11.pdf.

任瓦伊诺；精英家庭出身的人才，如莫斯科州州长沃罗比约夫；心腹，如曾长期从事总统保卫工作的现图拉州州长久明；原执政团队的人，如总统办公厅第一副主任基里延科；经济部门从事事务性工作的人才，如负责体育、旅游和青年事务的副总理穆特科。①

总之，俄罗斯专家都认同的一点是，代际变化是推动这次人员大调整的因素。2000年与普京一起走上政治舞台的执政精英正在被年轻的官员替代。这些新官员同样大多来自安全机构，忠诚是他们的政治品质。②

3. 社会领域加强控制与引领

从社会管理上看，2016年之前，俄罗斯连续制定的《非营利组织法》修改案、《集会游行示威法》、《网站黑名单法》和《反盗版法》已经对政治公共空间和网络公共领域进行了严格管理，2016年7月，普京又签署通过有关反恐怖主义法律的修订案，③ 以反恐怖主义的名义，在社会领域进一步扩大了国家的权力。例如，除了按照原先法律的规定可以在家里做礼拜外，新法律禁止在家里从事任何传教活动。④ 这已经激起了很多宗教团体的反对。⑤ 2016年9月，"列瓦达中心"也被列入"外国代理人"名单。俄罗斯在社会领域出台的一系列法案，以反恐怖主义的名义从政治公共空间深入到私人领域，这种转变对社会情绪的影响值得继续关注。

---

① Андрей Винокуров, Александр Атасунцев, Путин подбирает новеньких, https://www.gazeta.ru/politics/2016/11/06_a_10311353.shtml.
② Russian reshuffle claims another big name: Putin's chief of staff, http://www.csmonitor.com/World/Europe/2016/0812/Russian-reshuffle-claims-another-big-name-Putin-s-chief-of-staff.
③ Федеральный закон от 06.07.2016 г. № 374-ФЗ, О внесении изменений в Федеральный закон «О противодействии терроризму» и отдельные законодательные акты Российской Федерации в части установления дополнительных мер противодействия терроризму и обеспечения общественной безопасности, http://www.kremlin.ru/acts/bank/41108/page/1.
④ К. М. Андреев, Как жить протестантам после принятия "закона Яровой"? http://szohve.org/novosti/tserkov-i-obshchestvo/1379-kak-zhit-protestantam-posle-prinyatiya-zakona-yarovoy.
⑤ ДОКУМЕНТ: "Этот закон направлен против Всевышнего Бога". Обращение верующих Московской церкви евангельских христиан-баптистов к президенту РФ по поводу нового антимиссионерского закона, http://www.portal-credo.ru/site/?act=news&id=121188.

从社会思潮上看,强化"后克里米亚共识"和普京效应被政府有意引领,危机源自国外已经成为俄罗斯社会的共识。这其实是一把双刃剑,会加深俄罗斯社会的孤岛意识,虽然可以确保政治稳定无忧,但对促进政治发展无益。"后克里米亚共识"本质上是对俄罗斯乌克兰危机后社会情绪的概括,因为其符合普京政权的治国理念——俄罗斯保守主义的需要而被政权有意引导。危机与制裁背景下的俄罗斯,经济困难,五月总统令的目标难以实现,日益高涨的民族主义情绪成为维持和巩固政权合法性的强心剂。"后克里米亚共识"强化民族主义情绪,从而为政治社会稳定及选举周期服务。可以说,乌克兰危机让俄罗斯打开了将会长久影响本国及周边地缘政治空间发展的潘多拉盒子,甚至有可能成为冷战结束以来俄罗斯转型与发展的转折点。[①] 而围绕乌克兰危机产生的"后克里米亚共识",明显改变了俄罗斯国内政治的社会氛围,俄罗斯民族主义的复兴已经是不争的事实。如何看待这一现象也是俄罗斯政治的焦点问题。正是由于"后克里米亚共识"的存在,普京的民意支持率居高不下,右翼和左翼势力根本无法同其抗衡。当然,对"后克里米亚共识",以美国为首的西方和俄罗斯对其解读是不一样的,存在本质区别。"后克里米亚共识"是理解2012年以来普京新时期国内政治特点的一个关键点,它体现的是俄罗斯政治稳定的社会因素和国际关系因素,反映了俄罗斯作为一个外向型扩张性的国家其内部政策与外部因素之间的关系,对认识俄罗斯发展道路及国家特性有发微见著的意义。

二 政治形势的关联性

自1993年宪法通过以来,国家杜马选举已历七届。每次选举前后,俄罗斯政治自动进入一个新的选举周期。在这个周期内,各派政治力量分化组合,既要争取在国家杜马中的有利位置,又要着眼于随后举行的总统大选。

---

① Сергей Серебров, 2014 – й год прощания со стабильностью, Ytpo, 24 декабря 2014г.

因此，国家杜马选举历来都是俄罗斯政治研究中的指标性事件。不仅如此，2016年的第七届国家杜马选举除了具有常态性应用研究价值之外，还具备俄罗斯问题基础研究的学术意义。众所周知，2016年恰逢苏联解体25年，俄罗斯的转型与发展已经过去四分之一世纪。从长历史时段的视角看，可以总结俄罗斯纷繁复杂现象背后的机理，探求相互关联且具有某种共性的内在逻辑。围绕前述政治形势，这里尝试分析与俄罗斯政治形势相互影响的三个关联性。

1. 世界政治的新特点与俄罗斯政治形势的关联性

2008年经济危机以来，世界各主要经济体通过金融化刺激经济活动反而导致生产力增速放缓，世界经济增长萎靡不振。经济问题揭示了长期存在的社会问题，核心是不平等和财富集中的现象愈演愈烈。皮凯蒂认为，经济不平等化的趋势是资本主义与生俱来的特征。不平等其实与贫困关系不大，因为贫困与经济增长和社会平均收入有关，而不平等从根本上看与财富分配有关。政治家更多关注财富分配，研究解决不平等的核心问题，而不是仅仅关注经济增长与自由市场。持续的现代化进程使经济和政治力量集中于寡头集团手中，俄罗斯同样存在这个问题。总之，这些问题现在已经进入政治领域，其表现就是全球民粹主义的反弹。

在西方，民粹主义的根源在于全球化没能给工人阶层带来更多的红利，导致美国和欧洲右翼民粹主义排外势力的兴起。在俄罗斯，它的根源在于俄罗斯认为西方以前是不愿意，现在是没有能力把俄罗斯作为平等的伙伴纳入西方体系，从而导致仇外主义和反西方主义兴起。英格尔哈特认为，当代世界政治的新特点，或者说未来政治的关键问题是，大多数人如何以及何时形成共同利益的意识。

普京对此极为谨慎。在2016年10月的瓦尔代国际辩论俱乐部年会上，普京发表演讲，认为表面上看大多数国家具备民主的所有元素，但事实上大部分公民并不具备对政府决策的影响力。精英对于正确发展方向的看法越来越与普通民众的意见南辕北辙，这导致全民公决、选举的结果越来越令精英始料不及；人们在投票时，经常与正统官方媒体的建议背道而驰，也跟所谓的体制内政党的呼吁唱反调。① 2016年12月1日，普京发表总统国情咨文，以杜马选举开篇，大谈社会团结，其政治潜台词就是要强化社会的共同利益意识，警惕民粹主义，防范无政府主义的乱局。②

当然，俄罗斯有自己的国民性，安全第一是其根深蒂固的观念。世界政治的新特点能在多大程度上影响俄罗斯还需要观察，但是俄罗斯政治处于世界政治之中，世界政治的新趋势必然会影响俄罗斯政治的变化。

2. 开放政治与控制局势的关联性

政权争取社会支持、稳定民众情绪、避免民粹主义激进化的重要途径，是给民情民意的表达提供适当的舆论空间，进行必要的疏导，这是所谓开放社会和开放政治的基本要求。但是，目前普京在俄罗斯政治领域的核心任务是"控制局势"，而普京也确实通过对俄罗斯基本政治运行机制的一系列针对性极强的改革，完全实现了对政治体系的内部控制。

开放政治与控制局势的关联性之一：俄罗斯日益成熟的公民社会与当前政治体系之间存在的矛盾。

从社会管理上看，2012年以来俄罗斯的社会管理从政治公共空间深入到私人领域，这种转变对社会情绪的影响可能是政治稳定面临的一个新问题。2016年7月，普京签署通过反恐怖主义法律修订案，以反恐怖主义为名，在社会领域进一步扩大了国家的权力。然而，经过10年的经济增长，俄罗斯社会上逐渐形成了为数众多的中产阶层，他们逐渐意识到自身的社会及政治利益。目前俄1/3以上的成年人、40%的就业人员、大城市的近半数市民都属于中产阶层范畴。

在中产阶层开始登上政治舞台、公民意识已经觉醒的社会背景下，未来俄罗斯形成一种制度活力，形成有效的纠错机制，对于避免社会动荡乃至社

---

① Заседание Международного дискуссионного клуба «Валдай»-Владимир Путин принял участие в итоговой пленарной сессии XIII ежегодного заседания Международного дискуссионного клуба «Валдай», http：//www.kremlin.ru/events/president/news/53151.

② Послание Президента Федеральному Собранию, http：//www.kremlin.ru/events/president/news/53379.

会危机来说至关重要。当俄罗斯社会矛盾尖锐化到一定程度时,俄罗斯政治体制调整乏力时,体制外各种力量能否顺利地直接参与政治决策、推动更加根本性的改革呢?从目前来看,普京依然坚持以国家为中心的发展路径。政治稳定度越高,自由度越少;经济发展越追求政府主导的高速度,经济质量反而越低。只追求政权效应,不考虑所有权效应,会不会让这条发展道路的潜力越来越小呢?

开放政治与控制局势的关联性之二:政治稳定与政治发展之间的关系。

发展不仅包括经济发展,也包括政治发展,真正的政治稳定与政治发展是互为促进的。政治稳定并非简单地保持现状,而是指不断地连续改善。[1]这种改善实质上是政治制度朝向更加稳定、不受一时一事影响的政治运动,它代表了政治体系的良性状态。如果只是维持现状,或者靠控制,而不是不断进行良性的体系运动,就可能出现稳定有余、发展不足的问题。

政治机制缺乏竞争性导致出现政治退化现象。俄罗斯政治生态出现各主要政治派别高度默契一致的局面,其背后反映的现象是政治竞争的弱化。在2011年国家杜马选举前,梅德韦杰夫曾经指出,包括政党机制在内的政治制度改革没有达到预期效果,俄罗斯政治制度改革处于停滞状态。停滞会导致不稳定,对执政党和反对党来说都是非常有害的。如果反对党在议会竞争中没有一点获胜的机会,它就会退化,并逐渐被边缘化;而如果执政党在任何地方和任何时候都没有失败的可能,其也会铜锈化,最终也会退化。摆脱困境的途径就是要提高俄罗斯的政治竞争力,对现行政治体制进行重大调整,使其变得更加公开和灵活,最终变得更加公正。只有政治竞争力和有分量的反对党才能保证国家真正的民主。[2]

3. 俄罗斯与外部世界的关联性

俄罗斯与外部世界关联性之一:安全利益与发展利益之间的关系。

---

[1] Бег с препятствиями-Каким для России станет наступивший политический год, http://www.itogi.ru/russia/2014/3/197201.html.

[2] Наша демократия несовершенна, мы это прекрасно понимаем. Но мы идём вперёд. 23 ноября 2010г, http://www.kremlin.ru/news/9599.

俄善于布局和用兵，但缺乏具有连贯性的经济战略，这个事实从根本上导致俄罗斯无法长久维持其所谓的大国地位。俄罗斯既没有融入自由秩序，也没有自己可行的替代方案。军事力量或娴熟的外交手段可以但只能在很短的时间内掩盖自身经济问题。如果没有一个更加强有力的经济基础，俄罗斯雄心与实力之间的差距将继续扩大。

俄罗斯国际事务理事会主任科尔图诺夫认为，尽管普京希望缓解紧张局势，但他并不愿向西方做出重大让步，与西方的紧张关系即使不会升级，也很难期待出现突破。[①] 乌克兰危机后，西方对普京及普京体制形成了基本统一的看法。在西方看来，普京放弃他和他的支持者已经取得的成果的可能性很小，西方对进一步施压普京可能产生的效果也不抱多高的期望；只要俄罗斯仍然觉得西方的压力是暂时的，在制裁措施问题上西方可能陷入分歧，那么俄罗斯政权更迭的可能性就很小。[②]

俄罗斯与外部世界关联性之二：融入与孤立之间的关系。

苏联解体后，作为转型与发展的一个重要组成部分，俄罗斯需要重塑与外部世界的关系。俄罗斯与外部世界的关系是一个内部进程和外部变化落差日益加大的历史进程，这一历史过程与内部政治秩序的变化互为影响。在最初关键的历史时刻，由于北约东扩、波黑战争、政治生态及车臣战争等因素，俄罗斯未能融入西方体系。时至今日，俄罗斯也未能实现与外部世界融入和并立之间的平衡。对于俄罗斯而言，构建其内外空间观尚缺乏一个可以和其现代国家身份相匹配的认知上的他者，而且，冷战结束以来俄罗斯与外部世界之间的一系列国际关系事件导致彼此之间的战略互疑，俄罗斯的孤立主义倾向越发明显。

俄罗斯受到孤立和走向孤立的最大威胁还是来自自身，来自内部。在俄

[①] Сергей Строкань, Павел Тарасенко, "Валдаю" и миру-Владимир Путин назвал основные причины кризиса в международных отношениях, http://www.kommersant.ru/doc/3127448.

[②] Kimberly Marten, "Putin's Choices: Explaining Russian Foreign Policy and Intervention in Ukraine," *The Washington Quarterly*, Summer 2015.

罗斯，20岁左右也就是"千禧一代"的年轻人被称为"普京一代"，他们希望看到自己的国家重新成为独立于欧洲—大西洋共同体之外的超主权国家，并认为普京让俄罗斯走上了正确的道路；他们满腔热情地怀念苏联时代，具有反美意识，而且受教育程度越高的年轻人持反美观点的可能性越大。①

普京谋求制定一种使俄罗斯融入世界同时又保障国家利益的政策，既想融入西方，又拒绝被"同化"。俄罗斯想按自己的方式成为西方的一部分，事实证明，这种中间状况无法保持。俄罗斯同外部世界的互联互动的关系大体可以分为融为一体、平等并立和孤立主义。现在相当一部分俄罗斯执政精英认为，西方社会不是共同家园，俄罗斯无法在其中占有一席之地；一方面西方是现代化的资金来源，而另一方面它也是地缘政治挑战的源头；西方既是榜样又是挑战，这形成了所谓"新孤立主义"的政治和意识基础。

从长期发展前景来看，今后一个时期，至少在2018年总统大选前后俄罗斯政治改革的可能性很小。俄罗斯内政肩负两个使命：一是确保政权稳固，二是维持民族主义情绪，为俄罗斯大欧亚战略服务。这两点决定了内政方面进行所谓自由化改革的可能性很小。尽管政治上的控制和集权与垄断型经济结构相互匹配，但如果不能改变以能源出口为主导的经济结构，不能对经济进行大规模的现代化改造，即使经济有所增长，俄罗斯的发展依然存在巨大的不确定性。因此，俄罗斯目前的体制模式总体来看是维持稳定有余，促进发展不足。经济如果不发展，政治从根本上是不稳定的。换句话说，虽然稳定是基础，但真正意义上的长期稳定建立在发展的基础上。

---

① Sarah E. Mendelson, "Generation Putin-What to Expect from Russia's Future Leaders," *Foreign Affairs*, January/February 2015.

Y.3
普京新时期俄罗斯社会治理评析：
以非营利组织为例

马 强*

摘　要： 在"后克里米亚共识"的背景下，国家与社会共同协作抵抗外部敌对势力成为当前俄罗斯的主流话语，公民和社会组织多元参与的社会合作得以不断加强。在对待非政府组织的问题上，政府有意淡化其政治性，突出其社会性，因此普京新时期的俄罗斯社会呈现"强国家、弱社会"的格局，以非营利组织为代表的社会组织在社会治理中仍处于受支配者的地位。

关键词： 普京新时期　社会治理　非营利组织　外国代理人

普京新时期的俄罗斯在面临复杂严峻的国际环境（西方国家制裁）和地区局势（乌克兰危机）的同时，也面临着国内经济危机和反对派掀起的社会运动浪潮的挑战，因此普京政权以维持国内政治和社会稳定作为对内政策的优先方向。为实现这一目标，俄罗斯政府在社会领域出台了一系列政策措施。其中，针对非营利组织①的政策措施与俄罗斯当前的国内外环境紧密

---

* 马强，中国社会科学院俄罗斯东欧中亚研究所助理研究员。
① 在俄罗斯，官方和民间普遍用 НКО（некоммерческая организация，直译为非商业组织）来指代非营利组织或非政府组织，突出其非营利性和非官方性。非营利组织的类型包括社会或者宗教的组织（协会）、少数民族公社、哥萨克协会、非营利组织联合会、社会自治机构、慈善组织、基金会、社团和联合会等。

结合，引发全社会的普遍关注。这些政策措施具有两面性：一方面，为了避免非营利组织成为外国势力渗透俄罗斯的通道，政府采取法律和行政手段对非营利组织特别是作为外国代理人的非营利组织进行管控，防止其成为社会政治运动的动员工具；另一方面，国家扶持提供社会服务的非营利组织，以"政府购买服务"的方式促进此类非营利组织的发展，以解决各种社会问题和实现社会的稳定与团结。

在"后克里米亚共识"的背景下，爱国主义、社会公平和自由成为俄罗斯凝聚民众的重要理念，公民和社会组织多元参与的社会合作得以不断加强。非营利组织在这一过程中通过志愿者运动、公益慈善事业、公民创新、地方自治、社会监督和社会评估等活动实现着政治参与，发挥着重要作用。普京新时期非营利组织的运作情况是当代俄罗斯社会治理具有代表性的样本，是解析当代俄罗斯社会领域现状、国家与社会关系的途径，是透视俄罗斯社会转型进程，乃至俄罗斯政治文化的有益视角。

一 国家大力扶持社会性非营利组织

2016 年，俄罗斯通过了一项关于非营利组织的法律修正案，即从 7 月开始生效的《关于修改〈社会联合会法〉第 8 章和〈非营利组织法〉第 2 章》（N 179‑ФЗ）的法令。按照该法案，非营利组织的活动领域包括科学、文化、艺术、卫生、公民保健、社会服务、公民的社会支持和保护、保护母亲和儿童、残疾人的社会救助、健康生活方式的宣传、体育运动、动植物保护和慈善事业等，值得注意的是，政治活动并未被列入其中。[①] 该法案使得原本较为模糊的非营利组织活动领域变得清晰，非营利组织的政治性进一步淡化，其活动更趋向社会领域。社会性的非营利组织获得了更大的发展空间，并获得了联邦和地方政府的支持。在 2016 年度国情咨文中，普京指出：

---

① Президент подписал закон о «политической деятельности» некоммерческих организаций // Агентство социальной информации, https：//www.asi.org.ru/news/2016/06/02/129482.

"非营利组织积极进入社会领域能提高社会服务的质量。我责成政府与立法者共同完成为提供有益社会服务的非营利组织的活动制定明确法律基础的工作，确定对其专长的要求，同时避免设置额外的官僚障碍。"①

至2016年年底，在俄罗斯司法部注册的非营利组织已经超过22.7万个，与前几年相比，非营利组织的总数变化不大，但社会性非营利组织（СО НКО）②的数量却持续增长，2014年年底有13.2万个，2015年年底已经达到了14万个，占已注册的非营利组织的62%。2015年年底，社会性非营利组织从业人员有99.1万，占全俄罗斯劳动力的1.3%。社会性非营利组织的志愿者人数增加显著，到2015年年底，已经达到249.3万人（2014年年底为244.9万人）（见表1）。平均每个社会性非营利组织有7个工作人员和18名志愿者。③

表1 俄罗斯社会性非营利组织及工作人员、志愿者的数量

年份	2011	2012	2013	2014	2015
社会性非营利组织的数量(万个)	9.7	10.8	11.3	13.2	14
工作人员和志愿者人数(万人)	173.4	213.1	324.8	343.4	348.4
志愿者人数(万人)	114.7	154.9	222.9	244.9	249.3

资料来源：Презентация А. Е. Шадрина на Девятой Всероссийской конференции《Межсекторное взаимодействие в социальной сфере》(Москва, Общественная палата Российской Федерации, 09.12.2016) // Портал единой автоматизированной информационной системы поддержки социально ориентированных некоммерческих организаций, http://nko.economy.gov.ru/portalnews/read/3247（дата обращения：16.12.2016）。

2012年以来，社会性非营利组织的数量、工作人员和志愿者的人数都有大幅度增长，所涉及的领域也非常宽泛，几乎涵盖了所有社会服务的领域（见表2）。

---

① Послание Президента Федеральному Собранию. http://kremlin.ru/events/president/news/53179.
② 俄文全称是 Социально-ориентированные Некоммерческие организации，社会-非政府组织，是指那些从事解决俄罗斯社会问题、公民社会发展的非政府组织。
③ Доклад о состоянии гражданского общества в Российской Федерации за 2016 год. М., Общественная палата Российской Федерации, 2016, С. 91-99.

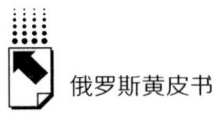

表2 俄罗斯社会性非营利组织提供社会服务的领域

涉及的领域	从事该领域的非营利组织的数量(个)
教育和科学	59953
公民道德提升和个人精神发展	50455
文化和艺术	48645
卫生保健、预防疾病和健康生活方式宣传	42658
青少年爱国主义精神和道德教育	42372
保护民族风俗、文化、语言和传统,促进民族团结	22694
公民事业的支持和保护	18616
反腐败	19344
慈善事业	15535
对慈善事业的支持	11194
公益事业	10194
帮扶残疾人及其家庭	9818
提高老年人的生活质量	9587
救助孤儿,保护母亲和儿童	8683
免费的或者优惠的法律援助,公民的法治教育,保护公民权利和自由	7504
救灾	4724
防范社会风险	4675
支持青年社会创新,青少年运动的项目,青少年组织	4282
保护环境和动物	4005
为非营利组织提供免费和优惠的法律援助	3526
紧急状况下人道救援	3284
保护有历史、文化价值的遗产和自然	2109
制作和传播社会公益广告	766
其他形式的活动	61889
总　　计	140031

资料来源:Основные сведения о деятельности социально ориентированных некоммерческих организаций по Российской Федерации за 2015 год// Росстат. http://www.gks.ru/wps/wcm/connect/rosstat_main/rosstat/ru/statistics/state/。根据俄罗斯《非营利组织法》,每个非营利组织可以从事一项或者多项活动。

从活动的领域来考量,为那些没有社会保障、境遇艰难的公民群体和个人提供慈善救助的社会性非营利组织约占1/3,从事爱国主义教育、促进民族团结等"政治正确"社会性非营利组织也有一定的规模，而从事保护人权与自由、法治教育的组织的数量较少。① 根据俄罗斯联邦统计局的数据，2015 年，超过 2600 万的俄罗斯人通过社会性非营利组织获得了社会服务，有将近 800 万人获得了慈善援助。②

社会性非营利组织近年来的快速发展与国家支持密不可分。根据俄罗斯《非营利组织法》，国家可以给予非营利组织金融、资金、信息和咨询支持，为其员工和志愿者的职业教育提供帮助，制定税收优惠政策，根据国家和市政机构的需要购买社会性非营利组织的产品和服务。地方自治机构也可以资助非营利组织。在俄罗斯非营利组织的收入结构③中，来自联邦政府和地方政府的津贴和资助并非其最主要的收入来源，但这些资助是具有指标性意义的。2015 年，用于资助社会性非营利组织的联邦预算大幅度提升，为 72.09 亿卢布（2014 年为 42.48 亿卢布）。④ 这一部分预算主要通过总统基金资助参与公民社会领域发展的非营利组织，还有一部分用于社会项目以及保护公民权利和自由的项目，项目的资助方是联邦部门，包括文化部、劳动部、反毒品流通局、出版总署、青年署和经济发展部等。

近年来，俄罗斯非营利组织的收入因经济危机而锐减，但俄罗斯联邦政府和地方政府的资助却在增加。2016 年，总统基金的额度再创新高，为

---

① Анализ третьего сектора в России：субъекты и взаимодействия// Сайт «Сообщество» - форум активных граждан.
② Никовская Л. И., Якимец В. Н. Институциональное развитие межсекторного партнерства в России // Полис. Политические исследования. 2016. № 5. С. 38.
③ 俄罗斯非营利组织的收入来源（每个组织有多个收入来源）分布如下：个人捐助 38%；会员缴纳会费 32%；俄罗斯商业机构资金 23%；组织的服务（商品）收入 22%；会员和合作者非会费性质的个人捐助 20%；保护环境和动物收入 19%；地方自治机构的津贴和资助 18%；区级政府机构的津贴和资助 18%；联邦主体政府的津贴和资助 11%；地方社团基金会的资金 7%；其他俄罗斯的非营利组织的资金资助 7%；国家预算外拨款 3%；来自国外商业机构的资助 2%；其他外国非营利组织的资助 2%；其他 4%；没有任何收入来源 5%。
④ Ежегодный доклад Министерства экономического развития РФ о деятельности и развитии социально ориентированных НКО // Портал единой автоматизированной информационной системы поддержки социально ориентированных некоммерческих организаций. http：// nko. economy. gov. ru / PortalNews / Read / 2934.

45.90亿卢布，比2015年多3.61亿卢布。① 2016年，共有9家非营利组织获得总统基金资助（见表3）。

表3　2016年获得总统基金的非营利组织及其资助额度

单位：亿卢布

名称	额度	名称	额度
国家慈善基金会	6.4	俄罗斯退休者联盟	4.5
俄罗斯青年联盟	6	俄罗斯大学校长联盟	6.499
民族健康联盟	4.5	"前景"基金会	4.8001
"公民尊严"	5	"护佑"基金会	4.2
俄罗斯妇女联盟	4		

资料来源：Доклад о состоянии гражданского общества в Российской Федерации за 2016 год. М., Общественная палата Российской Федерации, 2016, С. 105。

二　严控外国代理人非营利组织

从2012年俄罗斯联邦法案《关于作为外国代理人的非营利组织注册管理办法的修订》（简称《外国代理人法》）出台以来，非营利组织的"政治活动"一直是人们关注的焦点。2012年11月，《外国代理人法》生效。该法对外国代理人的非营利组织做出如下界定：外国代理人非营利组织是指"那些得到外国政府及其机构、国际组织和外国组织、外国公民和无国籍人士资助的非营利组织，或者是接受俄罗斯法人经手的特定来源（国家持股的机构及其附属公司除外）的资金和财产的非营利组织，还包括那些代表外国资助方利益，在俄罗斯参与政治活动的非营利组织"②。按照该法案，影响国家机构决策，旨在改变国家实行的政策，以及有明确的影响公众舆论

---

① Доклад о состоянии гражданского общества в Российской Федерации за 2016 год. М., Общественная палата Российской Федерации, 2016, С. 104.
② 该修改法案对于宗教组织、国有组织、国家公司，以及那些以非营利组织为名而成立的国家和地方（包含在预算体系下）机构、劳动者联盟组织、工商业联合会的活动没有影响。http://sovet.fizteh.ru/materials/laws/nekomm.html.

目的的活动，都属于非营利组织的政治活动。

在普京新时期，外国代理人非营利组织受到严格的管控，政府将此类非营利组织与社会性非营利组织以及其他形式的社会组织分离开来，定性为政治问题。非营利组织被列入外国代理人非营利组织名单的最主要原因就是从事政治活动，而且这些组织的任何一项活动都涉及政治。[①] 第一个被列入这个名单的非营利组织"声音"正是2011～2012年反对派运动的发起者之一，这个观察和监督选举的非营利组织曝光了很多选举舞弊的行为，民众的愤怒之情由此被激发，最终发展成为声势浩大的反对派运动。而在《外国代理人法》出台之后，"声音"组织被列入"外国代理人非营利组织"名单，其活动因其"外国代理人"的身份而受到限制。

《外国代理人法》出台4年多以来，进入司法部外国代理人非营利组织名单的非营利组织的数量并非匀速增长（见图1），2013年和2014年，进入该名单的非营利组织数量很少，而到了2015年和2016年，"外国代理人非

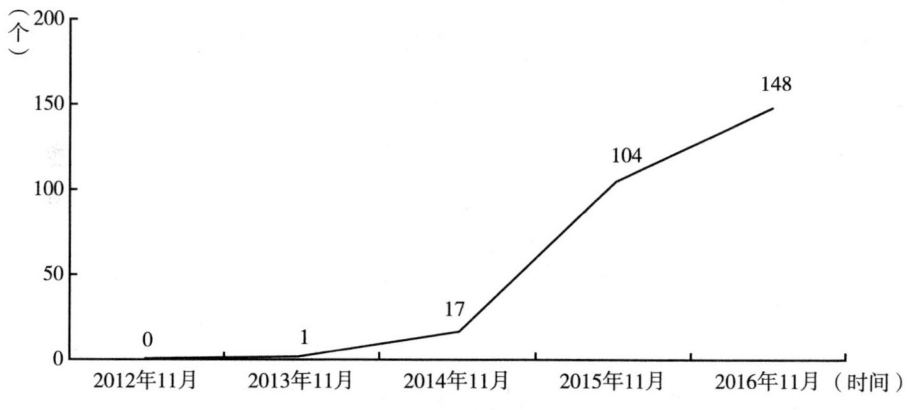

图1　外国代理人非营利组织数量

资料来源：«Иностранные агенты: четыре года спустя», Клуб юристов НКО, 22.11.2016, http://www.hrrcenter.ru/awstats/NLC_FA%20for%204years-2211.pdf。

---

① Доклад Уполномоченного по правам человека в Российской Федерации за 2015 год // Российская газета, 24.03.2016.

营利组织的数量陡增,从十几个猛增至一百多个。在这些组织涉及的领域中(见表4),人权、启蒙、新闻自由、监督选举等内容触碰了非营利组织涉足政治活动的底线,而外资背景更会让人产生国外势力干预政治的联想。

表4 外国代理人非营利组织所涉及的领域

领域	数量	领域	数量
保护人权	28	地方发展	6
科学研究和启蒙教育	17	文化	3
生态	14	同性恋	2
新闻媒体以及出版事业	12	少数民族组织	2
卫生保健	8	其他	7
观察选举	5		

资料来源:《Иностранные агенты: четыре года спустя》Клуб юристов НКО, 22.11.2016, http://www.hrrcenter.ru/awstats/NLC_ FA%20for%204years – 2211.pdf.

2016年为国家杜马选举之年,外国代理人非营利组织因4年前声势浩大的反对派运动而颇受政府关注。有40多个非营利组织被列入外国代理人名单,包括"尤里·列瓦达分析中心"(Аналитический центр Юрия Левады)和"记忆"历史教育、慈善和维权国际组织(Международное историко-просветительское, благотворительное и правозащитное общество 《Мемориал》)等在俄罗斯社会颇具影响力的机构。这些组织被列入外国代理人名单后,面临被污名化的风险,存在被视为外国敌对势力影响俄政局的工具的可能性。俄罗斯联邦社会院的报告指出,应该立法设置障碍来阻止外国通过非营利组织破坏目前稳定的政治局势的企图。该报告特别提到,应该汲取乌克兰的教训,因为乌克兰的非营利组织在破坏政治稳定和鼓动反俄情绪方面起到了重要作用。[①] 普京也认为,西方竭力渗透到俄罗斯非营利组织中,妄图做一些在俄罗斯被禁止的事情。往往在这种情况下,

---

① Доклад о состоянии гражданского общества в Российской Федерации за 2016 год. М., Общественная палата Российской Федерации, 2016, C. 115.

这些组织会在实践中会按照资助人的意愿行事。① 若不想被"污名化",普京给出的答案很简单:"不进入黑名单的最简单办法就是不接受外国的资助。"

《外国代理人法》实施 4 年多以来,新闻媒体和相关会议进行了热烈的讨论,但是公众对此知之甚少。根据列瓦达中心社会调查的结果②,有近 20% 的俄罗斯人听说过这项法案,但是对具体的内容不太清楚;只有 2% ~ 3% 的受访者较好地了解这项法案(自以为);超过一半的俄罗斯人甚至对非营利组织一无所知。在了解该法的民众当中,多是持"自由主义"观点的人,这些人更有公民积极性(参与志愿服务和慈善事业),经常对政府政策表达不满,更多接受的是俄罗斯独立媒体的信息。虽然俄罗斯民众对该法内容知之甚少,而对"外国代理人"这个词却非常敏感。有 60% 的受访者认为这个词具有负面色彩,认为该词是中性的和正面色彩的受访者只有 30% 和 3%。人们最常将这个词与"间谍"联系在一起:45% 的受访者认为外国代理人是"为外国人进行侦查的间谍",7% 的受访者认为他们是"人民的敌人"(俄罗斯的敌人、卖国贼、叛徒)。《外国代理人法》出台的民意基础是俄罗斯民众对西方的怀疑,怀疑的对象已经扩大到接受外国捐助和资助的本国非营利组织,外国基金会(如美国的、欧洲的)的资助被认为是某种阴谋的政治手段。俄罗斯社会已经形成了这样一种共识,即西方资金的接受者不可能独立于它的西方金主,持这样观点的受访者高达 66%。多数人认为西方资本进入非营利组织有着不良企图:灌输西方的思想和价值观 (36%);收集国家的信息和情报(30%);征召精英人才,并把他们带出俄罗斯(24%)。而相信外国金主出于善良目的帮助和解决俄罗斯重要社会问题的受访者只有 13%。

---

① Государство и гражданское общество — естественные союзники//Известия от 8 декабря 2016,http://izvestia.ru/news/650496.
② 2016 年 12 月 9 ~ 12 日在全俄范围内进行的社会调查数据结果。Закон «О некоммерческих организациях», http://www.levada.ru/2017/02/07/zakon - o - nekommercheskih - organizatsiyah/.

三 社会领域的软实力

2016年,在不稳定和多变化的国际政治局势下,俄罗斯非营利组织在社会监督方面、国际交往、民间外交和反恐行动中颇为活跃,这在俄罗斯社会领域是具有创新意义的。非营利组织在对政府机构和地方自治机构的社会监督方面发挥重要作用;非营利组织在国际人文和社会合作中维护俄罗斯国家利益,开创了"二轨外交"的新领域;非营利组织在反恐行动中深入民众中间,以"润物细无声"的方式抵制极端主义思想的传播。非营利组织在这些方面的实践都彰显其所具有的"软实力"。

(一)来自社会领域的监督

在普京新时期,公民积极性的一个重要体现是社会监督体系。2014年通过的《俄罗斯联邦社会监督条例》[①] 创建了社会监督组织和法律机制,在该机制之下,公民可以对国家机构、地方自治机构以及其他组织进行监督,同时,可以对这些机构提交的法令、通过的决定进行检查、分析和评价。在俄罗斯,社会监督的主体是联邦和各联邦主体的社会院、地方自治机构的社会院(委员会)、政府执行机构的社会委员会、各联邦主体的立法和执法机构的社会委员会。为了进行社会监督,也可以建立社会观察员委员会、社会监督小组或者其他形式的社会监督组织。

社会监督有着各种形式。社会观察员委员会(общественная наблюдательная комиссия)可以派出社会观察员(общественные наблюдатели)监督选举的进程,跟踪国家统一考试,监督国有企业的工作,监督商品和服务的质量,监督道路和基础设施状况,等等。大众媒体和开放的电子报告也让公民监督有了新的工具。如国家的政府采购要在网上公

---

① Федеральный закон от 21 июля 2014 года N 212 – ФЗ «Об основах общественного контроля в Российской Федерации».

布，接受民众的监督。

俄罗斯的社会监督才刚刚起步，在实践中仍存在着一些问题。对国家立法机构的社会监督比较弱，比如公民很少能了解议员的工作状况，有的议员可能长期不在杜马或者所在的选区出现。社会监督的主体受到国家的严格控制，有官方背景的社会组织（如社会院）或者与官方关系密切的非营利组织才具有社会监督的资格，而一些从事社会监督活动的独立自治的或草根的非营利组织则备受打压，前文已经提到，观察选举的非营利组织"声音"就被列入外国代理人名单而被限制活动。

（二）非营利组织的"二轨外交"

2016年，在俄欧关系继续僵持的背景下，双方在社会领域进行了一系列合作，主要事件有：举办德俄论坛，双方讨论了城市间合作问题；在俄罗斯联邦社会院的邀请下，欧洲委员会国际非营利组织研讨会代表访问莫斯科，讨论公民社会发展问题；俄罗斯社会院与欧洲社会工作者工会代表对话，等等。

俄罗斯的非营利组织也积极开展与国际组织的合作，推动在国际组织和机构中形成有关社会领域问题的磋商机制。俄罗斯青年联盟、俄罗斯联邦社会院和俄罗斯世界基金会积极参与国际组织的论坛，如举办"第二轨：公民社会和社会外交在上海合作组织进一步发展和扩大中的作用"研讨会、独联体国家和中国国际艺术研讨会、邻国青年领袖论坛等。此外，还有一些非正式的论坛，如国际电影和电视论坛"电影和电视在信息战和反对恐怖主义意识形态中的作用"等。2016年，俄罗斯非营利组织积极参与欧洲安全和合作组织、欧洲委员会、联合国等国际组织的活动。在俄罗斯与欧洲有关社会领域的对话中，最为重要的议题是安全。2016年，在俄罗斯联邦社会院的支持下，俄罗斯外交部国际研究所和日内瓦人文对话中心联合召开了两次题为"当代极具挑战环境下的欧洲安全特点"的研讨会。

俄罗斯非营利组织参与国际社会领域活动，其主要目的是介绍俄罗斯的情况及其在国际事务中的地位，以对全球和地区议程施加影响力。俄罗斯有

64家非营利组织是联合国经济和社会理事会的协作机构,俄罗斯非营利组织还积极参与欧盟委员会国际非营利组织会议,这个会议对欧盟委员会的决策具有很强的影响力。

(三)反恐战线上的社会力量

在俄罗斯与恐怖主义做斗争的过程中,社会领域的配合与支持功不可没。2016年,"伊斯兰国"(ИГИЛ)和努斯拉阵线(Джебхат-ан-Нусра)等恐怖组织活动频繁,这些恐怖组织在社交网络上大肆给青年洗脑,进行伪宗教的恐怖宣传。对此,俄罗斯联邦社会院的反恐协调委员会出版了读本《"伊斯兰国"是人类的威胁,为什么要消灭恐怖主义》,该书以自问自答的形式介绍了什么是"伊斯兰国",为什么"伊斯兰国"是伪伊斯兰教,有哪些招募的方式,如何应对招募者的游说等。该读本的出版获得了国家反恐委员会和俄罗斯外交部的认可,也成为教育机构的教材。独联体国家反恐中心支持俄罗斯世界基金会出版了读本《"伊斯兰国":危险的童话》,这本书揭示了"伊斯兰国"的罪恶本质和招募伎俩。其目的是帮助父母及时发现孩子是否受到了极端思想蛊惑。俄联邦社会院反恐协调委员会进行恐怖主义宣传分析,整理反恐怖组织的宣传材料,这些材料在社交网络广泛扩散。从2015年8月开始,俄罗斯联邦社会院设立了"反恐怖组织'伊斯兰国'招募"的热线。在2016年,该热线共收到100多条信息,这些信息显示,恐怖组织招募已经遍及俄罗斯各地。社会组织特别是非营利组织与民众更为贴近,这些非营利组织在民众中间更具影响力,能以"润物细无声"的方式让民众特别是青少年免受恐怖主义的蛊惑。许多公民在受到威胁的时候也会寻求社会组织的帮助。

四 结语:从社会管理到社会治理

2016年年底,在总统公民社会和人权发展委员会召集的会议上,普京明确地指出了当前国家和社会的关系:"国家和公民社会在完成民众共同富裕的目标上是天然的同盟。各级政府和公民社会的代表进行建设性的、有内容的和相互尊重的对话是非常需要的，而且是有益的……政治自由和公民权利是很重要的问题，这些问题的解决能使我们国家变得强大，变得更文明，更成熟。这些问题不仅需要政府，还需要社会共同解决。"[①] 这是普京新时期国家和社会关系的理想模式，国家与公民社会并不是相互独立甚至对抗的势态，而是在爱国主义旗帜下，以共同富裕和强国主义为目标的"天然同盟"。

苏联解体之初，俄罗斯社会结构和社会组织方式发生了深刻的变迁，从全能主义（totalism）社会向公民社会（civil society）转变。这主要体现在社会领域人际结合方式的变化，个人和集体、国家之间纵向依附关系转变为横向的社会自我组织方式。在西方国家的引介和培养下，俄罗斯非营利组织大规模出现，以填补苏共及其群团组织消逝后的社会空间。实际上，非营利组织这个概念是舶来品，是苏联解体以后才进入俄罗斯的。一方面，非营利组织这个概念统合了本土已有的社会、民族和宗教组织，但这些组织的组织方式、理念和价值观与西方意义上的非营利组织（NGO）存在着差异性；另一方面，非营利组织和公民社会等舶来的价值理念与俄罗斯社会基础、政治体系有着天然的张力，嵌入社会领域的非营利组织必然会与原有的制度体系产生冲突。习惯于集体生活的俄罗斯人并不适应新的社会组织方式，没有广泛地参与到舶来的非营利组织之中。俄罗斯社会呈现个体化趋势，社会领域无法有效地组织起来，使得俄罗斯社会处于危机状态。

俄罗斯社会转型 20 多年来，社会存在着两种发展趋势：一方面，公民社会的理念逐渐深入人心，特别是在苏联解体后成长起来的青年一代中间；另一方面，普京重建国家权威和垂直的权力体系，国家权力再次深入社会领域。这是两种社会组织模式，而且两种模式之间存在着巨大的张力，其引发的矛盾在普京第三次入主克里姆林宫前后全面爆发，这就是 2011～2012 年

---

① 《Государство и гражданское общество — естественные союзники》//Известия от 8 декабря 2016.

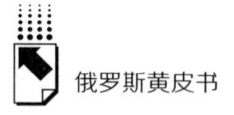

声势浩大的反对派运动。这次反对派运动展现了俄罗斯政治生态中新的趋向：以中青年人为主的中产阶级普遍表达了民众对俄罗斯现行政治和社会体制的不满；非营利组织成为普京政权的反对派组织和召集社会运动的主体；以社交网络为代表的虚拟网络空间成为反对派运动信息发布和社会动员的有效平台。这场运动很快就被平息，普京就任总统以后，接连颁布《外国代理人法》、《游行示威法》和《网站黑名单法》，限制非营利组织参与政治活动，对游行示威活动设置更多障碍，严控虚拟网络空间。与此同时，国家积极倡导公民在社会生活中的"积极性"，扶持社会性非营利组织积极参与社会服务，鼓励对政府进行社会监督，让非营利组织在国际交往、反恐行动中发挥更大的作用。这体现了国家与社会关系的变化，即从社会管理向社会治理转化。

政治学中关于国家和社会关系一直有"二元论"思想，二者"对立性"和"同一性"的观点并存，如启蒙运动时期形成的"社会本体论"和18世纪末19世纪初形成的"国家本体论"。在如今欧美国家，国家与社会、公域与私域的界限已日益模糊，这突出体现在以治理与善治为主流的公共管理理论与实践之中。在这种视野下，国家与社会趋向交融与整合状态，国家与社会逐渐形成分工、合作、监督、制衡的关系。这种国家与社会的关系体现在当代社会科学中的统治（government）概念向治理（governance）概念的转换，在实践中的社会管理向社会治理的转换。社会管理和社会治理有相同之处，二者都是政治管理工程，都需要权威和权力来维持正常的社会秩序，但是治理的主体除了政府之外，还包括社会公共机构和行动者，其权力的运行不是政府式自上而下的，而是协作、协商和伙伴关系。普京新时期的俄罗斯的国家与社会互动模式有着社会治理的特征，非营利组织在俄罗斯已经不再只作为被管控的对象，同时也是政府的协作伙伴。俄罗斯学者已经敏锐地捕捉到这一趋势，将社会领域内各个主体的合作作为俄罗斯社会研究的一个重要方向。他们关注俄罗斯国家和社会如何从行政上的垂直管理走向社会相互协作，国家、市场、非营利组织如何协调各方利益，解决社会问题，以促成各方共赢。2016年，由前财政部部长库德林领导的公民创新委员会组织的全俄公民论坛在莫斯科举行,其主题是"寻找建立在商业、政府和公民协作基础上的社会国家新模式"。①

我们还应该看到,一方面俄罗斯社会领域的力量还很弱小,非营利组织与政权机构尚不能构成相互监督和制衡的关系,国家努力地将公民社会置于自己的控制之下,但也遭遇到了公民社会和具有创新意识的公民阶层的阻力,虽然这个力量目前还很弱;另一方面,国家将部分社会服务职能外包,这部分的职能是国家不想或者无法完成的,就要由社会性非营利组织来完成。如果从政治技术的角度来解析普京新时期国家与社会的关系,从社会管理到社会治理的转换是非常高明的手段。"政府总是表现得要支持公民社会,甚至在经济上帮助它,通过基金改变非营利组织,使其向爱国主义和提供社会服务方面转向。在不远的未来,严格的管控和法律将会减少非营利组织的数量,使得一些积极分子转入非政治性的组织和俱乐部。公民社会的国家垂直管控体系将会降低公民社会的多样性和有效性。"② 普京新时期俄罗斯国家与社会的关系并不是理想型的西方公民社会,套用公民社会的理论无法构成有效的解释,只有回到俄罗斯政治文化、社会思潮和治国理念之中,才能对俄罗斯社会治理模式进行评判。

---

① Петров В. Выход через переход // Российская газета,19.11.2016.
② Отступление в диссиденты: Гражданское общество все больше работает «в стол»// Ведомости,21.11.2016.

经 济

Y.4
2016年俄罗斯经济形势述评

程亦军[*]

摘　要： 在复杂的国际经济背景下，2016年俄罗斯经济承接上年的颓势继续呈负增长状态，但下降幅度明显收窄，显现出止跌企稳的迹象，宏观经济数据也发生了一些积极变化。俄罗斯政府将扶持农业、扩大出口、鼓励消费、发展高新技术产业确定为未来经济工作的主要方向。根据现有数据和发展趋势分析，如若不发生对国民经济造成重大影响的突发性事件（如汇率大幅波动、国际油价急剧下跌以及重大地缘政治变化），2017年俄罗斯经济有望实现微弱增长，但是维系增长的基础依然不稳定，只有在俄罗斯经济结构调整取得实质性进展的情况下，这一增长的基础才有可能趋于稳定和巩固。

---

[*] 程亦军，中国社会科学院俄罗斯东欧中亚研究所经济室主任，研究员。

关键词： 俄罗斯　经济形势　营商环境　居民消费　农业发展　出口

一　国际经济背景

目前，世界经济正经历着空前的大变革。新兴市场群体的崛起彻底改变了世界的原有面貌，第二次世界大战结束之后逐渐形成的以美国等发达国家为主导的世界经济秩序遭遇了前所未有的挑战，现行国际金融体系和贸易体系面临改革与突破，世界经济由此进入了一个异常复杂和敏感的发展时期，增添了更多的不稳定性和不可预测性。

一年来，世界经济在分分合合中艰难前行。一方面，金砖国家、东盟10+8、中东欧16+1等合作平台成功运转，影响持续扩大；中日韩自由贸易区谈判等多个双边和多边跨国合作机制建设取得积极进展，经济一体化似乎已经成为一股不可抗拒的历史潮流。另一方面，逆一体化思潮暗流涌动，贸易保护主义在欧美各国再度抬头，不时掀起波澜；欧亚经济联盟的发展步伐明显放缓，内部时有不和谐的声音传出；欧洲联盟出现了公开分裂，在英国举行的全民公决中，超过50%的英国公民毫不留情地选择退出欧洲联盟，此举进一步加剧了这个目前最成功、最具影响力的跨国经济组织内部的离心倾向，使其蒙受了自成立以来最为沉重的打击，同时也让民众切实地感受到了区域经济合作组织是多么脆弱，进而对经济一体化前景产生了诸多疑虑。

2016年，美国奥巴马政府继续强力推动"跨太平洋伙伴关系协定"（TPP）和"跨大西洋贸易与投资伙伴关系协定"（TTIP）。两大协定的签署给人的总体印象好像是美国正在致力于废除现有国际贸易体系并予以重建，而随着年底总统换届，这一进程又突然变得扑朔迷离，难以预料。中国主导的亚洲基础设施投资银行（亚投行，AIIB）2016年1月中旬在北京举行了开业仪式暨理事会和董事会成立大会。截至当年10月，已有80多个国家及地区成为该行成员，超过了拥有67个国家和地区成员、由美国和日本主导的亚洲开发银行。中国的"一带一路"倡议得到了越来越多国家的理解与

支持,许多国家急切地期待成为中国的合作伙伴,从而借助中国的影响和辐射实现自身快速发展的愿望。俄罗斯在政治和军事上高调介入叙利亚冲突的同时,在经济上又针对"跨太平洋伙伴关系协定"和"一带一路"倡议提出了"大欧亚伙伴关系"构想,其内涵与外延的不确定性引发了一系列的猜测和预判。

2016年,世界经济总体发展迟缓。为了刺激经济增长,多数经济体采取了宽松的货币政策,各国央行普遍实行低利率,但是世界经济并未因此而加速增长。以美国、日本和欧盟为代表的发达经济体经济增长速度均低于上一年度,俄罗斯、巴西等资源出口型新兴市场国家继续处于负增长状态,被视为经济增长样板国家的中国与印度的经济增长速度也明显放缓,受此拖累,国际贸易形势也很不乐观。临近岁末,国际经济形势逐渐趋向好转,突出的表现在于工业领域采购经理指数(PMI)明显改善。11月,欧元区工业生产指数达到68个月以来的最高水平,日本相关指数也达到了32个月来的最高水平。11月30日,面对持续下降的国际油价,一直保持沉默的石油输出国组织(欧佩克)内部终于达成限产协议,宣布维持当年1月的生产水平,将原油产量限定在每日3750万桶。12月10日,欧佩克又与非欧佩克产油国商定了15年来第一个减产协议,欧佩克承诺每天减产120万桶,俄罗斯、阿曼、阿塞拜疆、墨西哥、哈萨克斯坦等11个非欧佩克产油国则承诺每天减产55.8万桶。减产协议从2017年1月1日起开始执行,为期半年,到期后可根据市场情况再延长6个月。减产协议在一定程度上缓解了国际原油市场的供需矛盾,有助于新兴市场国家经济的复苏。

二 2016年俄罗斯经济形势的主要特点

2016年,俄罗斯的经济运行面对一系列不利因素。

首先,美国及西方国家集团并没有像年初一些国际时事评论家们所预测的那样取消或部分取消因乌克兰危机而对俄罗斯采取的经济制裁,相反,在接近年尾时又进一步加大了制裁力度。

其次，如上所述，世界经济形势总体偏冷，外部环境也不利于俄罗斯的经济发展。

上半年，全球有效需求不断下降，国际市场行情继续惯性下行，大宗商品价格一路走低，对俄罗斯经济构成沉重打击。下半年，情况逐步好转，随着全球供求关系得到一定程度的调整和改善，市场开始回暖，以石油和金属为代表的大宗商品价格止跌回升，俄罗斯经济因此受益。时至年底，欧佩克成员国与非欧佩克产油国一致达成的减产协议对俄罗斯经济产生了复杂的影响：一方面，国际油价因协议的签署而有所上涨，给俄罗斯经济带来了福音；另一方面，油价的上扬压低了金属价格，又使大量出口金属原料及其粗加工产品的俄罗斯蒙受了不小的损失。不过，就总体而言，积极的影响远大于消极的影响，俄罗斯经济的下行压力因此得以部分释放。

纵观全年状况，与前两年疾风骤雨般突变的经济形势相比，特别是与同一时期的政治、外交形势相比，2016年俄罗斯的经济形势相对比较平稳，没有大起大落。宏观经济指标有喜有忧，但总体状况依然不佳。国内生产总值下降幅度明显收窄，工农业生产双双实现正增长，通货膨胀率显著降低，但对外出口、固定资产投资和社会消费等关键性指标依然呈下降态势。不过，正如俄罗斯经济发展部的月度形势报告所指出的那样，虽然国民经济多项指标继续呈负增长态势，但下降幅度明显好于此前的官方预测水平。尤其让俄罗斯感到欣慰的是，与前些年相比，卢布汇率的表现相当良好，不仅没有出现下降，相反还升值了15.6%，而同一时期许多发展中国家的货币都出现了不同程度的贬值。例如，土耳其里拉贬值了21%，中国人民币也贬值了7%。

1. 国内生产总值下降幅度趋势性收窄

如同各方预测的一样，2016年俄罗斯国民经济整体走势仍然呈下降态势，国内生产总值继续萎缩，但萎缩的程度明显减轻。1~11月，国内生产总值同比下降0.6%，明显小于上年同期3.7%的降幅。从前三个季度的具体情况来看，第一季度下降1.2%，第二季度下降幅度收窄到0.6%，第三季度进一步收窄到0.4%，显现出经济下降幅度逐季收窄的趋势，有明显企稳的迹象。① 2014年至今，这种积极的迹象还是头一次出现。

2. 工农业生产双双实现正增长

在多个季度连续下降之后，2016年俄罗斯工业生产终于实现微弱增长。1~11月，工业生产同比增长0.8%，尽管增长幅度十分微小，但这毕竟反映出一种新的发展趋势，相比上年同期3.3%的下降有本质的不同。前三个季度工业生产的表现不尽相同，第一季度同比下降1.2%，第二、三季度分别增长0.3%，其中第三季度生产形势很不稳定，忽上忽下，说明增长基础还很不牢固。在工业部门中，矿产开采行业同比小幅增长，但加工业情况不甚理想，同比下降了0.3%。根据上述变化，俄罗斯经济发展部将对全年工业生产的评估值从原先的0.4%调高到1.0%。②

农业是最近若干年来俄罗斯经济中表现最好的产业，2016年的表现依然抢眼，1~11月同比增长4.1%，显著高于上年同期的2.6%，其中11月更是达到了5.6%的增长率。③ 农作物的连年丰收使俄罗斯由粮食纯进口国一举成为谷物出口大国，其中小麦出口量已超过美国和加拿大，位居世界第一。农作物的大面积丰收带动了国内食品加工业的快速发展，并且有能力填补由于西方制裁而出现的市场空缺，这在一定程度上改变了俄罗斯的经济面貌。

3. 投资不旺，基建萎缩

虽然下半年固定资产投资状况有所改善，但就全年总体情况看依然不佳。第三季度固定资产投资出现正增长，但增长幅度极其有限，只有0.3%。考虑到这是在上年同期非常低的基础上（-13.0%）实现的，这种增长并不具有说服力。1~9月，全俄固定资产投资同比下降2.3%，预计全年下降3%，与此前联邦经济发展部的预测（-3.7%）相差无几。从行业

---

① Минэкономразвития России: О текущей ситуации в экономике Россиийской федерации в январе-ноябре 2016 года, с. 9-10., http://economy.gov.ru/wps/wcm/connect/e9f552ee-c11b-4faa-8be3-eb0ff751ab90/monitor_1-11.pdf?MOD=AJPERES&CACHEID=e9f552ee-c11b-4faa-8be3-eb0ff751ab90.

② Там же. с. 9.

③ Там же.

来看，采掘业（主要是燃料能源类）是吸引投资的主要领域。

与固定资产投资密切相关的基建领域形势也不甚理想，其中 11 月是自 2013 年 11 月以来表现最好的月份，同比增长 1.4%，但前 11 个月总体下降了 4.3%。住宅建设也维持了负增长状态，11 月同比下降 7%，完成 730 万平方米，1～11 月同比下降 6.5%。①

4. 通货膨胀率降至历史低点

近年来俄罗斯通胀率一直处于平稳下降状态，2016 年下降幅度更为显著。上半年消费价格指数涨幅略高，6 月为 7.5%，下半年涨幅明显下降，特别是进入第四季度之后涨幅下降尤为明显，10 月降至 0.4%，11 月与上月持平——0.44%。1～12 月上旬，消费价格指数同比上涨了 5.2%，远远低于上年同期的 12.5%。物价上涨的主要动力来自食品价格的上涨。预计全年通货膨胀率不会高于 6%，俄联邦经济发展部预测为 5.6%，低于该部此前的预测。这是苏联后期至今的最低水平。俄罗斯经济发展部在月度形势报告中对此给予了高度评价，称"这是与通货膨胀斗争的巨大成就"，但同时也不得不指出，通胀率的降低是与卢布升值和消费萎缩密切相关的。② 由此可见，这项指标的降低所包含的意义是双重的，既有积极的一面，也有消极的一面。

5. 对外贸易实物量略增，货币量大跌

2016 年全俄对外贸易实物量较上年有所增加，但是由于国际市场大宗商品价格（特别是石油价格）下跌，体现在货币上的数量明显下降。1～11 月，俄罗斯对外贸易总额为 4217 亿美元，同比下降 13.6%。其中，出口 2495 亿美元，同比下降 20.2%；进口 1722 亿美元，同比下降 1.9%；贸易顺差 773 亿美元。③ 这是在连续两年的大幅下降之后再次出现的显著下降，

---

① Минэкономразвития России: О текущей ситуации в экономике Россииской федерации в январе-ноябре 2016 года, с. 9 – 10., http://economy.gov.ru/wps/wcm/connect/e9f552ee – c11b – 4faa – 8be3 – eb0ff751ab90/monitor_1 – 11.pdf? MOD = AJPERES&CACHEID = e9f552ee – c11b – 4faa – 8be3 – eb0ff751ab90.

② Там же. с. 4.

③ Там же, с. 6、9.

给俄罗斯经济带来了不小的负面影响。

6. 社会零售总额持续萎缩

过去的10多年间，消费曾经是俄罗斯经济增长的重要因素，真正起到了经济引擎的作用。但是这一状况在近几年发生了逆转，消费演变成拖累经济增长的因素。1～11月，社会消费进一步萎缩，全社会零售总额同比下降了5.1%（上年同期下降9.5%）。

7. 总人口微弱增长，劳动力市场基本稳定

截至2016年11月，俄罗斯联邦境内常住人口总数为1.468亿，当年前10个月新增人口数为23.83万。统计数据显示，前10个月全俄出生人口158.81万，同比减少2.1%；死亡人口156.78万，同比减少2%；人口净增2.03万，同比减少3.8%；外来移民21.8万，同比增加13.9%。出生人口与死亡人口大体相当，说明俄罗斯人口再生产能力依然严重不足，人口数量的增加主要得益于外来移民，在新增人口中外来移民占到了91.5%（见表1）。

表1 2016年1～10月俄罗斯人口发展状况

	第一季度	第二季度	第三季度	10月	1～10月	同比（%）
出生人口（万人）	45.82	47.02	50.69	15.28	158.81	-2.1
死亡人口（万人）	49.29	46.77	45.66	15.07	156.78	-2.0
自然增长（万人）	-3.47	0.25	5.03	0.21	2.03	-3.8
移民增加（万人）	7.12	7.07	5.46	2.16	21.80	13.9

资料来源：Минэкономразвития России：О текущей ситуации в экономике российской федерации в январе-ноябре 2016 года, c. 72, http：//economy. gov. ru/wps/wcm/connect/e9f552ee - c11b - 4faa - 8be3 - eb0ff751ab90/monitor_ 1 - 11. pdf？MOD = AJPERES&CACHEID = e9f552ee - c11b - 4faa - 8be3 - eb0ff751ab90。

1～11月，全俄劳动力人口为7660万，同比增长0.1%；就业人口达到7240万，与上年持平；失业人口为430万，同比增长0.2%，失业率为5.6%。正式注册失业人口96.2万，同比下降0.3%。从联邦国家统计局提供的统计数据来看，俄罗斯劳动力市场资源配置严重不均衡，一方面全俄有

400多万失业人口,另一方面又有大量空置的劳动岗位无人问津。①

从全国人口结构来看,适龄劳动力总数和占比继续下降,全社会老龄化进一步加剧。为了缓解日趋严重的劳动力不足和社会赡养负担加重的状况,联邦政府未雨绸缪,决定延长公民工作年限。5月,联邦议会上下两院分别通过了延长公务员退休年龄的法案,并由总统正式签署实施。新法案规定,从2017年1月1日起逐步延长联邦和市政两级公务人员的退休年龄,具体做法是以每年增加半岁的方式,最终将男性退休年龄从目前的法定60岁延长至65岁,女性退休年龄从55岁延长至63岁。

8. 居民实际可支配货币收入同比下降

统计数据显示,2016年前11个月,职工月平均名义工资收入为35754卢布,较上年同期增加2625卢布,增长了7.9%。但扣除物价上涨等因素,职工实际工资收入只增长了0.5%(上年同期为-9.3%),而居民实际可支配货币收入同比则下降了5.8%,较上年同期4.1%的下降幅度进一步扩大。居民实际可支配货币收入的下降直接导致社会消费水平的下降。

9. 财政赤字进一步扩大,债务杠杆作用有待发挥

国际市场原材料价格,尤其是石油价格的下降致使俄罗斯政府财政收入锐减,虽然在这一时期非石油收入有所增加,但远不足以抵消因石油收入减少而出现的财政收入空缺,预算赤字进一步扩大。据联邦财政部统计,前11个月联邦财政收入共计11.435万亿卢布,比上年同期减少了7408亿卢布,下降6.1%。其中,石油天然气收入减少了10610亿卢布,非石油天然气收入则增加了3202亿卢布。联邦财政支出共计13.223万亿卢布,同比扩大1.6%,财政赤字1.79万亿卢布。与上年同期相比,增加的预算支出主要集中在"社会政策"领域,与此相反,"国防""安全"等领域的支出同比减少,这个结果显然与联邦政府在经济萧条时期为安抚民心、稳定社会所

---

① Минэкономразвития России: О текущей ситуации в экономике Россиискои федерации в январе-ноябре 2016 года, c. 73, http://economy.gov.ru/wps/wcm/connect/e9f552ee-c11b-4faa-8be3-eb0ff751ab90/monitor_1-11.pdf?MOD=AJPERES&CACHEID=e9f552ee-c11b-4faa-8be3-eb0ff751ab90.

做出的政策选择有关。

从收入构成来看，出售石油天然气依然是俄联邦最重要的财政收入来源，1~11月石油天然气收入4.35万亿卢布，虽然较上年同期减少了19.6%，但占财政收入的比重仍然超过38%。非石油天然气收入为7.085万亿卢布，同比增加了4.7%，占财政收入接近62%。好在前些年高油价带来的高额利润极大地缓解了债务压力，目前国家债务规模并不算大。截至12月1日，联邦债务余额为10.93万亿卢布，较年初的10.95万亿卢布略微减少，占同期国内生产总值的13.2%。其中，内债7.6万亿卢布，较年初略有增加，占国内生产总值的9.2%；外债3.3万亿卢布，较年初略有减少，但由于汇率因素，折合成美元则略有增加（年初500亿美元，12月1日513亿美元），占国内生产总值的4%。① 与目前全球范围内各经济体普遍实行的高负债相比，上述负债率是相当低的，这为俄罗斯政府采取更加积极的财政政策、利用债务杠杆来调节经济提供了理想的空间。

10. 三大基金有增有减

近年来，外汇储备、储备基金和国民福利基金（后两项被统称为石油基金）的多寡已成为俄罗斯经济形势好坏的重要标志，因为这三项指标可以集中反映出俄罗斯政府对国民经济进行宏观调控的能力，反映出俄罗斯抵御危机、克服困难和促进发展的能力。这三项资产几乎完全来源于燃料能源（石油和天然气）出口。

1~11月，俄罗斯乌拉尔牌石油平均价格为40.8美元/桶，同比下降22.4%（上年同期为52.6美元/桶）。石油价格的下跌使得俄罗斯石油基金新增数量减少，而为了保证政府项目的实施和对部分经济部门的救助又耗费了大量的存量基金，致使基金规模显著萎缩，储备基金和国民福利基金都出现了不同程度的缩减。截至12月1日，联邦储备基金为

---

① Минэкономразвития России: О текущей ситуации в экономике Россииской федерации в январе-ноябре 2016 года, c. 73, http://economy.gov.ru/wps/wcm/connect/e9f552ee-c11b-4faa-8be3-eb0ff751ab90/monitor_1-11.pdf?MOD=AJPERES&CACHEID=e9f552ee-c11b-4faa-8be3-eb0ff751ab90.

20327亿卢布（折合313亿美元），比上年同期减少18983.8亿卢布，下降了48.29%，占同期国内生产总值的比重也从4.9%下降到2%，而历史峰值时期占比曾经高达10.6%。① 相对而言，国民福利基金下降幅度略小。截至12月1日，国民福利基金总额为46280.9亿卢布（折合712.6亿美元），比上年同期减少1559.6亿卢布，同比下降了3.3%，占同期国内生产总值的比重也从5.9%略微下降到5.6%，而历史峰值时期（2009年3月）曾经占到了7.7%。② 外汇储备情况略好。截至12月初，外汇储备总额3853亿美元，较上年同期的3644亿美元和年初的3680亿美元略有增加（见表2）。③

表2 2016年俄罗斯主要经济数据与上年同期相比

	2015年		2016年			
	10月	1~11月	10月	11月	11月(环比)	1~11月
国内生产总值(%)	-4.0	-3.7	-0.7	0.5	0.1	-0.6
消费价格指数(期末,%)	0.8	12.1	0.4	0.4	—	5.0
工业生产(%)	-3.5	-3.3	-0.2	2.7	1.0	0.8
加工业(%)	-5.3	-5.3	0.8	2.5	1.4	-0.3
农业生产(%)	1.7	2.6	3.8	5.6	0.4	4.1
建筑规模(%)	-4.3	-5.0	-0.8	1.4	0.3	-4.3
建成居民住宅(%)	-1.0	3.4	-13.0	-7.0	—	-6.5
居民实际可支配收入(亿卢布)	-6.1	-4.1	-6.0	-5.6	-1.7	-5.8
职工实际工资收入(亿卢布)	-10.4	-9.3	0.4	1.7	0.0	0.5
职工名义月平均工资收入(亿卢布)	33347	33129	35749	36105	—	35754

---

① Объем средств Резервного фонда, http://minfin.ru/ru/perfomance/reservefund/statistics/volume/.

② Объем средств Фонда национального благосостояния, http://minfin.ru/ru/perfomance/nationalwealthfund/statistics/.

③ Еженедельные значения на конец отчетной даты, http://www.cbr.ru/hd_base/Default.aspx?Prtid=mrrf_. 需要说明的是，在俄罗斯，储备基金和国民福利基金是外汇储备的组成部分；除去这两个基金，真正的外汇储备规模要小得多。

续表

2015 年			2016 年			
	10 月	1~11 月	10 月	11 月	11 月(环比)	1~11 月
失业率(%)	5.8	—	5.4	5.4	5.4	—
商业零售额(%)	-12.2	-9.5	-4.2	-4.1	-0.3	-5.1
居民有偿服务额(%)	-2.5	-1.9	-0.8	0.1	0.1	-0.5
出口总额(亿美元)	254	3127	249	250	—	2495
进口总额(亿美元)	165	1755	183	175	—	1722
乌拉尔牌石油价格(美元/桶)	42.1	52.6	47.7	43.5	—	40.8

资料来源：Минэкономразвития России：О ТЕКУЩЕЙ СИТУАЦИИ В ЭКОНОМИКЕ РОССИЙСКОЙ ФЕДЕРАЦИИ В ЯНВАРЕ-НОЯБРЕ 2016 ГОДА, c.9, http：//economy. gov. ru/wps/wcm/connect/e9f552ee－c11b－4faa－8be3－eb0ff751ab90/monitor＿1－11. pdf？MOD＝AJPERES&CACHEID＝e9f552ee－c11b－4faa－8be3－eb0ff751ab90。

三 2017年俄罗斯经济工作的优先方向

根据普京总统的指令，俄罗斯政府职能部门目前正在研究制定 2017~2025 年国家经济发展规划（普京称其为"行动计划"），以便为有关经济部门提供一个详尽的工作指南。该规划预计将在 2017 年 5 月前后正式出台，不过我们可以从不久前普京总统发表的国情咨文中搜寻到相关信息。

2016 年 12 月，普京总统向俄罗斯联邦议会发表了年度国情咨文。在咨文中普京总统相当详尽地阐述了他的经济思想和治理理念，为未来联邦政府的经济工作方针确定了基调，这些内容毫无疑问将在联邦政府制定的经济发展规划中作为主导思想得到体现和细化，进而成为 2017 年乃至未来一个较长时期政府工作的主要目标和优先方向。上述内容概括起来主要有以下几个方面。①

---

① 相关内容见普京"总统致联邦会议国情咨文"，Послание Президента Федеральному Собранию, http：//www.kremlin.ru/events/president/news/53379。

1. 着力扶持农业生产，进一步夯实经济发展基础

连年丰收、持续增长的农业生产不仅极大地鼓舞了俄罗斯民众，为稳定社会和抵御危机做出了巨大贡献，而且使俄罗斯逐渐意识到农业有望成为该国继能源原材料之后又一个可以支撑国民经济发展的重点领域和方向，值得特别关注和大力投入。2015年俄罗斯出口粮食162亿美元，首次超越武器出口，成为燃料能源之后的第二大出口商品。俄罗斯政府将指导诸如联邦农业银行、俄罗斯农业银行、俄罗斯农业租赁公司和促进中小企业发展集团等政策性金融机构会同商业金融企业为农业生产提供全面支持，政府计划为这些经济组织补充130亿卢布的资本金。

2. 挖掘潜力，扩大出口

在继续发挥燃料能源出口优势的同时充分挖掘国家现有的工业潜力，生产更多的适合国际市场的外销商品。在挖掘现有工业潜力的过程中，具有传统优势、令俄罗斯人深感骄傲的军事工业值得特别关注。俄罗斯领导人认为，军工体系的成功改造事关民族工业复兴的大局，应当继续对其体制、工艺、商品用途实行全面改造，加快军转民进程。军转民的主要方向应当放在医疗、造船、能源、航空、太空以及其他高科技领域，以期在这些领域创造出越来越多的具有国际竞争力的民用产品。

3. 努力改善营商环境，为企业创造良好的生存和发展空间

最近若干年来，经过坚持不懈的治理，俄罗斯的营商环境有了明显改善。从统计数字上看，许多指标大幅提升，因此获得了国际评估机构和相关组织的一致认可。但是，在现实生活中，随意执法、过度检查、故意刁难企业的现象依然屡禁不止。未来一个时期，进一步完善监管制度，提高管理部门的执法透明度，确保经济执法的合理性和有效性，切实为企业减负松绑仍然是摆在各级政府面前的重要工作。

4. 鼓励购买不动产，以此拉动居民消费

如前所述，居民消费的迅速增长曾经是俄罗斯经济发展的主要动力之一，近年来由于居民可支配货币收入减少，社会消费一蹶不振，反过来成为制约经济增长的不利因素。为尽快改变这一状况，俄罗斯政府希望启动不动产消费来拉动整个社会消费，以此促进经济增长。在这方面俄罗斯具有良好的前提条件，那就是近年来住宅建设成绩斐然，大量新建住宅相继投放市场，单是2015年住宅开工面积就超过8500万平方米。普京要求俄罗斯金融机构扩大按揭业务，为民众购买住房提供金融支持，进而促进经济全面发展。

5. 实行积极的债务政策，多方筹措资金，努力扩大投资

投资不振一直困扰着俄罗斯，近两年这一状况进一步恶化，原本自有资金就严重不足，主要的对外融资途径又因西方的经济制裁而遭到封锁。为了摆脱这一困境，俄罗斯决意放弃实行了多年的保守的债务政策，希望通过扩大负债规模、提高债务水平的办法来筹措发展资金。对此，普京在国情咨文中做了明确阐述："许多国家成功运转着非银行金融部门。我们也应当发展：这可以通过债券和其他机制吸引投资者和民众将资金投入经济。"

6. 大力发展高新技术产业，加快科研成果的市场转化

事实上，发展高新技术产业是历届俄罗斯政府一贯奉行的经济政策，但是由于种种历史原因实施效果却并不理想。本届政府明显加大了这方面的投入，不久前以总统令的形式发布了《俄罗斯科技发展战略》，再次将发展高新技术产业确定为政府工作的优先方向和首要任务，特别强调加快科研成果的市场转化。为了确保高新技术产业的顺利发展，联邦政府将加大资金投入，为具有广阔市场前景的科研项目提供长期政府拨款，近期将启动一个为期7年的资助项目，在原有资金计划的基础上再追加35亿卢布的政府拨款。

四　几个基本判断

1. 2017年俄罗斯经济有望实现微弱增长

最近一个时期，有关国际经济组织纷纷调高了对未来一年俄罗斯经济发展的预测，普遍认为俄罗斯经济将出现小幅增长。俄罗斯经济发展部以及俄罗斯中央银行也做出了比较乐观的估计。笔者认为，目前俄罗斯经济的总体发展趋势支持上述判断，即在不发生对国民经济造成重大影响的突发性事件（如汇率大幅波动、国际油价急剧下跌以及重大地缘政治变化）的情况下，2017年俄罗斯经济有望实现微弱增长，但是维系增长的基础依然不稳定，只有在俄罗斯经济结构调整取得实质性进展的情况下，这一增长的基础才有可能趋于稳定和巩固。

2. 俄罗斯经济结构并未发生明显变化，经济结构调整成效尚未显现

通过对俄罗斯外贸结构和联邦财政收入构成的分析可以看出，与往昔相比，俄罗斯的经济结构没有发生明显变化，俄罗斯政府鼓吹多年的经济结构调整成效并不显著。在俄罗斯的对外出口商品目录中，以燃料能源、木材、矿石为主的初级产品仍然占据绝对优势。多年来，向国际市场销售石油和天然气是俄罗斯最重要的收入来源，占到了其财政收入的一半左右，甚至更高，如上所述，即便是在2016年这样不景气的国际销售背景下石油和天然气收入仍然是俄罗斯财政收入的第一大来源，在财政收入中的占比依然超过38%。由此可见，能源在俄罗斯经济中所扮演的角色短期内是无以替代的，在未来数年俄罗斯仍然无法摆脱能源经济的既有模式。

3. 进口替代政策成效初显，但其对俄经济长远发展的影响还需观察

由于缺乏可靠的调研报告和翔实的统计数据，很难对俄罗斯政府的进口替代政策及其实施结果给予客观准确的评价。

有观点认为，俄罗斯的进口替代政策是为了应对西方国家因乌克兰危机而对俄采取的经济制裁，其实早在乌克兰危机之前俄罗斯政府便积极倡导进口替代，并将此作为政府的工作目标之一，只是在西方实施经济制裁之后这方面的工作受到了更多的关注，扶持领域得到了进一步的扩大，扶持力度也得到了进一步的加强。因此，这项政策显然不能被视为权宜之计，而是一项长期的国家行动计划，其终极目标是全面复兴遭到去工业化运动严重破坏的民族工业体系。从近期实施效果来看，这项政策发挥了相当积极的作用。首先，它直接填补了因制裁与反制裁而出现的市场空缺，对于稳定市场、安抚民心意义重大。其次，它增加了就业机会和就业岗位，缓解了因经济下行而加重的就业压力。最后,它在一定程度上恢复和振兴了民族工业。但与此同时也应注意到,在西方发达国家制裁的背景下,缺资金、缺技术、缺经验、缺设备,俄罗斯进口替代的技术起点受到严重制约和限制,很有可能出现处于低水平的民族工业复兴,这对于俄罗斯经济现代化和国民经济的长远发展不一定有利。

Y.5
俄罗斯的经济危机与普京的应对策略

张聪明[*]

摘　要： 俄罗斯经济目前依然处于危机之中。从目前形势看，2018年3月总统大选之前，俄罗斯政府可能不会有实质性的改革动作和促进经济改观的举措；大选之后，有可能在几个发展战略之间进行平衡，并在此基础上实施有限的改革。

关键词： 俄罗斯　经济危机　发展战略

自2014年乌克兰危机以来，俄罗斯经济遭遇国际油价断崖式下跌和西方全面制裁的双重打击而陷入深度衰退，截至目前，依然处于危机之中。面对严峻的经济形势，俄罗斯政府采取了力所能及的反危机措施，但从目前看，2018年3月总统大选之前，俄罗斯政府可能不会有实质性的改革动作和促进经济改观的举措；大选之后，有可能在目前酝酿的几个发展战略（计划）之间进行平衡，并在此基础上实行有限的改革，经济有可能走出危机，实现低水平增长。

一　俄罗斯经济依然处在危机中

2014年，俄罗斯GDP同比增长仅为0.6%，2015年同比下降3.7%。此后下行趋势一直持续至今。截至2016年8月，俄罗斯经济连续6个季度

---

[*] 张聪明，中国社会科学院俄罗斯东欧中亚研究所战略室副主任，研究员。

处于衰退之中，只不过从2016年1~8月的统计资料看，下降的程度有所放缓。2016年第二季度GDP同比下降0.6%，8月已停止下降。同期内，工业生产同比增长0.4%，农业同比增长3.4%。

同时，俄罗斯央行紧缩货币的政策初步显现了效果，消费物价指数从2015年的12.9%降为2016年8月的3.87%，预计全年为6.84%，工业品生产价格指数增幅为3.5%。遭受西方制裁以来资本大量流出的局面有所改观，从2015年第四季度开始到2016年上半年出现资本净流入现象。一些先行指标也显现出了些许企稳的迹象。比如，2016年1~7月，铁路运输量同比增长1.8%；银行业已转亏为盈，利润增幅显著；2016年上半年卢布升值4.8%；冶金和石油企业在降低成本方面表现不俗。据此，标准普尔2016年9月发布的报告预计，20年以来持续时间最长的一次俄罗斯经济衰退已接近终结。

尽管如此，拉动经济增长的投资、出口和消费三驾马车总体表现依然不佳。比如，出口大项原油，其价格在2016年1~8月同比下降了29.4%，致使出口价值同比下降了25.8%，进口同比下降5.9%。石油美元减少，居民收入相应减少，消费水平持续下降，同期居民实际可支配货币收入下降了5.8%，付费服务下降了0.6%。拿就业水平来看，失业总人口同期增长了1.7%。拿国内市场来看，同期零售贸易周转额下降了5.7%。再拿投资状况来看，尽管下降幅度已逐步放缓，2016年第二季度仍为-3.9%，大中型企业投资连续7个月出现负增长。

二 2018年总统大选前的应对策略

（一）在现有的反危机战略之下等待机会

危机爆发以来，俄罗斯政府做出的应对措施主要是实施进口替代战略。2014年9月30日，俄联邦政府通过决议，决定促进工业的进口替代，计划以此缓解西方制裁的影响，从长远看，这也有利于再工业化和经济结构的调整。2015年8月4日，又成立了以总理梅德韦杰夫为主席的联邦政府替代进口委员会。

按照2015~2020年进口替代的五年计划，到2020年，俄要将总体进口依存度从目前的88%降至40%。从实践看，某些重点和核心部门的相关工作已取得明显的积极效果。

同时，为缓解西方制裁和油价下跌造成的巨大负面影响，俄罗斯联邦政府先后出台了《2015年保障经济稳定发展和社会稳定首要措施计划》和《2016年俄罗斯政府保障社会经济稳定发展行动计划》。这两个计划的目标是：在既有的复杂而不利的国际、国内条件下，保证社会经济稳定发展，最大限度地减轻经济衰退对居民生活的影响。为此，政府所做的主要工作为：修改了国家采购法，创设了"工业发展基金"，实施了"专门投资合同制"，"对研发和设计给予部分补偿和补贴"，"提供贴息贷款"，组建了"扶持中小企业公司"等。

笔者认为，在2018年总统选举之前，俄罗斯联邦政府不会再采取更多的应对危机、促进改革和发展的实质性措施。可能会在已有的计划和措施之下维持一个相对稳定的时期，新的改革和发展战略要在此之后才有可能出台并加以实施。

（二）发出改革信号，以期对外与西方修好，减轻制裁，对内安抚民心，维持社会稳定

尽管如此，俄罗斯最高当局还是会向国际国内发出某些改革的信号，这样做的目的表现在，一方面为2018年之后的改革和发展做出某些必要的切实准备；另一方面，向国际社会表达一种改革的意愿，以期在2016年12月欧洲理事会上得到积极的回应，比如缓解或解除欧洲乃至美国对俄罗斯的经济制裁，实质性改善俄罗斯的国际经济环境。在国内，也向社会各界做出一种以改革促发展的姿态，以便能够维持一种相对稳定的局面。具体的表现就是普京总统任命体制内自由派、前财政部部长库德林为总统经济委员会副主席，并委托他为2018年后的俄罗斯经济改革和发展制订可供选择的战略计划。

俄罗斯黄皮书

三 制定面向2018年总统大选后的经济发展战略

截至目前，有俄罗斯官方背景的制定中的2018年之后的发展战略至少有三个。①

（一）三个改革与发展战略

第一，现任总理梅德韦杰夫及其政府的改革与发展战略。

2016年9月22日，俄罗斯总理梅德韦杰夫在《经济问题》杂志上发表题为《俄罗斯社会经济发展的新动力》的文章，详细讨论了俄罗斯社会经济发展的相关问题，其中的观点可以看作俄罗斯政府的战略思想。

梅德韦杰夫认为，俄罗斯经济正在经历一个长期的意义深远的转型。在以后的若干年，俄罗斯将不得不从根本上重构其经济体系，以适应世界经济秩序的变化和挑战。他说，俄罗斯需要重新构建一个发展模式：一方面弥补危机造成的严重后果——俄罗斯人民的福利水平下降；另一方面使俄罗斯能在世界上发挥其应有的作用。

在梅德韦杰夫的新发展模式里，改善俄罗斯人民的福利状况，保障俄罗斯的大国地位，主要的战略措施是实现经济持续增长。在梅德韦杰夫看来，实现经济持续增长最重要的因素是投资。这里所说的投资包括公共投资和私人投资，也包括国内投资和国外的投资。他认为增加投资是经济增长的最主要的驱动因素，它比增加消费和出口需求更重要。俄罗斯的可持续增长需要加大投资规模，需要将投资比例由目前占GDP的20%提高到22%~24%，尤其是要鼓励国内私人投资。

所以，从俄罗斯的实际出发，要进行一系列的改革，以保证经济中的投资规模、增速和效率。这些改革涉及经济社会领域的众多方面。比如简政放

---

① 此外，尚有其他类似的经济发展计划。参见徐坡岭《俄罗斯2017年经济走势、新政策空间与长期增长》，《欧亚经济》2017年第1期。

权，保护产权，鼓励竞争，鼓励和扶持中小企业的发展；控制通胀；优化预算体制，压缩财政支出；明确公共投资的最优先方向，即人力资本和交通运输基础设施；优化教育、医疗、社会保障体制等。

与总理梅德韦杰夫的战略思想相适应，俄罗斯经济发展部提供给总统的经济发展计划主张限制工资增长，鼓励将收入转化为投资。根据这一计划，如果消费保持现有水平，在未来几年每年投资增长率要达到7%~8%。经济发展部的另一个主张是，将退休年龄提高到63~65岁（目前是男性60岁，女性55岁）。此举一方面可以减少养老金支出，增加用于投资的资金，同时，支持企业以更灵活的方式处理因经济原因解雇工人的相关问题。

第二，库德林牵头制定的经济发展战略。

库德林为前副总理兼财政部部长，2016年4月，俄罗斯总统普京又任命其为总统经济委员会副主席，并委托其制订2018年后俄罗斯经济发展计划。根据库德林于2016年5月25日在总统经济委员会主席团会议上所做的报告，可以大致判断出其将要提交的经济发展计划的主要内容。

该计划的目标是努力使GDP实现4%左右的增长，基本措施是增加投资，保障措施是实行供给侧全方位结构性改革。这些改革措施包括：劳动力市场方面，加大人才培训和再培训力度，提高劳动生产率；资本市场方面，依靠技术进步，降低成本，提高投资效率；所有制结构方面，继续进行私有化；政府与市场方面，稳定金融市场，降低基准利率（将通胀率控制在4%）、鼓励市场竞争，支持中小企业，大幅度改善执法体系，提升国家治理体系的效率。

第三，斯托雷平俱乐部的报告及其经济发展计划。

在2016年5月25日总统经济委员会主席团会议上，斯托雷平俱乐部（一个保守的经济学家团体，也有代表参加总统经济委员会会议）也提交了一份报告，根据此报告，也有一个相应的2018年后经济发展计划。该俱乐部认为，俄罗斯应该推出"量化宽松"政策，以期实现经济的适度增长（比如4%）。

斯托雷平俱乐部希望央行提供项目融资给商业银行和开发机构，每年提供至少1.5万亿卢布（相当于225亿美元），连续5年，根据高新技术项目的运行状况为其融资，以此促进国家经济发展。具体措施是每年增发1.5万亿卢布。与此相对应，为了不影响通货膨胀水平，建议央行重拾货币走廊安排，废止2014年年底推出的浮动汇率制，严格管制企业和居民购买外汇。

同时，该俱乐部还主张希望政府预算资金能增加用于投资的份额。

（二）可能的平衡

面对总理梅德韦杰夫及其政府、库德林和斯托雷平俱乐部的三个经济发展计划，2018年后的俄罗斯当局有可能做出某种平衡。具体说，就是吸收三个计划（方案）中具有共性的部分，折衷三个计划的差异，制订一个综合性改革和发展计划，并据此展开实际操作。

可以预见的是，2018年后，俄罗斯当局可能制定一个年GDP增长4%左右的目标；扩大对经济的投资；增发一定规模的货币；辅之以力所能及的结构性、制度性改革。

（三）可能进行有限的改革，出现低水平的经济增长

首先，"量化宽松"的做法因其对通胀水平有很大的压力，考虑到对整体物价水平、居民生活质量、汇率、进出口等的实质性影响，即使有所实践，也不会开很大的口子。其次，在现有条件下，财政支出加大投资的可能性也不大。最后，结构性、制度性改革是个复杂的过程，其顺利推进需要时间，很难在短期内有实质性进展，其对经济增长的效应也不能有太乐观的期待。

综上所述，在其他条件不变的情况下，2018年以后的俄罗斯经济可能出现低水平不稳定的增长（比如2%左右），这样的前景是可以期待的。

Y.6
经济制裁背景下的俄罗斯农业发展总体形势

蒋 菁*

摘　要： 乌克兰危机后，西方对俄实施多轮经济制裁，内忧外患的格局对俄罗斯经济产生巨大冲击，但俄罗斯农业却在此背景下加快了复兴和崛起的步伐，俄国内种植业和畜牧业总体生产情况良好，农业机械设备制造快速增长，农产品出口取得突破，俄罗斯也因此重拾世界主要粮食供给国的地位，对国际粮食市场的影响与日俱增。本文试从西方经济制裁背景下俄罗斯农业逆势发展的几个关键要素变化入手，阐述近年来俄罗斯农业发展的总体形势，并分析了俄罗斯农业未来发展的潜力和所面临的困境，梳理了俄政府在促进农业发展方面出台的主要国家规划和扶持措施。农业作为俄罗斯经济发展的重点领域，在国民经济和国家战略中的地位将不断提高。就其自身发展的市场环境而言，未来仍具有较大的发展潜力，但关键是看经济制裁背景下政府对落实国内农业规划和实施政策的把控，以及可否建立对外部市场环境变化的应对机制，这将是保证俄罗斯农业未来长期增长的重要条件。

关键词： 经济制裁　俄罗斯　农业　发展潜力

---

* 蒋菁，中国社会科学院俄罗斯东欧中亚研究所副研究员。

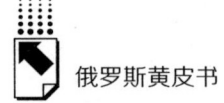

近年来，由于受到欧美经济制裁、国际油价低位徘徊和卢布汇率不稳等各种因素叠加的影响，俄罗斯国内经济形势急转直下，陷入新一轮经济危机。对此，俄罗斯政府实施了一系列的反危机计划，采取进口替代等政策，进一步加快经济结构调整步伐，继而推动农业、轻工业、化工及食品加工业的发展。就实施效果来看，俄罗斯经济在2016年下半年出现了企稳回升的迹象，尽管各产业复苏不均衡，但经济下滑趋势明显放缓，未来极有可能进入缓慢增长的通道。

俄罗斯农业受油价下跌和经济制裁等外部影响刺激，在逆境中加快了复兴和崛起的脚步。2015年，在国内生产总值下降3.7%的情况下，俄罗斯农业实现了2.6%的正增长，且2016年延续了持续增长的趋势，全年预计增长4.8%[1]，俄国内种植业和畜牧业总体生产情况良好，农业机械设备制造快速增长，农产品出口取得突破，俄罗斯也因此恢复了世界主要粮食供给国的地位，对国际粮食市场的影响与日俱增。2015年，俄罗斯取代美国成为世界上最大的小麦出口国；2016年，俄罗斯农产品出口收入再次超越其武器销售出口总额，预计将超169亿美元。[2]

俄罗斯农业的崛起不仅对本国经济复苏有贡献，还对保持俄罗斯国内社会总体稳定和加大国际外交斡旋筹码有重要作用。

一 西方经济制裁倒逼俄罗斯农业逆势发展

俄罗斯农业发展具备得天独厚的条件：不仅地广人稀，土地肥沃，拥有大量储备性的农业用地面积，横跨寒带、亚寒带和温带三个气候带，而且可耕地面积、农业生产和运输成本都具有可持续性发展的优势。

乌克兰危机后，为回应西方经济制裁，俄罗斯决定禁止或限制从部分西

---

[1] Об итогах социально-экономического развития российской федерации в 2016 году. Министерство экономического развития РФ. Февраль 2017г. С. 10, http：//economy.gov.ru/minec/activity/sections/macro/2017070204.

[2] 《欧亚经济动态》，《欧亚经济》2017年第1期。

方国家进口农产品,同时在农业领域大力推行进口替代政策,出台农业发展长期规划,加大对农业国家项目的资金扶持。上述因素加上得天独厚的自然条件,均有力地促进了俄罗斯农业的增长。此外,卢布贬值提升了俄罗斯农作物的国际竞争力,进一步刺激了出口。2014年成为俄罗斯农业发展的关键转折之年,农业人口出现增长,农业企业生产效率不断提高,农业领域自有资金的投入显著增长,这些都为经济制裁背景下俄罗斯农业的逆势发展奠定了基础。

(一)乌克兰危机后俄罗斯农村人口数量开始出现小幅增长

截至2016年1月,俄罗斯联邦的行政区域包括22个共和国、9个边疆区、46个州、1个自治州、4个自治区;1788个市政区,563个城镇,1592个城市居民点和1.8177万个农村居民点[①]。俄罗斯农业部的报告显示,2016年年初,全俄境内有人口1.465亿,相比2015年增加20万,其中农业人口为3790万,占总人口的比例为25.9%,同比小幅下降,减少了0.1%。图1反映了1990~2016年俄罗斯农业人口及俄罗斯总人口数量的变化。

如图1所示,自2014年乌克兰危机开始,俄罗斯农业人口数量结束了10年下滑的总趋势,开始小幅回升。

(二)农业企业生产地位逐步恢复,生产能力大幅提升

目前,俄罗斯的农业生产经营主体分为三类。一是农业企业,包括各种股份公司、农业生产合作社、国营农场等,截至2016年1月,农业企业中不同类型企业的构成为:开放式股份公司占4.2%,封闭式股份公司占5.0%,有限责任公司占55.7%,农业生产合作社占22%,国营企业仅占2.0%,还有11.1%其他类型的企业。二是居民经济,指公民个人的副业经

---

① Сельское хозяйство России. Министерство сельского хозяйства Российской Федерации. Информ. изд. М., ФГБНУ Росинформагротех. 2016. С. 2.

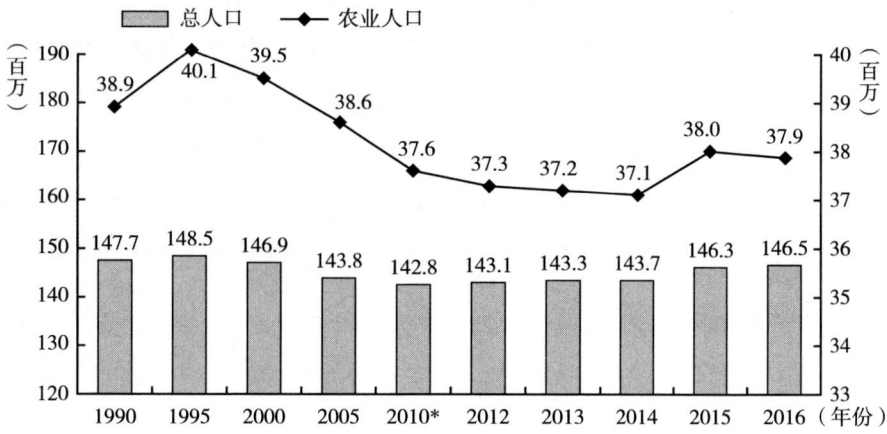

图1 1990~2016年俄罗斯农村人口及总人口数量变化

注：*为全俄人口普查数据。
资料来源：根据俄罗斯农业部和俄罗斯国家统计局的相关数据整理。

济、个人菜园和集体果园等。三是农户（农场）经济，指农民以私有土地组建的家庭农场。这三类农业生产经营主体在农产品生产的构成中，农业企业对农产品生产所创造的产值贡献最大，其次是农户（农场）经济，它们在俄罗斯农产品生产构成中的比例整体呈上升趋势，而居民经济在农产品生产中的占比最小（见表1）。

表1 2012~2016年俄罗斯农产品生产的构成（按经营类型划分）

单位：%

年份	2012	2013	2014	2015	2016
经营类型	100	100	100	100	100
其中：					
农业企业	47.9	47.6	49.5	51.5	52.8
居民经济	43.2	42.6	40.5	37.4	34.7
农户（农场）经济	8.9	9.8	10.0	11.1	12.5

注：以当年实际价格计算。
资料来源：俄罗斯国家统计局相关数据，http://www.gks.ru/free_doc/new_site/business/sx/tab-sel2.htm。

农业企业在俄罗斯农业发展中具有举足轻重的作用。俄罗斯农业部的报告数据显示,2015年全俄共有2.03万家农业企业,相比2014年减少了4000家,但盈利企业数量占84.8%,同比增加4.4%,税前利润(含财政补贴)达3889亿卢布,同比增长高达51%,实现销售收入达2.346万亿卢布,同比增长24.1%。自2015年起,农业企业生产的农产品超过了农业总产值的一半以上,其中种植业的产值从2014年的9741亿卢布增至2016年的1.5735万亿卢布,而畜牧业则从2014年的1.1649万亿卢布增至2016年的1.397万亿卢布。俄罗斯近年来农产品生产产值变化详见表2。

表2 2012~2016年俄罗斯农产品生产产值变化

单位:亿卢布

年份	2012	2013	2014	2015	2016
农业总产值	33392	36871	43191	51657	56260
其中:					
种植业	16364	19188	22225	27914	31705
畜牧业	17028	17683	20966	23743	24555
农业企业的产值	16008	17560	21390	26580	29705
其中:					
种植业	7381	8406	9741	13072	15735
畜牧业	8627	9154	11649	13508	13970
居民经济的产值	14409	15698	17503	19327	19533
其中:					
种植业	6770	8004	9179	10242	10198
畜牧业	7639	7694	8324	9085	9335
农户(农场)经济的产值	2975	3613	4298	5750	7022
其中:					
种植业	2213	2778	3305	4600	5772
畜牧业	762	835	993	1150	1250

注:以当年实际价格计算。

资料来源:俄罗斯国家统计局相关数据,http://www.gks.ru/free_doc/new_site/business/sx/tab-sel1.htm。

俄罗斯农业企业生产的农产品,主要以谷物、葵花籽、甜菜、牲畜家禽、牛奶和鸡蛋为主。2016年,农业企业共生产71.1%的谷物,68.4%的葵花籽，87.9%的甜菜，13.5%的土豆和18.7%的蔬菜（土豆和蔬菜主要由居民经济生产，分别占到了78%和66.7的产量），72.8%的牲畜和家禽，49%的牛奶和79.1%的鸡蛋。此外，农业企业还完成了大部分农产品的销售，销量连年增长（见表3）。

表3 农业企业实现的主要农产品的销量

农产品名称	2016年	同比增长(%)	同比增长(%)
谷物(万吨)	5700	106.3	100.9
葵花籽(万吨)	570	109.9	96.5
甜菜(万吨)	3760	128.5	108.5
土豆(万吨)	270	113.8	108.6
蔬菜(万吨)	240	111.4	111.3
牲畜和家禽(万头)	1020	105.9	107.0
牛奶(万吨)	1420	102.3	103.2
鸡蛋(亿个)	304	103.1	102.7

资料来源：Сельское хозяйство в 2016，http：//www.gks.ru/wps/wcm/connect/rosstat_main/rosstat/ru/statistics/enterprise/economy/。

俄罗斯农业企业生产和销售能力的全面提升对促进俄罗斯农业的发展具有引领性的作用。

（三）农业领域固定资产投资中自有资金投入比例不断加大

俄罗斯对农业扶持政策的落地和对农业项目的国家支持及配套措施的实施，激发了企业对农业固定资产的投资热情。2012年，农业领域固定资产总额为4252亿卢布，自有资金投入的比例为52.8%；2014年农业领域固定资产增至5040亿卢布，其中自有资金投入的占比提高了5.7个百分点，达到了58.5%；2015年，在国内生产总值下滑3.7%的情况下，农业领域固定资产仍然小幅增加1%，投资总额为5095亿卢布，其中国家和地方的预算资金投入以及贷款的投入比例均有所下降，但自有资金投入的比例继续上升，占到了投资总额的65.3%（见表4）。

表4　2012~2015年农业领域固定资产投资构成（按资金来源划分）

单位：%

年份	2012	2013	2014	2015
总投资	100	100	100	100
其中：				
自有资金	52.8	52.0	58.5	65.3
联邦预算资金	1.2	1.4	1.4	1.1
俄联邦主体预算资金	0.5	0.7	0.6	0.4
企业、组织和其他机构的贷款	45.5	45.9	39.5	33.2

资料来源：Сельское хозяйство России. Министерство сельского хозяйства Российской Федерации. М., отпечатано в типографии ФГБНУ «Росинформагротех». 2016. С. 7.

在经济危机的背景下，企业加大自有资金对农业固定资产的投资力度，充分说明从事农业经营活动的企业对俄罗斯农业的未来发展和国际市场有着良好的预期和充足的信心。

二　经济制裁背景下俄罗斯农业发展的总体形势

俄罗斯土地资源丰富，目前拥有1.913亿公顷的农业用地，其中耕地有1.155亿公顷，饲料用地为7050万公顷，常年耕种用地为1700万公顷，此外还有3600万公顷的撂荒地。[①]

（一）种植业生产总体上喜获丰收

俄罗斯的主要农业产区集中在中央黑土区、伏尔加沿岸地区、顿河流域、外高加索地区和西西伯利亚地区等。俄罗斯种植业主要以种植谷物和豆类作物为主，其次是饲料作物和油料作物，土豆和蔬菜瓜果作物在播种面积中所占的比例最低（见图2）。

---

① Сельское хозяйство России. Министерство сельского хозяйства Российской Федерации. М., отпечатано в типографии ФГБНУ «Росинформагротех». 2016. С. 15.

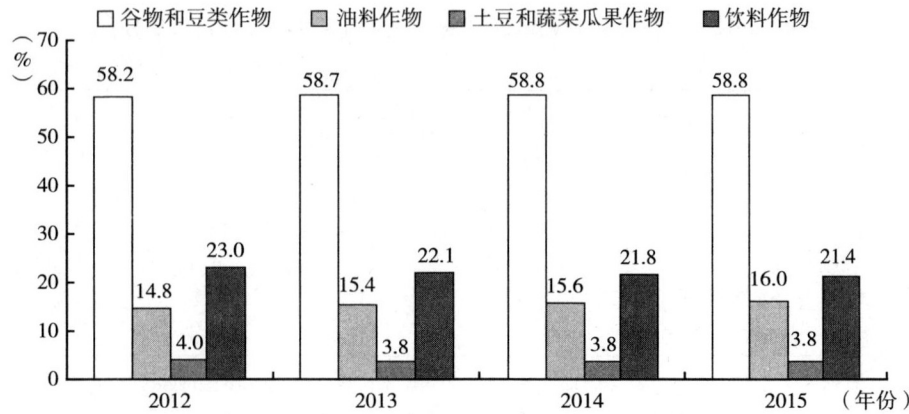

图2 2012～2015年俄罗斯主要农作物播种面积的构成

资料来源：根据俄罗斯农业部的数据整理。

在种植面积占比最高的谷物和豆类作物中，主要以种植小麦为主，其次是大麦、燕麦、玉米、黑麦等作物。各类主要农作物的种植面积见表5。

表5 俄罗斯主要农作物种植面积（2012～2015年）

单位：万公顷

年份	2012	2013	2014	2015
总播种面积	7632.5	7805.7	7852.5	7931.9
粮食作物和粮用豆类	4443.9	4582.6	4622.0	4664.3
其中：				
冬季粮食作物	1391.4	1479.7	1487.2	1541.0
包括：				
小麦	1184.2	1233.4	1216.1	1335.4
黑麦	155.7	183.1	187.4	129.0
大麦	29.1	39.2	60.0	53.0
春季粮食作物	3052.5	3102.9	3134.8	3123.3
包括：				
小麦	1284.3	1272.9	1311.6	1347.9
玉米	205.8	245.0	268.7	277.1
大麦	852.9	862.8	879.1	835.5
燕麦	324.1	332.4	325.5	304.5

续表

年份	2012	2013	2014	2015
黍米	47.4	47.0	50.6	59.5
荞麦	127.0	109.6	100.8	95.7
水稻	20.1	19.0	19.7	20.2
粮用豆类	184.4	197.9	159.7	158.8
工业原料作物	1131.5	1204.5	1223.2	1270.9
其中：				
亚麻	5.7	5.5	5.1	5.3
甜菜	114.3	90.4	91.9	102.2
油料作物	1008.5	1106.0	1120.4	1150.1
包括：				
向日葵	652.9	727.1	690.7	700.5
大豆	148.1	153.2	200.6	212.3
油菜	119.0	132.6	119.1	102.3
土豆、蔬菜瓜果作物	307.0	296.9	294.5	299.3
饲料作物	1750.1	1721.7	1712.7	1697.4

资料来源：《Россифра в 2016》Крат. стат. сб./Россta-М., 2016, стр. 282－283。

2014年8月，俄罗斯对西方农产品实施禁运以来，已大幅减少了对西方农产品的进口，这为本国的种植业和畜牧业发展提供了契机。事实证明，俄罗斯的农业在经济制裁的背景下出现了可喜的增长，主要的大宗农作物产量均有不同程度的增长（见表6）。这在一定程度上稳定了市场供应，成为俄罗斯经济走出危机的稳定器。

表6 2012～2015年俄罗斯主要农作物产量

单位：万吨

年份	2012	2013	2014	2015
小麦	3772.0	5209.1	5971.1	6178.6
黑麦	213.2	336.0	328.1	208.7
大麦	1395.2	1538.9	2044.4	1754.6
燕麦	402.7	493.2	527.4	453.6
玉米	821.3	1163.5	1133.2	1317.3
黍米	33.4	41.9	49.3	57.2

续表

年份	2012	2013	2014	2015
荞麦	79.7	83.4	66.2	86.1
水稻	105.2	93.5	104.9	111.0
豆类作物	217.4	203.7	219.6	235.7
亚麻	4.6	3.9	3.7	4.5
甜菜	4505.7	3932.1	3351.3	3903.1
向日葵	749.5	984.2	847.5	928.0
大豆	168.3	151.7	236.4	270.3
马铃薯	2983.3	3019.9	3150.1	3364.6
蔬菜	1462.6	1468.9	1545.8	1610.3

资料来源：根据俄罗斯统计部和农业部的数据整理。

2016年俄罗斯主要大宗农作物的种植再次喜迎丰收。全年粮食作物和粮用豆类播种面积为4709.1万公顷，相比2015年增加1%，粮食作物总产量再创新高，达到了11912.9万吨，同比增加13.7%。除水稻的产量有2.8%的小幅下降外，其余均有不同程度的增产，其中小麦产量为7326.8万吨，同比增长18.6%；黑麦产量为254.4万吨，同比增产21.9%；大麦产量1798.8万吨，同比增幅为2.5%；燕麦产量475.6万吨，同比增幅为4.9%；玉米产量1383.1万吨，同比增幅5.0%；黍米产量63.1万吨，同比增幅10.2%；荞麦产量118.7万吨，同比增幅37.8%；豆类作物产量为294.1万吨，同比增幅24.8%。2016年，谷物和豆类作物每公顷的收成同比增长9.7%，达到了26公担①。此外，主要油料作物的收成同样大幅提高：甜菜和向日葵籽的总收成为4830万吨和1070万吨，分别提高23.8%和15.2%，收成的面积则分别同比增加了4.4%和8.2%；马铃薯由于收获面积减少3.9%以及产量下降4.0%而减产；蔬菜小幅增产，同比增幅为0.9%；亚麻种植在收获面积减少11.3%和产量提高3.3%的基础上减产8.8%②。

---

① 1公担相当于100公斤。
② Зерно и продукты его переработки в Российской Федерации за январь-декабрь 2016г.，http：//www.gks.ru/wps/wcm/connect/rosstat_ main/rosstat/ru/statistics/publications/.

（二）畜牧业生产基本保持高位运行

俄罗斯草场辽阔，具有发展畜牧业的良好条件。苏联解体后，原有的畜牧业生产力遭受重创，牲畜存栏数出现大幅下滑，畜牧业主要农产品的产量也随之锐减。普京上台之后，对农业生产极为重视并出台了发展规划，俄罗斯畜牧业自2000年后开始复苏，主要畜牧业农产品的产量开始出现较为平稳的增长。虽然大牲畜的养殖由于受气候和养殖规模成本的限制，存栏数持续下降，但猪、羊和家禽的存栏量近几年总体保持增长的态势（见表7）。

表7 2012~2015年俄罗斯牲畜和家禽的存栏数

年份	2012	2013	2014	2015
大牲畜(万头)	1933.04	1956.40	1926.37	1899.20
其中:农业企业	906.02	880.05	852.26	844.78
居民经济	893.92	871.50	859.60	830.10
农户(农场)经济	193.09	204.85	241.51	224.32
——奶牛(万头)	885.86	866.10	853.08	840.80
其中:农业企业	364.01	352.25	343.93	338.74
居民经济	423.96	408.85	400.54	388.18
农户(农场)经济	97.90	104.00	108.61	113.89
猪(万头)	1881.84	1908.14	1954.61	2150.65
其中:农业企业	1367.94	1470.47	1558.82	1759.98
居民经济	457.79	391.35	353.64	345.10
农户(农场)经济	55.91	46.32	42.15	45.57
羊(万只)	2418.00	2433.74	2471.12	2488.11
其中:农业企业	458.27	440.11	436.84	434.65
居民经济	1126.10	1138.35	1155.60	1159.68
农户(农场)经济	833.63	855.28	878.67	893.78
家禽(百万头)	495.10	495.00	527.30	547.20
其中:农业企业	395.20	395.50	425.30	445.00
居民经济	93.80	91.70	93.70	92.50
农户(农场)经济	6.20	7.80	8.20	9.60

资料来源：根据俄罗斯农业部报告的数据整理。

截至2016年年底,大牲畜的存栏量为1870万头,同比下降1.6%,其中奶牛的存栏量为830万头,同比下降1.3%;猪的存栏量为2200万头,同比增长2.3%;羊的存栏量为2480万只,同比减少0.3%;家禽的存栏量为5.528亿只,同比增加1.0%。

主要畜牧业产品的生产在经济制裁后,始终保持高位运行,畜牧业总产值连年攀升。2015年牲畜和家禽屠宰量同比增加4.4%,牛奶产量持平,鸡蛋增产1.7%。2016年所生产的主要农产品中,除牛奶产量略有下降外,牲畜和家禽的屠宰量和鸡蛋产量均保持增长。牲畜和家禽的屠宰量达1390万吨,同比增长3.4%;鸡蛋产量为435亿个,同比增长2.2%;牛奶产量为3070万吨,同比下降0.2%[1]。

此外,畜牧业主要农产品的销售保持增长。2016年,牲畜和家禽共计销售1220万吨,同比增长4.2%;牛奶实现2030万吨的销量,同比增加1.1%,鸡蛋销售326亿个,同比增长2.7%。

(三)农产品贸易结构发生较大变化

乌克兰危机后,受经济制裁和卢布贬值的影响,俄罗斯农产品的进出口结构发生了较大的变化,主要农产品贸易总体呈现出口增加、进口减少的局面。2015年出口增加的产品有:肉类产品增加26.9%,禽肉类产品增加28.3%,牛奶增加12.2%,黄油增加9.5%,谷物作物增加1.8%,面粉增加80%,油料作物增加19.8%,白糖增加6.4%。出口减少的有:鲜鱼和冻鱼,减少3.9%;葵花籽油,减少12.7%。进口方面,肉类产品减少25.7%,禽肉类产品减少52.6%,鲜鱼和冻鱼减少49.4%,牛奶减少18.9%,黄油减少39.3%,谷物减少12.5%,面粉减少29.6%,白糖减少6.1%。进口增加的有油料作物,增幅为11.3%[2]。

---

[1] Сельское хозяйство в 2016, http://www.gks.ru/wps/wcm/connect/rosstat_main/rosstat/ru/statistics/enterprise/economy/.

[2] Сельское хозяйство России. Министерство сельского хозяйства Российской Федерации. М., отпечатано в типографии ФГБНУ «Росинформагротех». 2016. С. 51 – 52.

2016年俄罗斯主要农产品的进出口格局与上一年基本相同。根据俄罗斯海关的统计数据，2016年1~9月，俄罗斯粮食产品和农业原材料出口共计117.747亿美元，同比增加4.5%，其中小麦出口增加33.4%，混合麦出口增长20.2%。进口总额为174.771亿美元，同比降低了8.9%，2015年同期进口额为191.871亿美元。在进口的产品结构中，2016年1~9月粮食产品和农业原材料进口同比下降0.8%，占比为13.4%。此外，进口量增长的有：牛奶和炼乳17%、可可产品15%、葵花籽油11.5%，咖啡9.2%，谷物17.8%，烟草产品的进口量则增加了1.5倍。进口量下降的有：家禽肉类进口降幅为18.3%，柑橘6.6%，茶叶5.6%，原糖进口下降50%，白糖进口减少33.1%，鲜鱼冻鱼和鱼片进口下降13.5%，鲜肉和冻肉15.9%，黄油2.4%，肉制品和肉类罐头的进口则减少1.5%[1]。

三 俄罗斯农业发展的潜力、困境与措施

俄罗斯农业在市场倒逼下和国家农业政策的扶持下缓慢地进行着自我革新，农业经营主体的结构性变化意味着俄罗斯在规模化、现代化之路上艰难前行。未来，政府更好地统筹规划，抓住这一发展契机，引领农业发展的新方向，制定可行的长远发展目标和措施，着力解决发展中的实质性难题，切实提高企业的生产效率和经营活力，从而加强农产品的国际竞争力，是俄罗斯农业保持持续发展的关键。

（一）俄罗斯农业发展的潜力

无论从自然条件还是从市场环境来看，俄罗斯农业都具有较大的发展潜力。首先，它拥有世界最多的农业用地，其耕地面积位列全球第四，其中55%属于优质黑土地。其次，俄罗斯淡水储量居世界第一，鱼类资源也居世

---

[1] О текущей ситуации в агропромышленном комплексе Российской Федерации в октябре 2016 года, http://www.mcx.ru/documents/document/show/15381.htm.

界首位。俄罗斯不仅自然生态环境优越，气候独具多样性，同时具备优越的地理位置，毗邻欧盟、东北亚、东南亚、中东等绿色有机农产品需求大国，具备便利的出口物流通道，这为俄罗斯国内的农业生产和国际农产品的进出口提供了条件。此外，经济制裁后进口数量的下降扩大了国内农产品市场的空间，卢布贬值又大大刺激了农产品的出口，加之国际粮食市场未来行情持续看好，这对俄罗斯农业的发展有着明显的促进作用。

近年来，俄罗斯在国际农产品贸易中的地位逐步回升。目前，其小麦产量位居世界第三，奶制品产量位居世界第五，鸡肉和猪肉产量位居世界第七，鱼产量位居世界第九。小麦出口位居世界第一，植物油出口位居世界第二。未来3~5年，俄罗斯最具出口潜力的农产品有：小麦和谷物产品（玉米、大麦和燕麦），面粉产品（不仅可以提高出口附加值，还可平衡谷物出口和物流运输的季节性问题），葵花籽油（低价优质的产品具有一定的国际市场竞争力，主要目标市场瞄准欧盟、中国和印度，未来的出口有可能升至全球第一），猪肉和禽类产品（主要目标市场瞄准中国、日本、韩国、东南亚和非洲）。①

（二）俄罗斯农业发展面临的困境

就当前经济形势来说，俄罗斯农业未来发展面临如下困境：一是居民实际可支配收入的下降将导致市场对农产品的需求进一步下降，俄联邦国家统计局数据显示，危机以来俄居民实际可支配收入已连续三年下降：2014年同比下降0.7%，2015年下降3.2%，2016年下降5.9%②，加之通胀等因素导致民众购买力降低；二是农业领域的企业贷款额度进一步降低，农业领域的企业和个人融资将越来越困难；三是企业商业的活力降低，导致生产能

---

① Потенциал роста агроэкспорта России. Международный независимый институт аграрной политики. 09 февраля 2017г. http：//xn‐‐80aplem. xn‐‐p1ai/analytics/Potencial‐rosta‐agroeksporta‐Rossii/.

② 《2016年俄居民实际可支配收入下降5.9%》，中国驻俄罗斯联邦大使馆经济商务参赞处，http：//ru. mofcom. gov. cn/article/jmxw/201702/20170202509776. shtml。

力下降，中小型农业企业生存状况不佳；四是俄政府出台的农业扶持计划的后续动力消失殆尽，难以支撑未来持续的增长。虽然农业领域一系列国家项目的实施取得了一定的成效，但随着世界贸易额的萎缩，以及经济条件的恶化，其有可能会导致国家实施的农业扶持项目无法实现预期目标。

俄罗斯专家指出，2017年俄罗斯总增加值的增速将不会超过总产值的增速，考虑到生产增速的降低，农业增加值占总增加值的份额将会降低，这被认为是一个"红色信号"，必须引起足够的重视。如果俄罗斯政府在近期无法推出新的大型农业扶持项目，帮助从事农业的企业和个人获得优惠贷款，增加资金流动性，同时降低这些企业税负的话，俄罗斯农业在2018年出现下滑的可能性将会增大。

目前，俄罗斯从事农业生产的企业发展所面临的核心问题是无法获得较低利率的长期贷款，企业往往不得不使用较高利率的短期贷款作为周转资金，这使得企业无法立足于长远来规划自身的经营活动，也无法购买和更新大型农机设备，俄罗斯农业技术装备投入严重不足和农村基础设施薄弱的问题至今没有解决。如今，俄罗斯生产奶类和肉类产品的畜牧行业所能拿到的最低投资贷款年利率为6%~10%，种植业为9%~13%，而实际上很多农业企业的平均利润率远低于这个投资贷款利率水平，所以正如表4数据所反映的那样，俄罗斯农业企业、组织和其他机构的贷款在整个农业领域固定资产投资中的比例呈逐年下降的趋势。为了解决这一问题，俄农业部正在积极推动有关项目的实施，力争将投资贷款的实际利率降至5%以下。俄国际农业政策研究所的专家认为，只有解决农业企业融资困难这一瓶颈，才能真正刺激农业未来发展的活力，使俄罗斯的农业产值在未来若干年保持5%~6%的增长速度。①

（三）俄政府促进农业发展的主要国家规划与措施

普京上台之初，俄罗斯总体的农业发展形势不容乐观，农业生产综合指

---

① Перспективы развития сельского хозяйства в России в 2016 – 2018 годы., http://www.eskrynnik.ru/repository/instdocs/.

标大幅度下降。按可比价格计算，2000年俄罗斯农业产值只恢复到了1990年的60.7%，其中种植业恢复到76.7%，畜牧业则只恢复到50.1%[①]。

普京执政后，充分认识到发展农业经济对俄罗斯复兴的重要性。他强调："没有俄罗斯农村的复兴，没有农业的发展，就不可能有俄罗斯的复兴。"[②] 之后，在这一战略思想的引导下，俄罗斯在促进农业发展方面实施了一系列新的规划、政策和措施。其中包括2000年制定并实施10年的农业政策构想《2001~2010年俄罗斯联邦农业食品政策基本方针》、2001年出台的新《土地法典》、2002年出台的《农用土地流通法》、2006年出台的《农业发展法》、2007年颁布实施的《2008~2012年农业发展和农业原料、农产品和粮食市场调控的联邦规划》，2012年俄罗斯政府又批准了《2013~2020年农业发展和农业原料、农产品和粮食市场调控的联邦规划》。此外，俄罗斯还成立了专门的农业银行和国家保险公司，为农业部门提供信贷和保险支持，实行税收优惠政策，为农产品生产者提供国家补贴，实施农村社会发展专项纲要等。

目前，正在实施的《2013~2020年农业发展和农业原料、农产品和粮食市场调控的联邦规划》是俄罗斯农业发展的指导性规划，由俄农业部具体负责实施，每年向俄政府提交详细的执行情况汇报。该规划实施的主要目的在于确保国家粮食安全、加快主要农产品进口替代政策的落实、提高本国农产品在国内外市场的竞争力、提高俄罗斯农工综合体的财务稳定性、确保国内动物流行病防治、保障农村发展，以及恢复和提高农业用地和其他资源的使用效率。

截至2016年年初，依据农业和农机扶持的国家规划所拨付的资金总额达493.499亿卢布。目前，该规划中涵盖了11个子计划和45项主要措施，

---

① Национальный доклад "о ходе и результатах реализации в 2015 году государственной программы развития сельского хозяйства и регулирования рынков сельскохозяйственной продукции, сырья и продовольствия на 2013 – 2020 годы". Министерство сельского хозяйства российской федерации. М., 2016. С. 14 – 15.
② 《普京文集》，中国社会科学出版社，2002，第15页。

具体如下：

发展种植业农产品加工与销售计划，七项主要措施；

发展畜牧业农产品加工与销售计划，九项主要措施；

发展肉类畜牧业计划，两项主要措施；

支持小型农业计划，五项主要措施；

发展农业技术工艺现代化和创新计划，两项主要措施；

确保国家规划的实施计划，七项主要措施；

发展露天蔬菜栽培业、保护土壤和土豆栽培业留种计划，两项主要措施；

发展奶产品畜牧业计划，两项主要措施；

支持育种、选种和良种繁育计划，五项主要措施；

发展批发和配送中心及公共供电系统计划，两项主要措施；

发展农工综合体的信贷系统计划，两项主要措施。

此外，该规划中还包括两个联邦专项规划，即《2014~2017年和2020年前农村地区持续发展规划》和《2014~2020年农业土地复垦规划》。

从俄罗斯各个阶段制定的农业发展规划不难看出，俄政府已将种植业和畜牧业等行业作为振兴农业经济的重要领域，期望通过政府主导的国家规划和各类扶持政策的实施，为农业可持续发展创造良好条件，力图改善农业发展长久以来的薄弱环节，加强农产品的市场调节力度，改善农村生存环境，以建立大型农工综合体为主要路径，加快优化农业生产结构，完善农业发展基础配套设施，鼓励技术创新发展。

总之，农业作为俄罗斯经济发展的重点领域，在国民经济和国家战略中的地位将不断提高。就其自身发展的市场环境而言，未来仍具有较大的发展潜力，但关键是看经济制裁背景下政府对落实国内农业规划和实施政策的把控，以及是否建立应对外部市场环境变化的机制，这是俄罗斯农业未来长期增长与否的重要条件。

Y.7
俄罗斯养老保障制度改革新进展与难题分析

高际香*

摘　要： 本文简要概述 2002 年俄罗斯确立的养老保障制度基本框架，对其确立以来的调整脉络进行了较为细致的梳理，分析了俄罗斯养老保障制度需要破解的三大难题。

关键词： 俄罗斯　强制养老保险　养老金替代率　现收现付制

2016 年 5 月，俄罗斯老妇质疑养老金太少，总理梅德韦杰夫回应说："没有钱，请你们挺住！"此言遭到各社交平台恶搞，总理一时间成了网红。这从一个侧面反映出俄罗斯养老保险问题之严峻，如何通过进一步改革及调整确保养老保险体系持续稳定运行，已经成为俄罗斯政府当前必须破解的重大政策难题。

一　俄罗斯养老保障制度基本框架

俄罗斯现今的养老保险制度基本框架于 2002 年全面建立。主要包括两个方面内容：一是确立了"三支柱"型养老保险制度（трехуровневая система）；二是明确了养老金给付额度的调整标准。

---

* 高际香，中国社会科学院俄罗斯东欧中亚研究所副研究员。

（一）"三支柱"型养老保险制度

"三支柱"型养老保险制度的基本内容如下。

第一支柱是社会养老保险（государственное пенсионное обеспечение），提供给无力缴纳养老保险费的特困人群，由政府财政出资。根据《俄联邦国家养老金法》第113~116条的规定，有权享受社会养老金的人包括：一级、二级和三级残疾人员，残疾儿童，失去单亲或双亲的未满18周岁的未成年人。此外，不能享受退休金的人员，在到达国家规定退休年龄的5年后，即男士年满65周岁、女士年满60周岁后，可以享受社会养老金。

第二支柱是强制养老保险（обязательное пенсионное страхование），作为"三支柱"中最为重要的组成部分，其资金来源于企业和职工的缴费和养老基金收益。从财务模式看，强制养老保险制度是包含现收现付制（распределительная пенсионная система）[1]和积累制（накопительнаяпенсионная система）[2]二者特点的混合型模式。

强制养老保险框架下的养老金由基本养老金、养老保险金和养老储蓄金三部分构成。

基本养老金（базовая часть）主要分为退休养老金、残疾人养老金和失去赡养者养老金等类型，并参照其他条件，如被赡养人数量、残疾等级等确定给付数额。基本养老金缴费由企业和国家共同承担。基本养老金给付数额较低，根据通胀水平、联邦预算状况以及联邦养老基金的资金情况进行动态调整，调整幅度和调整周期由俄联邦政府决定。

养老保险金（страховая часть）因人而异，取决于个人工资水平，是其雇主向国家养老基金缴费后反映在个人名义账户上的金额。养老保险金存入

---

[1] 用当代劳动者缴纳的养老费支付退休者的养老金，当年提取，当年支付完毕，不做任何积累。
[2] 劳动者在职期间通过自己和雇主的缴费建立并逐年积累个人养老账户基金，退休后再以积累的养老基金和投资收益来给付自己的养老金，是一种把劳动者工作期间的部分收入转移到退休期间使用的制度安排。

每位职工在国家养老基金设立的个人名义账户。职工退休后，每月领取的养老金是个人名义账户上的资金总额除以领取养老金的总月数（俄罗斯现在规定为228个月，即19年）。

养老储蓄金（накопительная часть）仅针对1967年以后出生的在职人员。根据修改后的《强制养老保险法》，从2005年开始，1966年之前出生的人员不再为养老储蓄金缴费，而1967年之后出生的人员，其养老储蓄金缴费额度占其工资的6%。养老储蓄金存入职工在国家养老基金或者非国家养老基金中的个人账户，其中还包括这部分资金的投资收益。

第三支柱是补充养老保险（дополнительное пенсионное страхование и обеспечение），也称为职业年金计划或企业年金计划，它是企业管理的退休计划，由雇主自愿建立，其员工可自愿参加，采用基金制的个人账户管理方式，目的是使职工在得到基本生活保障之外可自行通过购买补充养老保险灵活调整退休后的收入。

（二）养老金给付额度调整标准

为克服通胀率变化对养老金实际购买力的侵蚀，俄罗斯确定了养老金给付额度的调整标准，即通过"指数化"（индексация）方式不断增加养老金。养老金"指数化"的基本含义是养老金给付额与消费价格指数和平均工资水平"挂钩"，即参照消费价格指数和平均工资水平进行调整。基本养老金根据物价上涨幅度和工资水平进行相应调整，调整幅度和调整周期由联邦政府决定。养老保险金调整比例主要由当时的物价水平和工资水平决定，最终也由俄联邦政府确定。养老保险金调整的有关标准为：每季度的物价上涨幅度超过6%时，三个月调整一次，分别从2月1日、5月1日、8月1日和11月1日开始增加；每半年物价上涨幅度超过6%时，六个月调整一次，从8月1日和2月1日开始实行；半年时间内物价上涨幅度低于6%时，每年调整一次，从2月1日起执行。在俄联邦月平均工资年涨幅超过养老保险金年涨幅的年份，则从下一年的4月1日起根据月平均工资年涨幅补充增加养老保险金，以缩小二者之间在年涨幅上的差异。

二 对强制养老保险制度的历次改革

养老保险制度基本框架确立之后,俄罗斯多次对其第二支柱——强制养老保险制度进行改革,具体措施如下。

(一)扩大养老保险费缴纳人群

自 2004 年起,自由职业者也必须参加个人养老保险。与企业职工不同的是,自由职业者退休后无权领取国家发放的基本养老金,只能领取个人养老保险金。从 2012 年开始,按劳动合同在俄罗斯工作的外国人和无国籍人士也必须向养老基金缴费,雇主按雇用俄籍员工的标准缴费。

(二)多次调整养老保险缴费率

2009 年之前,养老保险缴费以统一社会税(ЕСН)的形式缴纳。2009 年,年收入低于 28 万卢布的人员,强制养老保险税率为 20%;年收入超过 28 万卢布但低于 60 万卢布的人员,缴费率为 5.5%;年收入超过 60 万卢布的人员,缴费率为 2%。从 2010 年起,俄罗斯取消统一社会税,改为强制养老保险缴费(пенсионные взносы),保险缴费的行政管理权从税务局移交给国家养老基金,并提高了保险缴费率。2010 年,年收入低于 41.5 万卢布的人员,缴费率为 26%;年收入高于 41.5 万卢布的人员,缴费率为零。2010 年提高养老金缴费率增加了企业的劳动力成本,对俄罗斯经济竞争力产生负面影响,遭到企业界的抵制。俄罗斯政府不得不于 2013 年下调强制养老保险缴费率:年收入低于 57.3 万卢布的人员,缴费率为 22%;年收入高于 57.3 万卢布的人员,缴费率为 10%。对个体经营者的养老金缴费也经历了上调又下调的过程。从 2013 年开始,个体经营者的养老金缴费额为年均最低劳动报酬的 2 倍乘以 26% 的缴费率,几乎相当于 2012 年的 2 倍。因遭到个体经营者的抵制,2014 年,政府对个体经营者的养老金缴费额进行调整:对年收入少于 30 万卢布的个体经营者,养老金缴费额按年均最低劳动报酬的26%征收；年收入高于30万卢布的，30万卢布以下部分按最低劳动报酬的26%缴费，30万卢布之上部分的收入按1%缴费，缴费上限不高于最低劳动报酬的8倍乘以26%。时至今日，养老保险缴费比例为22%，一直未再调整，只是缴费的年收入门槛根据工资水平变化每年调整。如2015年为年收入71.1万卢布，2016年为年收入79.6万卢布，2017年为年收入87.6万卢布。

（三）不断提高养老金给付门槛

2015年之前，养老金给付条件为：男性60岁，女性55岁，参加保险至少5年。从2015年起，改为采用积分制公式计算养老金给付额度。养老金给付条件是：男性公民年满60周岁，女性公民年满55周岁，2024年起养老金缴费年限不得低于15年（从2015年开始，缴费年限不得低于6年，之后每年增加1年，从2024年起不低于15年），个人养老金积分不得低于30分（从2015年年初起，基础积分为6.6分，之后每年计2.4分，到2024年积分达30分）。从2017年开始，对国家公职人员而言，养老金给付条件又有所调整，养老金缴费年限从15年调至20年。

（四）鼓励公民延迟退休，逐步提高国家公职人员退休年龄，并有意向所有公民推广

2015年的最新改革方案规定，职工延迟退休可以获得养老金奖励积分。如果退休后5年内不领取养老金，则养老金积分增加50%。2016年5月，普京总统签署《关于对俄联邦某些法律中特定类别公民退休年龄的修改》法案，法案于2017年1月1日起正式生效。法案规定，以每年延长6个月的方式，逐步延长联邦级、市政级公职人员的退休年龄，最终将男性公职人员的退休年龄从60岁延迟至65岁，女性公职人员的退休年龄从55岁延至63岁，自2017年开始实施至2032年完成。在此期间，政府还将酌情把延迟退休推广至包括企业员工在内的所有俄罗斯公民。

(五)冻结养老储蓄金,并酝酿以个人养老金(ИПК)取而代之

从 2014 年起冻结养老储蓄金,迄今已持续 4 年。按照现行的缴费方法,对于 1967 年之后出生的人员,其强制养老保险缴费中占工资收入的 6% 部分应纳入养老储蓄金账户。缴费人有权将养老储蓄金账户中的资金委托俄联邦国家养老基金(ПФР)、非国家养老基金(НПФ)或者管理公司(УК)管理。俄罗斯冻结养老储蓄金的办法是把应纳入养老储蓄金部分的缴费纳入养老保险金部分,并委托俄联邦国家养老基金管理。2014 年冻结养老储蓄金并将其纳入养老保险金账户的理由是需要对非国家养老基金进行改组,责令其必须从非商业组织改组成股份公司,之后 1 年内,应将由非国家养老基金管理的养老储蓄金返还到其账户上。但 2014 年夏天俄罗斯财政部部长西卢安诺夫称,应返还的养老储蓄金已用于反危机和解决克里米亚"回归"问题。此后,政府每年都宣布冻结养老储蓄金,2017 年养老储蓄金仍处于冻结状态。冻结后的养老储蓄金被纳入养老保险账户,用于为当期的退休人员发放养老金,即为现收现付制供款。尽管俄罗斯政府一直声称这一做法是经济危机期间既要弥补养老基金赤字又不得不节约财政资金的权宜之计,但从养老保险制度视角看,其本质是背离积累制尝试而向现收现付制的回归。冻结养老储蓄金,从而节约财政资金确实不假,据统计,2014~2015 年冻结的养老储蓄金分别达 2430 亿卢布和 3090 亿卢布,仅 2 年时间就为财政节约了 5520 亿卢布的资金。但实际上,冻结养老储蓄金是取消养老储蓄金的前奏,某种程度上是对社会反应的试探。因为冻结养老储蓄金的决定始于 2013 年,当时并未遭遇制裁更未出现经济危机。

2016 年 9 月,俄财政部和中央银行提出设立个人养老金(ИПК)构想,有意取代现行的养老储蓄金。构想的基本思路是:对于 1967 年之后出生的人员,将之前纳入其养老储蓄金账户、占工资总额 6% 的部分纳入养老保险金账户,即养老保险金的缴费率从之前的 10% 增至 16%;新设立的个人养老金根据自愿原则设立,将纳入非国家养老基金,建议个人养老金缴费率为工资总额的 6% 以下,居民可以自由选择缴费率,选择高于 6% 的缴费率也

可以；对于愿意建立个人养老金账户的居民，其缴费资金可部分免缴个人所得税（仅限于工资总额的6%之内）；存款保险署（АСВ）为个人养老金账户中的资金提供保险，5年内保证资金收益率不为负，而且如若遭遇管理个人养老金账户的非国家养老基金破产，存款保险署也会保障个人养老金账户中的资金安全。虽然这一构想尚未经政府批准，但2018年之后养老储蓄金被取消的可能性较大。

事实上，从养老储蓄金设立至今，其制度缺陷一直饱受诟病。一般而言，保障养老储蓄金制度良好运行的基本条件应有两个：一是通胀率水平较低，二是具备发达的金融市场。俄罗斯恰恰缺乏上述两个条件，再加上非国家养老基金和管理公司对养老储蓄金管理不善，造成养老储蓄金投资收益率远远低于通胀率，养老储蓄金大幅缩水。

（六）强制养老保险费管理权2010年从税务局移交国家养老保险基金，2017年又转归税务局

从国际经验看，发达国家虽然在养老保险费管理权的归属上有所不同，如加拿大、瑞典、英国、美国等国的社会保险税由税务机关管理，澳大利亚、法国、德国和日本的社会缴费则由税务机构之外的其他机构管理，但是总体上有一个趋势，那就是社会保险税和其他税收合并，统归税务机关管理。俄罗斯2000年的税收改革也顺应了这种趋势。但是2010年的养老保障制度改革中却取消了统一社会税，转而实行强制养老保险缴费，养老保险费管理权因而转归国家养老保险基金。当时改革的主要目的是使养老保障体系在实质上向保险原则过渡，即公民所享受的养老金权利和退休后所获取的养老金额度直接取决于其向国家养老保险基金的缴费情况。当时的国家养老保险基金实际上在执行联邦预算的职能，不仅需要核算而且需要组织对个人的给付，甚至担负了未来的给付义务。但是事实上根据第167号联邦法（2001年12月15日）的规定，国家养老保险基金不是国家权力机构，仅具有特殊的独立金融信贷机构的地位，仅在俄联邦法律规定的范围内开展业务。2016年俄罗斯政府又决定，从2017年开始强

制养老保险费管理权重新转归税务局,国家养老保险基金今后仅管理自愿养老保险金和自愿养老储蓄金。此举被很多专家解读为是俄罗斯养老保障制度向"准自愿原则"过渡的前奏。

三 俄罗斯养老保险制度需要破解的难题

综上所述,俄罗斯养老制度一直处于改革调整之中,改革设计者力图通过不断改变游戏规则破解三大难题:一是使养老保障水平达到社会可以接受的程度;二是实现养老保障体系收支平衡并保持长期稳定;三是实现养老保障水平与经济税负水平平衡。现实中,实现如上三重目标困难重重。

从俄罗斯养老保障水平看,国际上测度养老保障水平的一个重要指标是养老金替代率(коэффициент замещения пенсии),其是衡量劳动者退休前后生活保障水平差异的基本指标之一。养老金替代率是指劳动者退休时的养老金领取水平与退休前工资收入水平之间的比例,其具体数值计算通常是以某年度新退休人员的平均养老金除以同一年度在职职工的平均工资收入。早在1952年,国际劳工组织第102号《社会保障最低标准公约》就提出,老年人社会保障水平应达到40%的养老金替代率标准。2012年12月25日俄联邦政府第2524号政府令批准的《俄联邦养老体系长期发展战略》也将俄罗斯养老金替代率目标定为40%。2016年俄罗斯平均养老金为12080.9卢布/月(约折合204美元/月),养老金替代率仅达33.7%,距离目标尚远。俄罗斯近期一项社会调查显示,仅有12%的被调查者相信退休后可以靠养老金生活,17%的人对退休后的生活表示难以想象,40%以上的人打算退休以后继续工作。① 现实中也的确如此,俄罗斯目前约有1/3的退休人员在继续工作。

从实现养老保障体系收支平衡并保持长期稳定的角度看,2015年俄罗

---

① http://www.superjob.ru/research/articles/111995/dostojnaya-pensiya-dolzhna-byt-bolshe-fakticheskoj-pochti-v-3-raza/.

斯国家养老保险基金赤字达5436亿卢布，占GDP的比重约为8.04%①，政府不得不动用大量财政资金来弥补养老保障体系的赤字。目前俄罗斯的老年抚养比②（коэффициент пенсионной нагрузки）约为44.1%，随着老龄化加剧，老年抚养比还将进一步攀升。根据俄罗斯国家统计局的最新预测，2024年俄罗斯老年抚养比将升至50.3%，2030年达51.5%。届时，保持养老保障体系收支平衡更为困难。欲维持养老体系稳定运行，除了养老保障体系自身增收节支之外，还需要国家不断增加预算支出，财政必将难堪重负。根据《俄罗斯联邦预算法》的规定，国家福利基金主要用于弥补养老保险基金赤字，以及俄罗斯公民自愿性养老储蓄金的协同缴费③。但截至2017年1月，俄罗斯国家福利基金规模为718亿美元，相当于GDP的5%，而且相关预测显示，国民财富基金到2019年就会耗尽。可见，养老保障体系稳定运行前景堪忧。

从养老保障水平与经济税负水平平衡角度看，找到平衡点亦较为困难。从2010年将养老保险缴费率升至26%，2013年迫于压力降至22%，目前又有意用个人养老金（ИПК）取代养老储蓄金（实际上变相提高了养老金缴费率，缴费率变为22%＋）的具体做法看，改革设计者正在陷入小心翼翼寻找养老保障水平与经济税负水平之间的平衡点、进退两难的境地。

上述三个目标之间亦存在悖论：在欲维持养老体系收支平衡（即不增加养老体系赤字）且不增加经济税负水平（不提高养老金缴费率）的情况下，难以兑现养老金替代率40%的承诺，公民养老保障水平会大幅下降；在欲维持养老金购买力和养老金替代率水平且不增加国家预算拨款的情况

---

① 根据俄联邦国家统计局数据计算。
② 国际上一般将60岁或65岁以上老年人口与15～59岁或15～64岁适龄劳动人口之比称为老年抚养比。按照俄罗斯劳动法规，俄罗斯老年抚养比为男60岁、女55岁以上老年人口与男16～59岁和女16～54岁适龄劳动人口的比率。
③ 2008年10月1日《养老储蓄金补充保险缴费和国家支持设立养老储蓄金法》（2008年4月30日第56号联邦法）生效。根据该法，职工可以把自己的一部分工资自愿存入养老储蓄金账户，作为鼓励，国家也会把相同金额存入其个人养老储蓄金账户，目的是增加未来退休人员的养老储蓄金。参加人员每年自愿存入养老储蓄金账户的金额不得少于2000卢布，国家给予的补贴每年不超过1.2万卢布。

下，养老保险金缴费率每年须增加 1 个百分点，直至职工收入的一半都用来向强制养老保险体系缴费，政府若做此决定，从经济角度而言，几乎是对俄罗斯经济活力的扼杀，并将引发社会风险；主要依靠增加财政拨款维持养老保障体系的稳定运行，这在经济状况尚好年份能勉强为之，当能源出口型经济遭受油价下挫时，则往往难以为继。

外 交

Y.8
2016年俄罗斯外交

柳丰华*

摘　要： 2016年，俄罗斯面临的依然是西方不"亮"东方"亮"的外交局面。普京政府一方面加大"转向东方"的外交力度，拓展与亚太及独联体国家的合作，另一方面反制西方对俄遏制政策，并通过介入叙利亚问题的调解等，谋求改善与西方关系。新版《俄罗斯联邦对外政策构想》的出台，既反映出俄外交政策的连贯性、继承性，又表明其维护自身利益与大国地位的决心。

关键词： 俄罗斯外交　"转向东方"　叙利亚问题　《俄罗斯联邦对外政策构想》

---

* 柳丰华，中国社会科学院俄罗斯东欧中亚研究所俄罗斯外交研究室主任，研究员。

2016年，俄罗斯面临的依然是西方不"亮"东方"亮"的外交局面。普京政府一方面加大"转向东方"的外交力度，拓展与亚太及独联体国家的合作，另一方面反制西方对俄遏制政策，并利用叙利亚问题与西方周旋，寻求机遇以改善相互关系。

一 2016年俄罗斯外交的特点

（一）继续与西方对抗

自乌克兰危机以来，俄罗斯同美国和北约之间的军事政治对抗不断加剧。针对北约扩大其驻东欧前沿兵力，频繁在波罗的海三国、波兰和黑海举行联合军事演习等军事活动，2016年1月，俄罗斯宣布将在西部和南部地区新建三个师，每个师约为1万人；在俄西部地区和黑海组织多场军事演习。3月，美军宣布从2017年起在东欧部署三个旅，每个旅4500人；7月，北约宣布2017年在波罗的海三国和波兰部署四个营，总兵力为4000人。北约启动接纳黑山的程序，承诺给予乌克兰、格鲁吉亚和摩尔多瓦更多援助，这些举措遭到俄罗斯的坚决反对。北约对俄罗斯的军事政治遏制强度是"冷战"结束以来从没有过的，但这并没有迫使俄屈服。俄罗斯与北约的军事对抗不仅恶化了东欧地区安全环境，而且使波罗的海地区成为潜在冲突地，随时都有因擦枪走火引发武装冲突的风险。

与此同时，俄美两国在反导领域的对抗也在升级。5月，美国在罗马尼亚启动第一个陆基导弹拦截站，加上此前已经部署在西班牙基地的4艘装备雷达和拦截导弹的美国驱逐舰，美国在欧洲的反导系统已经初具规模且具有实战能力。美国还正在波兰建设第二个导弹拦截站，以期扩大欧洲反导系统。对此，俄罗斯将其战略火箭兵的五个拥有现代化导弹装备的导弹团投入战斗值班，加强战略核部队的实力，并在加里宁格勒部署能携带核弹头的"伊斯坎德尔"导弹，反制欧洲反导系统，并以此威慑美国的欧洲盟国。

俄美两国继续在叙利亚问题上角力。虽然3月俄罗斯总统普京突然下令从叙利亚撤出俄主要军事力量,但是俄仍旧在叙保留了相当多的空天兵力,足以影响叙战局。正是迫于俄军在叙利亚的不可回避的军事政治影响,美国不得不在叙问题上与俄方直接接触,美国务卿克里数次与俄外长拉夫罗夫会谈。在美国和俄罗斯的主导下,叙利亚冲突各方数次达成停火协议,但是随后这些协议都沦为废纸。叙利亚政府军与反对派武装力量在阿勒颇展开殊死搏斗,12月以政府军的胜利告终,这一结果显然进一步增强了俄罗斯在叙问题上的有利地位。尽管俄罗斯有力地挑战了美国在叙利亚问题调解中的主导地位,但是由于美国奉行对叙问题单独谈判策略,俄不能利用叙问题促使乌克兰问题以有利于己的方式得到解决。

除了上述矛盾,俄美两国间的经济制裁和反制裁仍在继续,12月,美国宣布继续延长和扩大对俄经济制裁。12月,奥巴马政府声称俄罗斯通过网络攻击干预了美国总统选举,宣布对俄两家情报机构实施制裁,驱逐了俄驻美外交机构的35名情报人员,并将对俄展开秘密网络攻击。俄美关系如此紧张,以至于双方合作被压缩到最低限度:仅在核裁军领域维持着合作,即使是这方面的合作,也因为美国的反导系统建设而存在不确定性。

俄欧关系仍旧处于冷淡状态,由于乌克兰东部冲突问题仍旧悬而未决,欧盟坚持推行对俄罗斯经济制裁政策。如果说6月欧盟委员会主席容克参加圣彼得堡国际经济论坛显露出俄欧恢复高层交往的意向,那么,10月俄罗斯与法国、英国、西班牙等欧洲国家围绕叙利亚阿勒颇停火问题进行的外交斗争,则消解了俄欧关系正常化的意向。由于担心特朗普执政后改善美俄关系,12月,欧盟率先宣布将对俄的制裁延长到2017年年中,以此对特朗普的对俄政策施加影响。

(二)加大"转向东方"的外交力度

俄罗斯地跨欧、亚两洲,且与亚太地区绝大多数国家有良好的政治经济关系,这是俄强化"转向东方"外交的有利条件。2016年,普京总统提出"大欧亚伙伴关系"倡议——由欧亚经济联盟成员国和中国、印度、巴基斯坦、伊朗等国家结成伙伴关系,发展区域经济一体化。随后,在普京总统访华时,中俄两国宣布共建"欧亚全面伙伴关系",其内容与普京所倡议的"大欧亚伙伴关系"基本相同。尽管欧亚全面伙伴关系倡议的实施还有许多不确定因素,但是从积极的角度看,"大欧亚伙伴关系"反映出俄罗斯外交正在从它长期追求的"大欧洲"梦想向"大欧亚"地区转移。

中俄各领域合作继续扩大,双方全面战略协作伙伴关系稳步发展,普京总统在新版《俄罗斯联邦对外政策构想》和2016年度国情咨文中都对中俄关系给予了很高的评价。由于中国和俄罗斯都受到美国遏制,特别是"萨德"入韩将损害中俄战略安全利益,2016年,两国进一步加强了军事安全合作。2016年5月,中俄两军在俄罗斯国防部空天防御部队科研中心举行"空天安全—2016"中俄首次首长司令部计算机模拟导弹防御联合演习,这是中俄两国反导合作的开端。9月,中国与俄罗斯在南海举行"海上联合—2016"军事演习,演习科目包括防空、反潜、海空寻歼、夺控岛礁等。中俄贸易止跌回升,据中国海关总署统计,2016年中俄贸易额为695.3亿美元,同比增长2.2%。① 中俄能源合作发展的一个重要事件,是2016年俄罗斯首次取代沙特阿拉伯,成为中国最大原油供应国,日均供油量为105万桶。

与此同时,俄罗斯进一步深化与印度、越南等国的战略伙伴关系,发展相互间经贸合作。12月,普京总统访问日本,除了签署数十份两国经济合作及在俄远东地区合作的协议,普京通过这次访问动摇了西方七国集团对俄的制裁与孤立。俄罗斯与东盟共同庆祝建立伙伴关系20周年,在5月于索契举行的俄罗斯与东盟峰会上,双方共同发表了《索契宣言》,提出建立欧亚经济联盟与东盟的自贸区,以便推进战略伙伴关系;俄还与东盟成员国积极发展在能源、军事技术和贸易等方面的合作。俄罗斯积极参加亚太经合组织框架下的多边经贸合作,希望扩大对该组织成员的粮食和能源出口。尽管俄罗斯认识到亚洲市场无法取代欧洲市场,但是在当前的国际形势下,它别无选择,只能继续推行"转向东方"政策。

---

① 数据来源:中国海关总署网站,http://www.customs.gov.cn。

(三)维持欧亚经济联盟一体化

全球经济形势低迷,西方对俄制裁,特别是俄罗斯经济衰退等因素,使欧亚经济联盟框架下的一体化进程在减弱,这主要表现在:成员国间贸易额下降;本来就薄弱的投资合作进一步缩减;其他成员国对欧亚经济联盟一体化的预期在弱化,哈萨克斯坦和白俄罗斯等国越来越重视同中国等外部经济体的经贸合作。在这种形势下,俄罗斯一方面继续推动欧亚经济联盟内部一体化和经贸合作,另一方面期望借助于"一带一盟"对接合作,寻求该联盟与其他国家建立自贸区等途径,促进欧亚一体化。总的来说,乌克兰危机和俄罗斯经济困境等因素,滞缓了欧亚经济联盟的一体化进程,在相当程度上削弱了俄罗斯作为独联体地区和次地区经济一体化中心的作用。

(四)军事干预叙利亚问题并在这一问题上开展国际合作,加强俄罗斯在中东的地位

首先,在俄罗斯的军事干预下,叙利亚政府军不仅站稳了脚跟,而且转守为攻。12月,叙利亚政府军收复北方重镇阿勒颇,从而控制了大约40%的国土和约70%的人口。叙利亚战局表明,俄罗斯对叙利亚问题的军事干预富有成效,俄在叙的军事政治影响和在叙危机国际调解中的作用都大大增强。但是,俄罗斯也越来越深地卷入了叙利亚这个战争泥潭,这已成为俄一个沉重的经济包袱。同时,随着俄罗斯对叙利亚军事干涉政策长期化,俄与西方在叙的矛盾日益扩大,双方的斗争也在加剧。其次,俄罗斯与伊朗加强在叙利亚问题上的军事合作。俄罗斯和伊朗都支持阿萨德政府,在叙利亚,俄罗斯负责空中打击力量,伊朗提供地面部队援助。2016年,两国进一步密切合作,俄罗斯轰炸机数次从伊朗空军基地起飞,对叙利亚境内的"伊斯兰国"等极端组织目标实施打击。最后,俄罗斯与土耳其戏剧性地和好,在叙利亚问题上开展合作。在土耳其发生未遂政变后,埃尔多安总统积极接近俄罗斯,两国总统实现互访。俄罗斯与土耳其在叙利亚问题上的合作是俄驻土大使卡尔洛夫遇刺的主要原因,但是这一事件没有改变两国合作进程,

12月，两国就叙停火问题达成协议。俄罗斯与土耳其的关系正常化，也使一度冻结的"土流"天然气管道项目得以启动。俄罗斯与伊朗、土耳其三方加强在叙利亚问题上的合作，扩大了俄在中东地区的影响。

二 新版《俄罗斯联邦对外政策构想》

2016年11月30日，普京总统批准新版《俄罗斯联邦对外政策构想》（以下简称新版《构想》）。该文件的最近版本出台于2013年，由于乌克兰危机爆发以来俄罗斯面临的国际形势及其外交政策发生巨大变化，普京政府对它加以修订，推出新版《构想》。

新版《构想》[①]规定，俄罗斯在解决全球性问题方面的优先方向包括：建立公正稳定的世界秩序；维护国际法；加强国际安全；开展国际经济与生态合作；开展国际人文合作与保护人权；及时传达俄外交活动信息。

俄罗斯在地区与国别方面的优先方向有四个。

第一，俄罗斯对外政策的最优先方向依然是独联体地区。发展与独联体国家的双、多边合作，加强俄罗斯参与的独联体地区各种一体化机制，其中重点深化欧亚经济联盟框架下的经济一体化，强化独联体集体安全条约组织。

第二，欧盟是俄罗斯的重要经贸和外交伙伴，俄对欧盟外交的战略任务是建立从大西洋到太平洋的共同经济人文空间。俄罗斯愿意支持与欧盟密切而互利的对话，发展外交与军事政治领域的合作。

第三，俄罗斯愿意与美国在平等、尊重对方利益和互不干涉内政的基础上进行对话，在军控等领域开展建设性合作。但是，俄罗斯不会容忍美国及其盟友施加的任何军事、政治、经济压力，而且保留对不友好行为采取强硬回击的权利。

---

① Концепция внешней политики Российской Федерации, Утверждена Президентом Российской Федерации В. В. Путиным 30 ноября 2016 г., http：//www.kremlin.ru/acts/news/53384.

第四,俄罗斯将继续发展与中国的全面战略协作伙伴关系,积极拓展与中国在所有领域的合作;俄罗斯将与中国在各个方面开展外交协作,其中包括抵御新威胁、解决复杂的地区性和全球性问题、在国际组织和多边机制中合作;挖掘上海合作组织的政治经济潜力,促进该框架下的互信与伙伴关系,发展成员国间合作。

总体而言,新版《构想》基本延续了以前的《俄罗斯联邦对外政策构想》的方针政策,反映了俄对外政治利益的稳定性和外交方针的连贯性、继承性。但其中一些曾经实施的政策目标,比如与欧盟共建"四大共同空间(包括共同经济、人文空间)"、俄美建设性合作关系等,在当前俄罗斯与西方对抗的形势下,多半沦为俄的一厢情愿。

当然,与2013年版《俄罗斯联邦对外政策构想》相比,新版《构想》也有一些新颖之处,其中比较突出的有两点。其一,强调传统安全威胁的严重性,以及俄罗斯强硬回应军事安全威胁的决心。其二,突出国际恐怖主义对俄罗斯及国际社会的威胁程度,表明俄罗斯打击恐怖主义的政策立场,同时呼吁国际社会建立广泛的国际反恐联盟,合作打击国际恐怖主义。

三 结语

2016年,俄罗斯外交的主要成就包括:为国家杜马选举顺利进行提供了外交保障,促进了俄与亚太国家之间的经贸合作,在乌克兰、叙利亚等热点问题上维护了俄罗斯的国家利益,扩大了俄在中东地区的影响。其主要不足在于,没能与西方在乌克兰问题上达成妥协,从而为俄罗斯实现与西方关系正常化、促使后者解除制裁创造条件。总的来说,2016年俄罗斯外交的成效仍然是有限的。

Y.9
2016年独联体地区形势

刘 丹*

摘　要： 2016年在独联体地区备受关注的事件是欧亚经济联盟的发展。该联盟面临发展内部经济和加强外部联系的问题。由俄罗斯主导以及所处地缘的敏感性使它必然受到美国等西方国家的诸多掣肘和影响。该联盟通过积极寻求与外部世界的合作来发展自己，目前该组织优先考虑发展与欧盟、亚太地区国家的合作，还与中国开展"一带一盟"战略对接合作。乌克兰国内局势依然动荡，乌俄关系持续紧张，乌致力于与欧盟、北约发展密切关系，其内政外交状况给欧亚地区一体化进程带来极大不确定性。同样与欧盟签署联系国协定的摩尔多瓦在伊戈尔·多东上台后态度出现转变，开始与欧盟、北约拉开距离，积极恢复与俄关系。乌兹别克斯坦前总统卡里莫夫去世引发对中亚领导人代际更替问题的思考，目前乌新任领导人米尔济约耶夫延续前任政策，国内政治平稳，外交政策没有大的改变。作为一个组织，独联体25年的发展尽管不尽如人意，但其完成了最重要的使命——在后苏联空间保持了经贸、人文以及文化方面的联系。独联体作为一个交流的平台仍有存续的必要，但其必须考虑今后如何适应形势，进一步发展自己。

关键词： 独联体　欧亚经济联盟　乌克兰　摩尔多瓦　中亚　一体化

---

* 刘丹，中国社会科学院俄罗斯东欧中亚研究所助理研究员。

2016年独联体地区形势由若干个热点问题组成,欧亚经济联盟的新进展、乌克兰持续动荡的国内政局、摩尔多瓦新任总统的外交政策、后卡里莫夫时代中亚面临代际更替问题、独联体成立25周年的得与失,其中欧亚经济联盟的新发展备受瞩目。

一 欧亚经济联盟新进展

2000年和2008年的俄罗斯对外政策构想均把独联体地区放在俄外交政策的优先地位。延续以往的政策,普京第三任期仍然把独联体地区作为其外交政策的最优先方向。在此基础上,普京赋予独联体政策新的内容——欧亚联盟战略的提出与实施。早在2011年10月3日,俄罗斯《消息报》刊登了总统候选人普京的文章——《新欧亚一体化计划:未来诞生于今日》[②],文章提出了在原苏联地区建立欧亚联盟,把欧洲与充满生机和活力的亚太地区联系起来的设想。这既是普京的总统竞选纲领,也是普京当选总统后的国家战略。此后几年,从关税同盟过渡到欧亚经济联盟,独联体空间的多边合作和一体化进程逐步深入开展。2015年1月1日,由俄罗斯、白俄罗斯和哈萨克斯坦组成的欧亚经济联盟在乌克兰危机持续发酵、俄罗斯经济持续衰退、西方对俄经济制裁的情况下逆势而生。随着亚美尼亚和吉尔吉斯斯坦的加入,欧亚经济联盟成员国扩大到5个。2015年,欧亚经济联盟占世界进口总额的3.7%、出口总额的2.3%。[①] 经过一年的发展,欧亚经济联盟呈现出以下新发展。

第一,与2015年相比,2016年度欧亚经济联盟内外贸易有所好转。

俄罗斯经济是欧亚经济联盟经济发展的火车头,受俄罗斯经济下滑、矿产资源价格下跌等因素影响,欧亚经济联盟成员国相互贸易额以及与其他国家的贸易额在2015初创之年都有一定程度的下滑。但从2016年上半年和全

---

① Отчет евразийской экономической комиссии 2012 – 2015, c. 45, http://eec.eaeunion.org/ru/Documents/EEC_ar2015_preview.pdf.

年的贸易额来看,欧亚经济联盟对外贸易状况以及联盟内部的贸易状况均有所好转(见表1、表2)。

表1 2016年1~6月欧亚经济联盟对外贸易结构

单位:亿美元

对外贸易	俄罗斯	白俄罗斯	哈萨克斯坦	吉尔吉斯斯坦	亚美尼亚	总计
出口(同比)	1183.650 (70.7%)	61.484 (73.4%)	149.831 (68.6%)	4.060 (73.8%)	6.402 (106.2%)	1405.427 (70.7%)
进口(同比)	733.257 (91.8%)	54.818 (86.7%)	72.265 (72.3%)	11.040 (114.6%)	9.794 (95.3%)	881.174 (89.7%)
顺(逆)差	450.393	6.666	77.566	-6.980	-3.392	524.253

数据来源:http://eec.eaeunion.org。

表2 2016年1~12月欧亚经济联盟对外贸易结构

单位:亿美元

对外贸易	俄罗斯	白俄罗斯	哈萨克斯坦	吉尔吉斯斯坦	亚美尼亚	联盟总计
出口(同比)	2609.076 (82.8%)	121.625 (77.7%)	328.580 (80.5%)	11.260 (105.2%)	13.908 (113.3%)	3084.449 (82.5%)
进口(同比)	1690.857 (100.2%)	122.059 (93.3%)	155.089 (80.1%)	23.744 (115.3%)	21.697 (97.8%)	2013.446 (98%)
顺(逆)差	918.219	-0.434	173.491	-12.484	-7.789	1071.003

数据来源:http://eec.eaeunion.org。

从表1可以看出,2016年1~6月,欧亚经济联盟成员国与其他国家外贸总量2286亿美元,出口额1405亿美元,同比下降29.3%;进口额881亿美元,同比下降10.3%。从表2看出,2016年1~12月,欧亚经济联盟成员国与其他国家外贸总量5097亿美元,出口额3084亿美元,同比下降17.5%;进口额2013亿美元,同比下降2%。[1]

---

[1] Статистика внешней и взаимной торговли товарами, http://www.eaeunion.org/.

此外，2016年1~6月，欧亚经济联盟成员国之间的贸易总量约为190亿美元，约占2015年同期贸易量的83%，同比下降了17%。2016年1~12月，成员国之间的贸易总量约为425亿美元，约占2015年同期贸易量的93.3%，同比缩减了6.7%。①

第二，欧亚经济联盟与外部的联系逐步扩大。

作为一个新的地缘政治经济体，欧亚经济联盟的动向和成果引起外部世界的广泛关注。除了联盟内部面临问题外，俄罗斯主导以及所处地缘的敏感性使它必然受到以美国为代表的西方国家的诸多掣肘和影响。为此，该联盟积极寻求与外部世界的合作来发展自己。目前该组织优先考虑发展与欧盟、亚太地区国家的合作，并与中国开展"一带一盟"战略对接合作（见表3）。

表3　2016年1~11月欧亚经济联盟对外贸易联系情况

单位：亿美元

地区与组织	欧盟	亚太经合组织	独联体（不含欧亚经济联盟）	其他国家	总计
出口 （占比）	1392 (50.7%)	665 (24.2%)	158 (5.7%)	530 (19.4%)	2745 (100%)
进口 （占比）	738 (40.7%)	766 (42.3%)	78 (4.3%)	228 (12.7%)	1810 (100%)
顺（逆）差	654	-101	80	302	935

数据来源：http://eec.eaeunion.org。

从表3可以看出，欧盟是欧亚经济联盟最重要的贸易伙伴，无论出口总量还是进口总量都占绝对优势，其次为亚太经合组织，而独联体（不含欧亚经济联盟国家）以及其他国家所占比重并不大。因此可以说，谋求与欧盟的紧密关系，是俄罗斯、欧亚经济联盟与外部经济组织对接的最主要目标。2015年12月31日，俄罗斯总统普京签署了新版《俄联邦国家安全战

---

① Статистика внешней и взаимной торговли товарами, http://www.eaeunion.org/.

略》，表达了俄希望增进与欧盟、欧洲国家之间互利合作，支持欧洲一体化进程，主张在欧洲——大西洋地区建立集体安全开放体系的愿望。① 在俄美、俄欧关系僵局尚未缓解的背景下，这一表述展现出俄愿与美欧"破局"的姿态。② 2016 年 1 月，欧盟常驻俄罗斯代表乌沙茨卡斯表示，无论制裁还是反制裁，欧盟与俄罗斯仍将是贸易、能源以及其他领域的重要伙伴。③ 目前来看，虽然俄罗斯仍然经受欧美的制裁，但是已经从最初的剑拔弩张逐渐缓和下来。随着俄欧关系进一步缓和，欧亚经济联盟和欧盟的关系也会逐步回暖。

欧亚经济联盟同亚太经合组织的贸易量很大，据 2016 年 1～11 月的统计数据，亚太经合组织占到欧亚经济联盟总进口量的 42.3%、出口量的 24.2%，其中中国占进口量的 22.8%、出口量的 10.5%。④ 欧亚经济联盟拓展与亚太地区的经贸往来与乌克兰危机不无关系。在西方制裁的背景下，俄罗斯在外交层面更加积极地"向东看"，欧亚经济联盟同亚太的合作不断深化。借助"丝绸之路经济带"倡议的契机，欧亚经济联盟分两个层面发展与中国的关系：联盟与中国的关系，成员国与中国的关系。

2016 年 6 月 17 日，俄罗斯总统普京在接受新华社独家访问时表示，中俄两国的互信达到了前所未有的高度，两国应丰富双边关系合作内涵，扩大双边贸易，提高技术合作水平，加强基础设施建设合作，并在国际舞台上携手维护国际稳定，共同推动"一带一路"与欧亚经济联盟的对接。⑤

---

① Стратегия национальной безопасности Российской Федерации, http://www.kremlin.ru/acts/bank/40391/page/5.
② 林雪丹、陈效卫：《俄罗斯出台新版国家安全战略》，《人民日报》2016 年 1 月 2 日。
③ 《欧盟常驻俄罗斯代表：即使制裁 俄罗斯与欧盟仍然为重要伙伴》，俄罗斯卫星通讯社，2016 年 1 月 14 日，http://sputniknews.cn/russia/20160114/1017686406.html#ixzz3yyuhlVVE。
④ Статистика внешней и взаимной торговли товарами, http://eec.eaeunion.org/ru/act/integr_i_makroec/dep_stat/tradestat/Pages/default.aspx。
⑤ 《俄罗斯总统普京接受新华社社长独家专访 强调丰富中俄合作内涵 推动"一带一路"与欧亚经济联盟建设对接》，新华网，http://news.xinhuanet.com/mrdx/2016-06/24/c_135462318.htm。

在2016年6月25日的《中华人民共和国和俄罗斯联邦联合声明》中双方强调:"落实中俄2015年5月8日《联合声明》中确定的丝绸之路经济带建设与欧亚经济联盟建设对接合作的共识,具有重大意义。中俄主张在开放、透明和考虑彼此利益的基础上建立欧亚全面伙伴关系,包括可能吸纳欧亚经济联盟、上海合作组织和东盟成员国加入。"① 俄罗斯学者认为,欧亚经济联盟和"一带一路"的对接把中国和欧亚经济联盟国家置于新的地缘政治和地缘经济现实中,俄中紧密的经济联系将成为欧亚大陆经济连接的基础。②

第三,欧亚经济联盟开始表现出较大的发展潜力。

从发展环境看,欧亚经济联盟的建立顺应了历史潮流,是欧亚经济一体化发展的客观要求。苏联解体20多年来的发展历程表明,独联体作为各成员国经济合作的平台还远远不够。哈萨克斯坦总统纳扎尔巴耶夫说:"独联体不符合时代的客观要求,也不能保证参与国的一体化——我们的人民迫切需要另一种一体化。因此建立新国家联合体有其必要性且时机已经成熟,该联合体将在更加明确的原则背景下运作。"③ 欧亚经济联盟是独联体地区尝试多种一体化形式的结果,它的建立符合当前的时代背景和自身联合的条件,是欧亚地区经济一体化的客观要求。从2011年之后,独联体地区的经济一体化有加强态势,该地区的一体化进程已经不仅是政治决定的产物,而且是各国在经济等领域相互解决问题的需要,这促使各国领导人走经济一体化路线。④ 大多数欧亚经济联盟成员国的学者对欧亚一体化的发展前景持乐

---

① 《中俄联合声明:建立欧亚全面伙伴关系》,新华网,http://www.qqjr.com/quanqiu/zc/2016-06-27/3537.html。

② Особенности современных интеграционных процессов на постсоветском пространстве // Международная жизнь, № 1, 2016 г., https://interaffairs.ru/jauthor/material/1430.

③ Нурсултан Назарбаев: Евразийский Союз: от идеи к истории будущего, Известия, 25 октября 2011.

④ Особенности современных интеграционных процессов на постсоветском пространстве // Международная жизнь, № 1, 2016 г., https://interaffairs.ru/jauthor/material/1430.

观态度。①

从主导力量的意愿看，俄罗斯有较为强烈的意愿重视和推动欧亚经济联盟。欧亚经济联盟建立的历程复杂，并非一蹴而就，它既是欧亚地区一体化的又一次尝试，也是俄罗斯主导的一体化发展的阶段性成果，是该地区一体化进程中的标志性事件。2016年12月1日，普京在发表年度国情咨文时表示："深化欧亚经济联盟框架内的合作，以及与其他独联体国家的协作过去和现在都是俄外交政策的优先方向。"② 毫无疑问，俄罗斯对这一核心地区的关注将一直存续下去。

从挑战和机遇的发展来看，欧亚经济联盟的建立中挑战与机遇并存，挑战虽大但潜在的机遇不容忽视。目前看来，挑战更大。一方面，原苏联地区的基础设施和经济上的联系为欧亚经济联盟创立了根基，取消关税利于生产要素的流通和成员国经济发展。另一方面，俄罗斯经济衰退，欧亚经济联盟发展一年多以来经济成效并不显著。乌克兰危机、美欧经济制裁、独联体内部"独与联"的角力，都会对欧亚经济联盟前景产生影响。由俄罗斯主导的欧亚经济联盟带有明显的地缘政治色彩，因而其发展容易受到美国等西方国家的诸多掣肘，这也是需要引起高度重视的巨大挑战。近两年欧亚经济联盟的经贸关系低迷，但不能就此认为欧亚经济联盟没有前景。作为一个经济

---

① 米哈伊尔·叶夫多基莫夫认为，欧亚经济联盟只是独联体地区各国合作的开始，现在欧亚经济联盟5个成员国面临重要任务：完成协议规定的计划，深化一体化合作。在不久的将来该联盟定会有进一步发展。Особенности современных интеграционных процессов на постсоветском пространстве //Международная жизнь，№ 1，2016 г.，https：//interaffairs. ru/jauthor/material/1430. 库良伊莎·阿克塔耶娃（哈萨克斯坦总统图书馆副馆长）也认为，在全球战略格局中欧亚经济联盟成为连接东西的桥梁。欧亚一体化进程是伟大的，欧亚经济联盟无论从地区来说，还是从世界来说都有着广泛的前景。Сергей Нарышкин，Уроки Содружества//Российская газета，07. 09. 2016，https：//rg. ru/2016/09/07/sergej - naryshkin - proanaliziroval - 25 - letniuiu - istoriiu - sng. html. 拉赫蒙·乌尔曼索夫（俄罗斯—塔吉克斯坦大学教授）认为，未来十年欧亚经济联盟将是独联体地区一体化的重要内容。Особенности современных интеграционных процессов на постсоветском пространстве //Международная жизнь，№ 1，2016 г. ，https：//interaffairs. ru/jauthor/material/1430.

② Послание Президента Федеральному Собранию，http：//www. kremlin. ru/events/president/news/53379.

组织，欧亚经济联盟的发展，首先是经济的发展。从欧亚经济联盟近两年内部与外部的经贸关系看，其发展前景短期内并不乐观。值得注意的是，考察欧亚经济联盟的前景不能单纯从短期经济效益来考量。一方面，欧亚经济联盟成员国内部贸易量以及联盟与其他国家贸易额的下降受国际油价下跌和欧美对俄制裁影响较大。随着油价的上升和制裁的逐渐解除，贸易额将会有所回升。另一方面，随着欧亚空间关税壁垒的取消，医药、电力和油气市场等共同市场的建立，这些因素对成员国经济发展的促进作用也会逐渐显现出来。

二 乌克兰局势与摩尔多瓦转向

乌克兰形势依旧复杂，并且有战火重燃之虞。近两年，乌克兰与俄罗斯的关系持续交恶。2015年俄乌外贸额大幅度下降，在俄罗斯前十大贸易伙伴中这种现象史无前例。2016年俄乌贸易额持续下滑，目前没有向好迹象。2017年2月22日波罗申科在乌克兰军队领导集体会议上表示，俄罗斯在东南部及德涅斯特河沿岸摩尔多瓦共和国部署的军队在任何时候都可能对乌克兰领土进行袭击，并威胁乌边境的安全，俄罗斯还增强其在克里米亚的驻军数量，乌克兰不得不面临来自俄罗斯方面的全面战争威胁。[①] 针对2017年2月，美国总统特朗普期待俄罗斯能够缓解乌克兰局势并"归还"克里米亚的言论，俄外交部发言人玛丽亚·扎哈罗娃在例行记者会上表示："我们不会'归还'自己的领土。克里米亚是俄罗斯联邦的领土。"[②] 2017年2月18日，俄罗斯总统普京签署命令，临时性承认乌克兰东部两州的一系列证件。理由是"保护人权"，缓解两个"共和国"居民的生存压力。乌克兰外交部当天发表声明称，普京的该项命令从事实上宣告了"俄罗斯控制了被非法

[①] 《波罗申科：乌克兰面临与俄罗斯进行"全面战争"的威胁》，http://sputniknews.cn/military/201702221021935927/。

[②] 《俄外交部发言人谈克里米亚：我们不会将自己的领土"归还"乌克兰》，http://sputniknews.cn/russia/201702151021865550/。

占领的乌克兰土地",呼吁国际社会"针对俄罗斯破坏明斯克协议的行为施加压力"①。俄乌关系又出现新一轮的紧张。

目前乌克兰已经把俄罗斯视为威胁自身安全的头号敌人,乌积极融入欧盟,与北约保持密切关系,寻求外部势力的支持。2016年7月,北约-乌克兰委员会在北约华沙峰会期间通过了一揽子对乌克兰改革的援助方案,包括已设立的网络防御、后勤保障和伤兵康复信托基金。2017年1月26日,北约驻欧联军最高指挥官欧德·彼得森表示,北约将巩固和扩大对乌克兰防务改革的援助。按照此方案,北约将在40个方面对乌克兰予以物质援助,主要涉及安全和防卫领域。② 2017年2月16日,五角大楼发言人考特尼·希尔森称,美国依旧致力于坚决支持提高乌克兰军队实力。③ 2017年2月10日,欧盟委员会主席容克表示,基于乌克兰满足了获得免签待遇的所有44项条件,欧盟在2017年夏季前将开始对乌克兰公民实行免签制度。④

可以看出,在欧亚地区举足轻重的乌克兰已在远离俄罗斯、靠近欧盟和北约的道路上越走越远。乌克兰局势给欧亚地区一体化进程带来极大不确定性。俄罗斯有学者认为,乌克兰已经崩溃,它是"东方伙伴关系"的牺牲品,这个场景将在独联体其他国家重演。为避免此类情况发生,应邀请一系列国家加入欧亚经济联盟,制定应对欧盟和北约的战略。⑤

摩尔多瓦对欧盟态度在2016年也有较大改变。摩尔多瓦2014年6月与欧盟签署建立全面自贸区的联系国协定后,基希讷乌与莫斯科的关系恶化。俄罗斯担心欧盟产品经过摩尔多瓦再出口到俄罗斯,开始对摩某些品种的产品征收进口关税,并取消对摩尔多瓦的自由贸易待遇,只实施最惠国待遇。

---

① 《普京签署命令:俄临时性承认乌东部地区系列证件》,http://news.china.com/internationalgd/10000166/20170219/30265237.html。
② 《北约将扩大对乌克兰防务改革的援助》,http://sputniknews.cn/military/201610261021030385/。
③ 《五角大楼:美国致力于支持乌提高军事实力》,http://sputniknews.cn/military/201702161021876586/。
④ 2017年2月2日,欧洲议会全体大会投票表决通过支持欧盟对格鲁吉亚实行免签制度。
⑤ Особенности современных интеграционных процессов на постсоветском пространстве // Международная жизнь, № 1, 2016 г., https://interaffairs.ru/jauthor/material/1430.

这给摩尔多瓦的经济造成了一定冲击。2016年12月13日,摩尔多瓦社会党人伊戈尔·多东当选新总统。他在接受RT电视台采访时说,俄罗斯市场是摩尔多瓦商品的传统市场,两年前与欧盟签署联系国协定后,摩尔多瓦损失了大约50%的对俄出口,丢掉了俄罗斯市场,但却没有获得任何其他的东西。① 2017年1月16日,伊戈尔·多东一改前几任总统就职后首访布鲁塞尔的传统,选择俄罗斯作为自己当选总统后的首访国,以此表明想要恢复对俄合作。2017年2月8日,多东表示,该国与欧盟的联系国协定实施两年以来,对欧洲一体化感到失望的民众越来越多,如果国民在公投中要求废除联系国协定,他愿予以支持。② 同时他表示,希望摩尔多瓦成为欧亚经济联盟观察员国,并在2017年4月后正式提议使其获得欧亚经济联盟观察员国地位。多东还明确拒绝了北约在基希讷乌开设联络处一事,认为在目前阶段,这样做将为德涅斯特河沿岸问题的谈判进程制造障碍。尽管有融入欧盟的意愿,但是在贸易、移民和德涅斯特河沿岸共和国问题上,没有俄罗斯的支持是行不通的,这是摩尔多瓦必须面对的现实情况。

三 后卡里莫夫时代的中亚代际更替

2016年9月2日,乌兹别克斯坦总统卡里莫夫因病医治无效去世。卡里莫夫1991年12月30日当选独立后的乌兹别克斯坦首任总统并连任至逝世。在2015年3月29日举行的最近一次总统选举中,卡里莫夫以超过90%的得票率胜出连任。在位期间,他坚定维护本国利益,使地处复杂地区和环境中的乌兹别克斯坦成为中亚最稳定的国家之一。特别是他坚决支持打击"三股势力",有力地防范了极端势力向中亚发展蔓延,维护了地区安全稳定。2005年,在独联体国家相继发生"颜色革命"的背景下,他采取果断

---

① 《摩尔多瓦总统:与欧盟签署联系国协定有损无益》,http://sputniknews.cn/politics/201612161021415299/。
② 《摩尔多瓦总统称或支持废除该国与欧盟的联系国协定》,http://sputniknews.cn/politics/201702081021801784/。

措施平息"安集延事件",避免了乌国国内动荡。卡里莫夫凭借自己的执政成果在国内外都受到广泛尊重,虽然西方国家并不喜欢他的执政方式,但承认他对维护地区稳定所做出的贡献。

鉴于乌兹别克斯坦在中亚地区的重要地位,其形势发展将对周边国家乃至大国关系产生不小的影响,卡里莫夫总统去世后,其接班人问题以及乌外交政策是否会有变化是国际社会关注的焦点。2016年9月24日,乌兹别克斯坦外交部部长卡米洛夫在联合国大会上发表讲话称:"乌兹别克斯坦将继续走不与任何军事政治集团结盟的道路,且不允许其他国家在本国境内建立军事基地和部署军事设施。"① 这表明乌将保持不与任何军事政治集团结盟的外交立场。2016年12月4日乌兹别克斯坦举行总统选举。根据乌中央选举委员会数据,乌兹别克斯坦自由民主党提名的沙夫卡特·米尔济约耶夫赢得88.61%的选票当选总统。当选后,米尔济约耶夫表示,乌兹别克斯坦加入独联体国家,符合该国利益。计划进一步贯彻落实前任总统伊斯拉姆·卡里莫夫的方针政策,维护、巩固独联体发展,积极参与独联体国家一体化进程。② 此前在2016年9月6日,时任乌兹别克斯坦总理的米尔济约耶夫在卡里莫夫葬礼当天对前来吊唁的俄罗斯领导人表示,对乌兹别克斯坦而言,与俄罗斯的关系"过去、现在和将来都是战略伙伴和盟友关系"③。有关专家认为,米尔济约耶夫上台,俄罗斯在乌的影响力会加大,但这并不意味着乌一定重返集体安全条约组织或加入欧亚经济联盟,而更多是出于实用主义的需求。可以看出,新的接班人短期内不会调整政策,仍将维持现有政策路线。

值得指出的是,中亚诸国未来数年内最严峻的考验是年事已高的开国领导人将陆续面临交接班问题。被称为"不可替代的领导人"的哈萨克斯坦总统纳扎尔巴耶夫已是76岁高龄,塔吉克斯坦总统拉赫蒙至今也在位24年

---

① 《乌兹别克斯坦外交部:乌兹别克斯坦将保持不结盟政策》,http://sputniknews.cn/politics/201609241020817667/。
② 《乌兹别克斯坦当选总统称应保留独联体》,http://sputniknews.cn/politics/201612061021330390/。
③ 《乌兹别克斯坦总理:俄仍将是乌战略伙伴和盟友》,http://sputniknews.cn/politics/201609061020686900/。

有余。2017年12月1日,吉尔吉斯斯坦现任总统阿尔马兹别克·阿坦巴耶夫的任期将至,吉政界已开始为2017年的总统选举做准备。中亚威权领导人交接班过程如未能形成稳定局面,将引起中亚的动荡,继而影响整个独联体地区。

四 国内外学者对独联体成立25周年的评价

2016年独联体国家继续以独联体组织为平台进行沟通、合作。2016年9月16日,独联体元首峰会在吉尔吉斯斯坦比什凯克举行。会议签署了16项文件,并通过了4项重要声明,内容涉及进一步联合打击国际恐怖主义、总结独联体25年发展历程、展望独联体下一步发展计划等。对独联体成立25周年的得与失,国内外学者有如下看法。

第一,虽然独联体25年的发展不尽如人意,但独联体最重要的使命就是在后苏联空间保持经贸、人文以及文化方面的联系。俄罗斯总统普京在独联体国家首脑小范围会议上表示:苏联解体后,独联体在大规模的地缘政治变化期间发挥了积极作用,帮助后苏联空间保持了密切的友好联系。① 独联体是唯一在政治、经济、文化、人文和军事等各领域团结原苏联地区的多边国际机制。一方面,独联体确保了苏联加盟共和国文明"分手";另一方面,它阻止了去一体化趋势,为成立欧亚经济联盟创造了前提。在这个平台上聚集了新的欧亚伙伴的核心国家,即欧亚经济联盟国家。几乎所有独联体领导人都建议保留该组织,认为独联体有必要继续存续下去,各国可以在一些感兴趣的领域进行有效合作,但要尽量避免独联体与其他组织机构重复设置。②

第二,独联体地区的整体一体化非常艰难。由于独联体地区各国经济发展的不均衡,国家的道路选择也不统一,且该地区有重要的地缘政治意义,

---

① 《普京:独联体在地缘政治变化期间发挥了积极作用》,http://sputniknews.cn/russia/201609171020766416/。
② Особенности современных интеграционных процессов на постсоветском пространстве // Международная жизнь, № 1, 2016 г., https://interaffairs.ru/jauthor/material/1430。

外部势力对该地区的介入从未停止。所以，独联体地区的整体一体化非常艰难。独联体存在的问题是缺乏足够政治团结以及没有瞄准欧亚一体化方向，妨碍了独联体的一体化。独联体在成立后的最初几年已经暴露出它的二元性和矛盾性。[1]

第三，面对变化的国际政治环境，独联体需要明确及调整自己的发展方向。作为独联体国家对话的平台，独联体这个组织还是有存在必要的，不应该弱化其功能。独联体最大的作用在于成为推进欧亚一体化进程的平台，特别是对那些没有加入欧亚经济联盟的国家来说，欧亚经济联盟国家和独联体其他国家可以借助此平台协商该地区问题。独联体应该坚持欧亚一体化方向，在独联体成立25周年之际，它的多个骨干成员参与了欧亚深度一体化。独联体成员还应继续相互协作，尤其应加强在人文领域的协作，为欧亚一体化做出重大贡献。[2]

---

[1] Сергей Нарышкин, Уроки Содружества//Российская газета, 07.09.2016, https：//rg.ru/2016/09/07/sergej – naryshkin – proanaliziroval – 25 – letniuiu – istoriiu – sng.html.

[2] Сергей Нарышкин, Уроки Содружества//Российская газета, 07.09.2016, https：//rg.ru/2016/09/07/sergej – naryshkin – proanaliziroval – 25 – letniuiu – istoriiu – sng.html.

Y.10
2016年欧亚经济联盟运行情况分析

王晨星*

摘　要： 2016年是欧亚经济联盟运行的第二年，经过2015年体制机制的初建，2016年欧亚经济联盟开始进入缓慢发展期。到目前为止，欧亚经济联盟组织机制运行正常，并未出现组织空心化、机制空转现象。然而区域一体化的经济效应并未完全显现出来，在短中期内，欧亚经济联盟仍处在国际经济体系的边缘地带。学界看待欧亚经济联盟更多持悲观态度，至少也是不看好。笔者认为，欧亚经济联盟作为新型区域经济一体化组织已经客观存在，并将对"丝绸之路经济带"建设，以及亚欧中心区域地缘经济与政治结构产生深远影响。

关键词： 欧亚经济联盟　欧亚一体化　"一带一盟"对接

2016年是欧亚经济联盟运行的第二年，欧亚经济联盟经过2015年体制机制初创期，在国际社会上崭露头角，在2016年开始进入缓慢发展期。其进展缓慢的原因主要有：一是组织机制已经初步建成，进入实际运行阶段，现行组织构架不会有太大变化；二是由于2010年关税同盟的建立，内部主要贸易壁垒被消除，内部贸易出现"井喷式"增长的潮流已过，更何况除商品贸易外的其余共同市场领域尚未建立，经济一体化效应尚未完全显现；

---

* 王晨星，法学博士，中国社会科学院俄罗斯东欧中亚研究所助理研究员。

三是成员国间矛盾依旧存在,并阻碍经济一体化快速发展,2016年12月,俄白天然气价格与贸易纠纷再现,白俄罗斯暂缓签署《欧亚经济联盟海关法典条约》就是明证;四是欧亚经济联盟成立以来,一直被美国和欧盟所诟病,影响其发展的外部环境质量;五是主导国俄罗斯自身经济增长乏力,在推动欧亚经济一体化方面显得心有余而力不足;六是欧亚经济联盟面临周边地区其余一体化机制或倡议的竞争。尽管发展存在阻力,但是欧亚经济联盟还是取得了一定成就。截至2016年年底,欧亚经济联盟的商品共同市场基本建成,而服务、资本、能源等领域共同市场尚在建设过程中。

从学术研究上看,2016年我国学界对欧亚经济联盟的研究逐步深入,主要有以下特点:一是"丝绸之路经济带"与欧亚经济联盟对接(简称"一带一盟"对接)问题是学界关注的热点,值得一提的是,中国社会科学院俄罗斯东欧中亚研究所主办的《欧亚经济》杂志在2016年第5期上开设专栏,邀请中、哈学者探讨"一带一盟"对接合作的原则、路径及重点和难点问题;① 二是研究议题从宏观问题研究向中观、微观问题过渡,从回答"是什么"向探讨"为什么""怎么样"的问题过渡。与之前分析欧亚经济联盟产生原因、发展路径以及战略意图的记叙性研究不同,学者们开始把目光转移到机制建设、法律规范、运行特点等具体议题,试图针对"一带一

---

① 关于"一带一盟"对接议题,除了《欧亚经济》2016年第5期上的成果外,其余具有代表性的论文有:王海运:《推动"一带"与"一盟"对接合作的着力方向》,《西伯利亚研究》2016年第4期;张宁、张琳:《丝绸之路经济带与欧亚经济联盟对接分析》,《新疆师范大学学报》(哲学社会科学版)2016年第2期;刘清才、支继超:《中国丝绸之路经济带与欧亚经济联盟的对接合作——基本架构和实施路径》,《东北亚论坛》2016年第4期;李新:《丝绸之路经济带对接欧亚经济联盟:共建欧亚共同经济空间》,《东北亚论坛》2016年第4期;谢晓光、生官声:《丝绸之路经济带与欧亚经济联盟对接面临的挑战及应对》,《辽宁大学学报》(哲学社会科学版)2016年第6期;王海滨:《试析中俄主导的"一带一盟"对接之路》,《现代国际关系》2016年第11期;万青松:《试析当前欧亚经济联盟面临的难题——兼论与"丝绸之路经济带"的对接》,《欧亚经济》2016年第2期;王志远:《"一带一盟":中俄"非对称倒三角"结构下的对接问题分析》,《国际经济评论》2016年第3期,等等。

盟"对接过程中出现的问题，提出具有可操作性的政策建议。[①]

通过对现有成果进行梳理可以发现，由于联盟成员国经济同质化严重、主导国俄罗斯经济增长乏力、联盟内部发展缺乏大项目及大资金，以及外部不利环境等因素影响，相当部分学者对欧亚经济联盟的前途持悲观态度，至少也是不看好。然而，笔者认为，研究欧亚经济联盟应该从悲观中看到乐观，从乐观中看到问题，分析之，解决之，切实推动"一带一盟"对接，进一步改善我国西部周边的发展与安全环境，进而影响未来欧亚中心地带政治经济结构。本文拟从组织机制运行状态、一体化效果、发展前景等三个方面对2016年欧亚经济联盟运行情况做一评估与分析。

一 欧亚经济联盟组织机制的运行状况

在内外环境不利的情况下，欧亚经济联盟并未半途夭折，而是逆流而上，组织机制运行状态良好，并未出现组织空心化、机制空转现象。具体来说，主要体现在以下几方面。

（一）各层面会晤定期举行

与欧盟体制机制多元分布、相互制衡不同，欧亚经济联盟体制机制的最大特点是，元首层面的最高欧亚经济委员会、总理层面的欧亚政府间委员会，以及副总理层面的欧亚经济委员会构成以"三委"为主干的纵向机制，

[①] 围绕该议题的代表成果有：徐向梅：《欧亚经济联盟反倾销措施的法律解读》，《欧亚经济》2016年第2期；张宁：《浅析欧亚经济联盟的反补贴措施》，《欧亚经济》2016年第2期；于尧：《欧亚经济联盟食品安全技术法规体系研究》，《检验检疫学刊》2016年第3期；富景筠：《欧亚经济联盟共同能源市场建设的现状及前景》，《现代国际关系》2016年第9期；张宁：《欧亚经济联盟贸易救济措施对"一带一路"的影响》，《北京工业大学学报》（社会科学版）2016年第5期；刘丹：《欧亚经济联盟的内部结构、外部联系与前景分析》，《俄罗斯学刊》2016年第6期；王晨星、李兴：《欧亚经济共同体与欧亚经济联盟比较分析》，《俄罗斯东欧中亚研究》2016年第4期，等等。

最高欧亚经济委员会是最高决策机构。2016年,最高欧亚经济委员会举行会晤2次,共通过决议11项,涉及国际合作、人事任命、发展构想、法律文件修订等;欧亚政府间委员会几乎每季度举行一次会晤,共通过决议7项,内容有文件草案制定、法律规范等;欧亚经济委员会理事会也保持高频率会晤,共通过决议139项,其中生效率为77.7%;欧亚经济委员会工作会议除法定休假外,几乎每周召开1次,共通过决议171项,生效率高达91.2%(见表1)。此外,欧亚经济联盟法院也运行正常,法院内部机制逐渐完善,并开始受理企业申诉。

表1 2016年度欧亚经济联盟"三委"工作情况量化统计表

机构	会晤(次)	决议(项)	指令(项)	建议(项)	决议生效率(%)
最高欧亚经济委员会	2	11	—	—	100
欧亚政府间委员会	5	7	18	—	100
欧亚经济委员会理事会	10	139	22	1	77.7
欧亚经济委员会工作会议	36	171	219	34	91.2

资料来源:笔者根据欧亚经济委员会官方网站信息整理而成。

(二)组织机制逐步完善

2016年2月1日,第二届欧亚经济委员会工作会议(简称"工作会议")正式履新。与上届相比,新一届工作会议有以下改进(见表2、表3)。

第一,精简人员。上届工作会议成员有14名,其中俄、白、哈、亚4国各派出3名代表,吉派出2名代表。第二届工作会议成员有10名,5个成员国各派2名代表参加。

第二,坚持公平原则。上届工作会议的下设部门均由俄、白、哈的代表所把持,亚、吉派出的5名代表并不分管具体部门,存在"只有委员之名,却无委员之实"的尴尬局面。这种情况在第二届工作会议上得到了改变。第二届工作会议的10个委员分别负责领导各具体部门。

表2 第一届欧亚经济委员会工作会议内部机构、人员、职能一览
（2015年1月1日至2016年2月1日）

职务、人选	负责机构
主席：赫里斯坚科（В. Б. Христенко），俄罗斯籍 分管：主持欧亚经济委员会工作会议日常工作	礼宾与组织司 财务司 法务司 信息技术司 行政管理司
部长：瓦洛娃娅（Т. Д. Валовая），俄罗斯籍 分管：一体化与宏观经济政策部	宏观经济政策司 统计司 一体化发展司
部长：苏列依缅诺夫（Т. М. Сулейменов），哈萨克斯坦籍 分管：经济与金融政策协调部	金融政策司 企业活动发展司
部长：辛德尔斯基（С. С. Сидорский），白俄罗斯籍 分管：工业与农业综合体部	工业政策司 农业政策司
部长：斯列普涅夫（А. А. Слепнёв），俄罗斯籍 分管：贸易部	关税与非关税协调司 内部市场保护司 贸易政策司
部长：克列什科夫（В. Н. Корешков），白俄罗斯籍 分管：技术协调事务部	技术协调与认证司 卫生标准司
部长：格申（В. А. Гошин），白俄罗斯籍 分管：海关合作部	海关基础设施司 海关法律与执行司
部长：曼苏罗夫（Т. А. Мансуров），哈萨克斯坦籍 分管：能源与基础设施合作部	交通与基础设施司 能源司
部长：阿尔达别尔格诺夫（Н. Ш. Алдабергенов），哈萨克斯坦籍 分管：竞争与反垄断协调部	反垄断协调司 竞争政策与国家采购政策司
部长：阿鲁丘杨（Р. Х. Арутюнян）、米娜西昂（К. А. Минасян）、诺拉尼昂（А. Р. Нранян），亚美尼亚籍 分管：亚美尼亚与欧亚经济联盟一体化事务	—
部长：依博拉耶夫（Д. Т. Ибраев）、卡得尔库洛夫（М. А. Кадыркулов），吉尔吉斯斯坦籍 分管：吉尔吉斯斯坦与欧亚经济联盟一体化事务	—

资料来源：笔者根据欧亚经济委员会官方网站信息整理而成。

第三，完成人员新老交替。如赫里斯坚科（В. Б. Христенко）、曼苏罗夫（Т. А. Мансуров）等"元老"没有在第二届工作会议中继续任职。取而代之的或是来自其余成员国的代表,如来自吉尔吉斯斯坦的依博拉耶夫(Д. Т. Ибраев)、卡得尔库洛夫(М. А. Кадыркулов),来自亚美尼亚的萨尔基西昂(Т. С. Саркисян)、米娜西昂(К. А. Минасян)等,或者是其他新来的人,如俄罗斯的尼基什娜(В. О. Никишина)。

值得注意的是,在欧亚经济委员会工作会议部长分管业务安排上也可以看出俄罗斯的主导性。比如,一体化与宏观经济政策部部长均由俄方代表担任,该职位除了负责制定一体化中长期政策外,还发挥着欧亚经济联盟"外长"的作用;商品贸易领域一体化是欧亚经济联盟初创时期的主攻方向,也是目前为止最富成果的领域,负责该领域的贸易部部长一职也由俄方代表担任。

表3 第二届欧亚经济委员会工作会议内部机构、人员、职能一览
(2016年2月1日~)

主席:萨尔基西昂(Т. С. Саркисян),亚美尼亚籍 职责:主持欧亚经济委员会工作会议日常工作	礼宾与组织司 财务司 法务司 行政管理司
部长:瓦洛娃娅(Т. Д. Валовая),俄罗斯籍 分管:一体化与宏观经济政策部	宏观经济政策司 统计司 一体化发展司
部长:苏列依缅诺夫(Т. М. Сулейменов),哈萨克斯坦籍 分管:经济与金融政策协调部	金融政策司 企业活动发展司
部长:辛德尔斯基(С. С. Сидорский),白俄罗斯籍 分管:工业与农业综合体部	工业政策司 农业政策司
部长:尼基什娜(В. О. Никишина),俄罗斯籍 分管:贸易部	关税与非关税协调司 内部市场保护司 贸易政策司
部长:克列什科夫(В. Н. Корешков),白俄罗斯籍 分管:技术协调事务部	技术协调与认证司 卫生标准司
部长:卡得尔库洛夫(М. А. Кадыркулов),吉尔吉斯斯坦籍 分管:海关合作部	海关基础设施司 海关法律与执行司

续表

部长：依博拉耶夫（Д. Т. Ибраев），吉尔吉斯斯坦籍 分管：能源与基础设施合作部*	交通与基础设施司 能源司
部长：阿尔达别尔格诺夫（Н. Ш. Алдабергенов），哈萨克斯坦籍 分管：竞争与反垄断协调部	反垄断协调司 竞争政策与国家采购政策司
部长：米娜西昂（К. А. Минасян），亚美尼亚籍 分管：内部市场、信息化、信息与交流技术部	信息技术司

注：2016年7月1日，该职位由吉尔吉斯斯坦籍茹努索夫（А. О. Жунусов）接任。Решение ВЕЭС №11 《О назначении члена Коллегии Евразийской экономической комиссии》. https：//docs.eaeunion.org/docs/ru－ru/01412757/scd_ 01072016.

资料来源：笔者根据欧亚经济委员官方网站信息整理而成。

（三）法律机制日益完善

2016年，欧亚经济联盟的法律机制主要在商品和能源共同市场建设领域取得了一定进展，主要体现在以下几个方面。

1. 商品共同市场领域

《欧亚经济联盟海关法典条约》的制定与签署是2016年度欧亚经济联盟的工作重点。2016年11月16日，欧亚政府间委员会通过了《关于欧亚经济联盟海关法典条约草案的指令》。① 12月26日，除白俄罗斯总统卢卡申科外，欧亚经济联盟其余成员国元首在圣彼得堡签署了《欧亚经济联盟海关法典条约》（简称《海关法典》）。新版《海关法典》制定历时3年，该法典计划于2017年7月1日生效，替代2009年俄、白、哈三国签署的关税同盟《海关法典》。

应该如何看待新版《海关法典》呢？笔者认为，从法律机制进一步完善上讲，新版法典是欧亚经济联盟自成立以来通过的第一份基础性法律条约，在明确统一关税、简化海关程序、运用现代化海关管理技术等方面有积极意义。正如欧亚经济委员会工作会议海关合作部部长卡得尔库洛夫所言，

---

① Распоряжение №19 《О проекте Договора о Таможенном кодексе Евразийского экономического союза》. https：//docs.eaeunion.org/docs/ru－ru/01411972/ico_ 22112016_ 19.

新版《海关法典》致力于在最大程度上统一海关程序。① 就贸易保护而言，首先，2015年9月哈萨克斯坦加入世界贸易组织（WTO）后，欧亚经济联盟受到了世贸组织规则的冲击。具体而言，哈萨克斯坦与世贸组织及其他成员确定的平均税率为6.5%，这远远低于欧亚经济联盟10.4%的税率。换言之，哈萨克斯坦可以单方面降低税率，吸引商品进口，然后再通过欧亚经济联盟内部共同市场转手出口至其他成员国。如果此举得以实施，那将可能损害其他成员国，尤其是俄罗斯的经济利益。此外，对欧亚经济联盟冲击更大的是，由于哈萨克斯坦加入世贸组织，关税同盟《海关法典》内11000余种商品中的3000种商品税率面临调整。这意味着，成员国原本已经达成一致的内部商品市场税率将不复存在，欧亚经济一体化可能出现倒退危险。其次，近年来中国与欧亚经济联盟跨境电商贸易增长势头迅猛。欧亚经济联盟方面认为，电商贸易存在逃税现象，长此以往将打击成员国内部市场，原因是电商贸易多以私人包裹形式过境，而联盟并未对电商包裹制定相关税率。结合以上两点新情况，欧亚经济联盟也急需制定新的《海关法典》。

2. 能源共同市场领域

2016年5月31日，成员国元首签署通过了《欧亚经济联盟建立天然气共同市场构想》和《欧亚经济联盟建立石油和石油产品共同市场构想》。至于天然气共同市场的建设，欧亚经济联盟将分三个阶段来完成。2020年前为第一阶段，主要任务是在信息、运输、市场等领域打破壁垒，并逐步统一法律规范；2021年开始为第二阶段，建立联盟内部平等的天然气交易体系；到2025年第三阶段最终建成天然气共同市场。在石油及石油产品共同市场建设上，欧亚经济联盟也分三个阶段来完成：第一阶段从2016年至2017年，制定石油及石油产品共同市场建设的纲要与规划；第二阶段从2018年至2023年，执行纲要与规划，并制定石油市场统一准入规则；第三阶段是2024年，石油及石油产品共同市场最终建成，并签订相应法律条约。

---

① Новый Таможенный кодекс Евразийского экономического союза избавит от бумажных деклараций. http：//tass.ru/ekonomika/3896476.

3. 其他领域

2015年年底，欧亚经济委员会共通过了33个法律文件，完成了药品共同市场法律基础的构建。2016年，欧亚经济联盟内药品共同市场正式启动。2016年1月19日，欧亚经济委员会工作会议完成了《欧亚经济联盟退休金保障条约》的起草工作，劳动力共同市场建设正在扎实推进。

4. 国际合作顺利开展

成立以来，欧亚经济联盟的"朋友圈"不断扩大。与我国"丝绸之路经济带"对接合作是欧亚经济联盟对外关系的重点之一。目前，双方正在就贸易、交通基础设施、跨国投资等领域的对接合作开展积极对话，筹备签订贸易合作协议。2015年5月与越南签订的自贸区协定是欧亚经济联盟与域外经济体建立首个自贸区的协定，其意义不言而喻。2016年5月，欧亚经济联盟正式与塞尔维亚开始进行建立自贸区谈判。如果能最终建立自贸区，那么欧亚经济联盟自贸区伙伴将扩大到欧洲地区。这也将是继越南之后，欧亚经济联盟的第二个自贸区。此外，欧亚经济联盟还开始与伊朗、埃及等国研究建立自贸区事宜，与韩国、蒙古等周边经济体建立起了对话机制。运行两年来，欧亚经济联盟先后与联合国粮食及农业组织、铁路合作组织、世界海关组织、世界银行等国际组织建立了合作关系。2016年，欧亚经济联盟在国际合作上的另一"大手笔"就是提出"欧亚伙伴关系"构想。6月17日，俄罗斯总统普京在圣彼得堡国际经济论坛大会上呼吁建立包括欧亚经济联盟、印度、中国、独联体各国和其他国家参加的大欧亚伙伴关系。普京提出的"欧亚伙伴关系"是以欧亚经济联盟为核心，以中俄为关键力量，覆盖独联体，连接印度和东盟的跨地区伙伴关系。

二 欧亚经济联盟的经济一体化效果

总体来看，2016年欧亚经济联盟经济一体化效果尚未完全显现。不管是贸易总量、贸易结构，还是项目投资，欧亚经济联盟推动的区域经济一体化进程仍处于低潮，当然，在个别领域也出现了向好迹象。

（一）内部与对外贸易持续下跌，但出现止跌迹象

就内部贸易而言（见图1），2010年，在关税同盟短时间内消除部分关税与非关税壁垒刺激下，俄、白、哈三国贸易出现"井喷式"增长，一定程度上抵消了世界金融危机给三国经济带来的冲击。2011年关税同盟内部贸易增长了34%。2012年统一经济空间启动，三国间贸易额继续增加7.5%，但增幅明显下滑。2013年遇到拐点，统一经济空间内部贸易由增转跌。该年三国间贸易额下跌5%。2014年，三国间贸易额继续下降8%。单就俄哈贸易来说，2014年1月至10月，两国贸易额比上年同期下降了19.3%，其中出口减少12.1%，进口减少21.7%。2015年欧亚经济联盟的成立并未扭转内部贸易继续下跌的趋势。2015年成员国间贸易总额为457.1亿美元，与2014年相比下降了25.3%。① 2016年，成员国间贸易量继续下跌，1月至11月内部贸易总额仅为374.1亿美元，比2015年同期下跌了10.8%。可喜的是，2016年10月至11月，内部贸易额出现止跌迹象，10月比2015年同期上涨了0.3%，11月上涨了4.4%。② 在对外贸易方面（见图2），欧亚经济联盟依然处于颓势。2014年欧亚经济联盟对外贸易总额为8730.9亿美元，2015年大幅下降，仅为5794.1亿美元，降幅为33.6%。③ 2016年1月至11月对外贸易总额继续下跌，为4555.1亿美元，比2015年同期下跌了13.9%。④ 从图3数据中能直观地看出，在欧亚经济

---

① Объёмы, темпы и пропорции развития взаимной торговли государств-членов ЕАЭС (2015). http://www.eurasiancommission.org/ru/act/integr_i_makroec/dep_stat/tradestat/tables/intra/Documents/2015/12_180/I201512_1.pdf#view=fitV.

② Объёмы, темпы и пропорции развития взаимной торговли государств-членов ЕАЭС (2016), http://www.eurasiancommission.org/ru/act/integr_i_makroec/dep_stat/tradestat/tables/intra/Documents/2016/11/I201611_1.pdf#view=fitV.

③ Итоги внешней торговли ЕАЭС с третьими странами (2015), http://www.eurasiancommission.org/ru/act/integr_i_makroec/dep_stat/tradestat/tables/extra/Documents/2015/12_180/E201512_1_1.pdf.

④ Итоги внешней торговли ЕАЭС с третьими странами (2016), http://www.eurasiancommission.org/ru/act/integr_i_makroec/dep_stat/tradestat/tables/extra/Documents/2016/11/E201611_1_1.pdf.

联盟贸易总量中，对外贸易比重远远高于内部贸易比重。而且在诸成员国中，白俄罗斯对欧亚经济联盟内部市场最为依赖，相比之下，俄罗斯的依赖程度较低。①

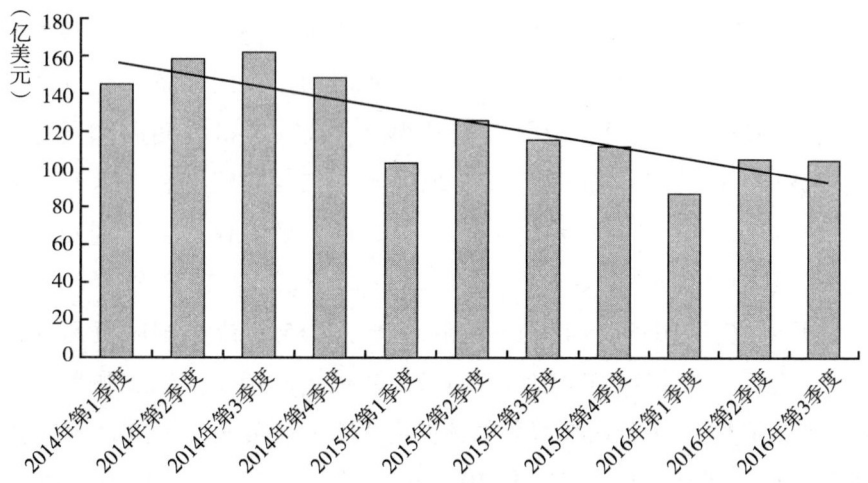

图1　2014~2016年第3季度欧亚经济联盟内部贸易总额统计

资料来源：Объёмы, темпы и пропорции развития взаимной торговли государств-членов ЕАЭС (2015, 2016)。

（二）贸易结构大体未变，但出现多元化迹象

就内部贸易结构而言，2015年与2014年相比，并未有明显的变化，能源产品贸易仍占主导，贸易结构多元化任重而道远。与2014年相比，2015年区域内贸易中能源产品的比重不但没有下降，还增长了0.4%，为33.4%，其中的81.2%由俄罗斯供应。机械、交通工具产品占比出现了明显下降，从2014年的18.9%降至16.2%，其中的60.1%由俄罗斯供应，36.9%由白俄罗斯供应。值得注意的是，农产品和化工产品占比出现了一定

---

① Внешная торговля товарами. Статистика Евразийского экономического союза. Январь-сентябрь 2016 года. Статистический блюллетень，http：//www.eurasiancommission.org/ru/act/integr_i_makroec/dep_stat/tradestat/publications/Documents/Int_Ⅲ_2016.pdf.

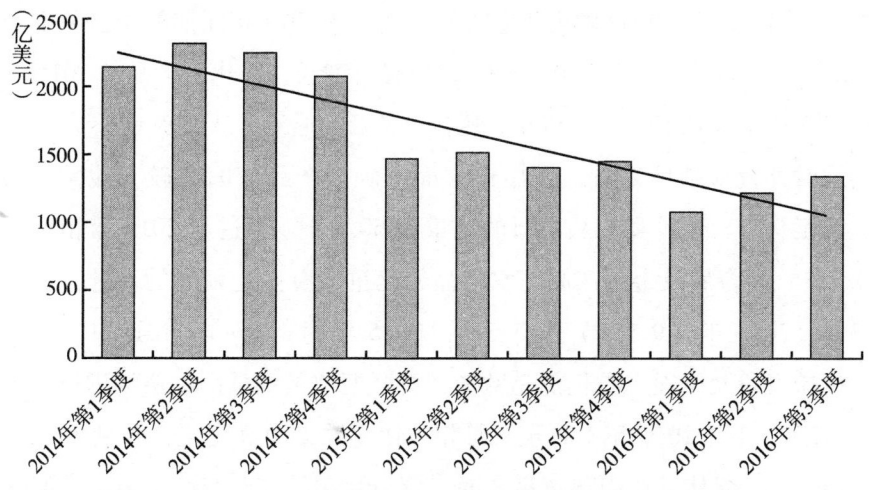

图2　2014～2016年第3季度欧亚经济联盟对外贸易总额统计

资料来源：Итоги внешней торговли ЕАЭС с третьими странами（2015，2016）。

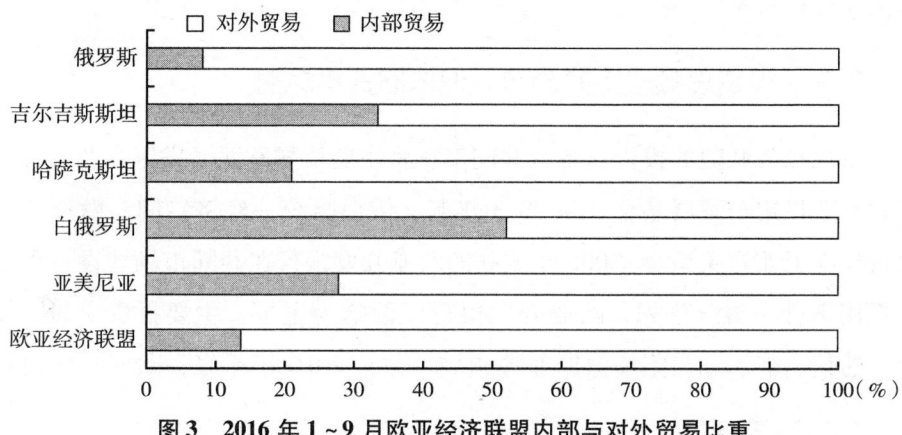

图3　2016年1～9月欧亚经济联盟内部与对外贸易比重

资料来源：Внешная торговля товарами. Статистика Евразийского экономического союза. Январь-сентябрь 2016 года. Статистический блюллетень。

增长，分别从14.6%增至15.2%、从9.7%增至10.6%。① 2016年1月至9月欧亚经济联盟内部贸易结构出现多元化趋势。

---

① Об итогах взаимной торговли товарами Евразийского экономического союза（Январь - ноябрь 2015 года），http：//www.eurasiancommission.org/ru/act/integr_i_makroec/dep_stat/tradestat/analytics/Documents/Analytics_I_201511.pdf.

具体而言,矿产产品贸易比重明显下降,从2015年同期的33.6%下降到28.7%。与此同时,其余各个领域贸易均有所增长,如化工产品从2015年同期的10.6%增长到12.6%;汽车、机械设备及交通工具从16%增长到17%。[1]

从对外贸易结构来看,在出口方面,矿产产品依旧占较大比重。2016年1月至9月,该种类产品出口的比重为60.9%,不过与2015年相比下降了4.7%;而金属及金属产品、农产品的比重均有一定幅度的上升,分别为10.7%(2015年为9.7%)和5.3%(2015年为4.4%)。在进口方面,汽车、机械设备及交通工具仍然是欧亚经济联盟成员国从国际市场进口的主要产品,2015年与2016年1月至9月相应比重并无明显变化,分别为42.9%和42.6%。[2] 显然,在内部贸易方面,贸易结构仍以矿产产品为主,但是出现多元化的迹象;在对外贸易方面,贸易结构仍旧一成不变,以工业制成品为主要进口对象。

(三)投资总额呈上升趋势,但依旧捉襟见肘

欧亚经济联盟的投资、金融共同市场将主要依靠欧亚开发银行及其管理下的欧亚稳定与发展基金。从2013年起,俄白哈统一经济空间与欧亚开发银行建立了兼容关系。[3] 2006年成立的欧亚开发银行在共同市场建设过程中的作用不可小觑。首先,欧亚开发银行以俄哈为主导,主要投资交通、能源、通信、能源、高附加值产业等领域。截至2016年年底,欧亚开发银行

---

[1] Взаимная торговля товарами. Статистика Евразийского экономического союза. Январь – сентябрь 2016 года, http://www.eurasiancommission.org/ru/act/integr_i_makroec/dep_stat/tradestat/publications/Documents/Int_III_2016.pdf.

[2] Внешняя торговля товарами. Статистика Евразийского экономического союза. 2015 год Статистический бюллетень. http://www.eurasiancommission.org/ru/act/integr_i_makroec/dep_stat/tradestat/publications/Documents/Ext_2015.pdf; Внешняя торговля товарами. Статистика Евразийского экономического союза. Январь – сентябрь 2016 года. Статистический бюллетень, http://www.eurasiancommission.org/ru/act/integr_i_makroec/dep_stat/tradestat/publications/Documents/Ext_III_2016.pdf.

[3] Меморандум о сотрудничестве между Евразийской экономической комиссией и Евразийским банком развития, 12 ноября 2013 года.

的投资项目总额达54亿美元。其次，欧亚开发银行承担了大量涉及欧亚经济联盟问题的先期研究工作。欧亚稳定与发展基金的前身是2009年欧亚经济共同体为应对全球金融危机而成立的反危机基金。目前，欧亚稳定与发展基金拥有85.13亿美元，由欧亚开发银行负责管理，主要任务是：为支持财政平衡及汇率稳定提供贷款、投资国家间大项目。[①] 从纵向比较来看，自2011以来，欧亚开发银行的投资总额呈上升趋势（见图4）。但从横向比较来看，与欧洲投资银行、欧洲复兴开发银行等国际金融机构相比，欧亚开发银行的投资规模和投资项目数量都不占优势。欧亚开发银行资金来源缺乏、投资乏力的短板暴露无遗。从表4中可知，虽然在2016年第4季度，欧亚开发银行在独联体地区的投资总额出现猛涨，但是就2015年和2016年两年投资总额来看，欧亚开发银行在该地区的投资量不算多，比重也不占优势。相比之下，欧洲复兴开发银行却一直是独联体地区的投资大户。值得注意的是，2016年第4季度，成立不久的亚投行在独联体地区投资了6亿美元，一举夺得头筹。在未来几年里，亚投行对独联体地区的投资力量不可忽视。

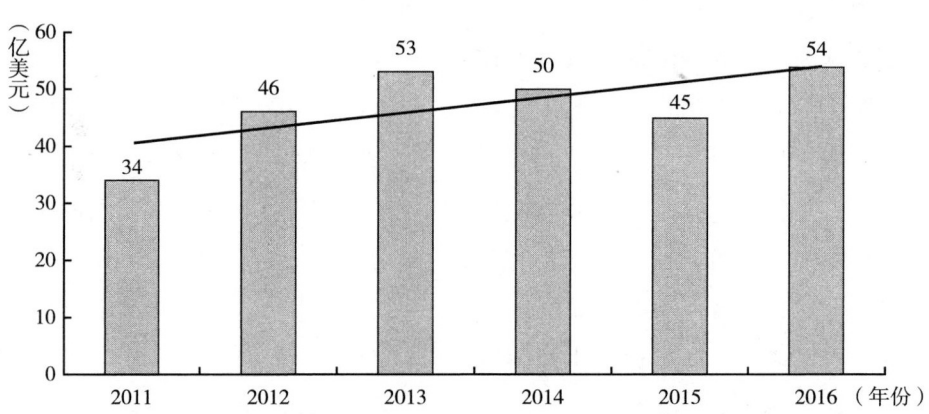

图4 2011~2016年欧亚开发银行投资总额汇总

资料来源：欧亚开发银行官方网站，http://www.eabr.org/r/about/status/。

---

① Управление средствами Евразийского фонда стабилизации и развития［EB/OL］. http://www.eabr.org/r/akf/.

表4　2015~2016年每季度欧亚开发银行与其余多边金融机构
在独联体地区投资规模（私营部门）对比

单位：百万美元

	2015.Ⅱ	2015.Ⅲ	2015.Ⅳ	2016.Ⅰ	2016.Ⅱ	2016.Ⅲ	2016.Ⅳ
欧亚开发银行	20	22	44	126	23	79	473
欧洲复兴开发银行	294	981	418	200	421	334	273
欧洲投资银行	—	—	520	—	—	—	127
亚洲开发银行	100	250	—	—	—	—	506
黑海贸易与开发银行	70	87	30	—	55	42	21
亚洲基础设施投资银行	—	—	—	—	—	—	600

资料来源：Евразийский банк развития. Краткие итоги инвестиционной деятельности МБР в Ⅰ，Ⅱ，Ⅲ，Ⅳ кварталах 2015–2016 годов.

三　对欧亚经济联盟前途的几点思考

从既有研究中不难发现，国内外学者，包括俄罗斯学者，对欧亚经济联盟的前景持怀疑、不看好态度的居多，甚至出现了"疑欧亚主义"情绪。[①]但笔者认为，欧亚经济联盟由俄罗斯主导，以白俄罗斯、哈萨克斯坦为主力，亚美尼亚、吉尔吉斯斯坦参与其中，是继独联体经济联盟、欧亚经济共同体、俄白哈乌（克兰）统一经济空间后，在欧亚中心地带形成的新型区域经济一体化机制，其对中国周边外交环境的影响正在逐步显现。亚欧中心地带是中国"丝绸之路经济带"建设的核心区域，也是欧亚经济联盟的重点发展区域，两者一为东西伸展，一为南北扩张，相互交汇，两者必须加以协调，趋利避害。应该说，中国与欧亚经济联盟共推"一带一盟"对接合作，中俄共建欧亚伙伴关系的原因就在于此，学界对欧亚经济联盟研究的现实意义也在于此。在研判欧亚经济联盟前景时，学界应该从悲观中看到乐观，从乐观中看到问题。两年已过，欧亚经济联盟将走向何方？围绕欧亚经济联盟前途问题，我们可以提出以下观点。

---

① Винокуров Е. Ю. "Евразоскептицизм." Россия в глобальной политике 1（2014）.

（一）刚性需求是欧亚经济联盟继续前进的内生动力

所谓"刚性需求",主要有三点。一是苏联遗产仍旧发挥着重要作用。欧亚经济联盟成员国历史上同属一个国家,传统经济、社会、交通、文化联系紧密。这些联系不会因国家的解体而瞬间消失。也就是说,在这些领域就算没有欧亚经济联盟,成员国间也会加强合作。就移民领域而言,欧亚经济联盟内人员流动频繁,俄罗斯是中亚和南高加索地区国家劳动移民的主要目的地。劳动移民问题是俄罗斯与原苏联国家关系中的核心内容之一。签证制度是最能体现俄罗斯与独联体成员国在移民领域合作状况的晴雨表。在欧亚经济联盟成立之前,俄罗斯就针对其余成员国制定了比较优越的签证政策,与白俄罗斯实行互为免签制度,两国人员已经实现自由流动;哈萨克斯坦公民持国内护照可以免签证在俄停留90天;吉尔吉斯斯坦和亚美尼亚公民可持出国护照免签证在俄停留90天。在交通领域,苏联解体后,俄罗斯与其他成员国间的铁路交通、油气管道网依然运行正常。在欧亚经济联盟成立前,俄罗斯资本已经垄断了亚美尼亚的天然气运输和铁路网络,以及吉尔吉斯斯坦和白俄罗斯的天然气运输管道。可以说,在这些领域成员国间合作已经达到一定深度,欧亚经济联盟的作用在于规范、协调和管理,在现有合作基础上建立共同市场。

二是在一些领域,只有借助欧亚经济联盟才能实现互利合作,这里最典型的是商品贸易领域。苏联解体后,为了巩固经济主权,新独立国家间人为筑起了较高的贸易壁垒,阻碍了地区内商品贸易发展。从独联体经济联盟,到欧亚经济共同体,再到俄白哈乌（克兰）四国统一经济空间,原苏联地区内一直没能建立起高质量的商品共同市场。在经济全球化背景下,俄罗斯、哈萨克斯坦对外贸易结构,以及白俄罗斯对外贸易流向日益单一化,制约国民经济发展,威胁国家经济安全。因此,俄、哈欲借助欧亚经济联盟扩大对地区内贸易,改变以油气为主的贸易结构,实现贸易结构多元化;白俄罗斯的贸易大多与俄罗斯完成,在欧亚经济联盟内,白俄罗斯商品可以扩大对哈、吉、亚贸易,实现贸易流向多元化,扩大在原苏联地区的商品市场。

反过来看,俄罗斯对其他成员国而言是门槛较低、规模较大的邻近市场,是其他国家商品出口,如亚美尼亚的酒类、吉尔吉斯斯坦的农产品等的主要市场。

三是欧亚经济联盟是原苏联地区安全体系的重要组成部分。欧亚经济联盟成员国普遍对传统和非传统安全需求较高。在缺乏共同经济基础的情况下,单凭集安组织难以支撑起后苏联空间的安全体系。在以集安组织为核心的"硬安全"机制外,需建立以欧亚经济联盟为主干的经济"软安全"体系,实现两者相辅相成,互为补充。欧亚经济联盟填补了集安组织的经济缺失,集安组织又能为欧亚经济联盟提供安全保障,构建后苏联空间的综合安全体系。

四是欧亚经济联盟是所有成员国外交战略的主攻方向。欧亚经济联盟由大小国构成。作为大国,俄罗斯把欧亚一体化看作扩大自身影响力与国家利益的途径;作为小国,其余成员国希望尽可能利用欧亚一体化所带来的机遇,以"搭便车"形式参与地区再构建。用托克维尔的话说,大国追求光荣和强大,小国追求自由和幸福。欧亚经济联盟正是大小国利益的结合体。

(二)欧亚经济联盟内部地缘经济结构并非铁板一块,不同的地缘经济结构中各国利益诉求不同

协调成员国不同的利益诉求是未来欧亚经济联盟发展的重点和难点之一。事实上,欧亚经济联盟由俄罗斯主导的三个次地区一体化构成,即在东欧地区的俄白一体化、在南高加索地区的俄亚一体化,以及在中亚地区的俄哈吉一体化。三个次地区一体化进程在地理上并不直接相连,而是通过俄罗斯实现间接相连,俄罗斯是欧亚一体化进程中的枢纽和纽带。由于所面临的地缘经济环境不尽相同,三个次地区一体化的地缘经济结构和具体国家的利益诉求也各不相同。在俄白一体化中,俄罗斯的利益偏好主要有:促使白俄罗斯降低国有经济成分,降低俄罗斯资本进入白俄罗斯市场,尤其是战略经济部门的门槛;加强对白俄罗斯油气过境管道的控制,确保向欧洲出口油气资源的过境安全;恢复传统工业链,重振工业实力等。白俄罗斯的利益取向

主要有：取消贸易壁垒，获得更大市场，推动对外商品贸易流向多元化；与俄恢复工业链，提高工业产品竞争力；确保低价获得俄罗斯的油气资源，保障工业生产等。在俄亚一体化中，俄罗斯处于居高临下的位置，俄资本已经垄断了亚美尼亚的铁路、天然气、电力、金融等战略经济部门。亚美尼亚对俄罗斯更多的是依赖，需从俄罗斯获得商品市场、廉价油气资源、基础设施建设支持、就业机会等。在俄哈吉一体化中，俄哈之间除了对贸易结构多元化感兴趣外，还存在一定的竞合关系，主要集中在能源和交通运输领域；吉尔吉斯斯坦对俄罗斯的依赖也是显而易见的，如大量吉劳动移民在俄就业、俄资本控制吉天然气运输、吉农产品离不开俄罗斯市场等。从这个意义上讲，欧亚经济联盟的作用就在于在不同利益诉求之间构建共同利益区间。这是欧亚经济联盟工作的重点，也是难点。笔者认为，俄罗斯主导的欧亚经济联盟在经济一体化各领域的突破点主要有：在贸易领域，俄罗斯要与哈萨克斯坦实现对外贸易结构多元化，帮助白俄罗斯对外贸易流向多元化；在能源领域，俄罗斯要与哈萨克斯坦处理好油气领域的竞合关系，以及恢复俄罗斯南西伯利亚地区和哈萨克斯坦北部地区的石油、矿产开采与加工业的联系，也要与白俄罗斯协调好天然气价格，确保双边关系健康稳定；在投资领域，俄罗斯要提高自身竞争力，参与哈萨克斯坦投资市场竞争，同时要求白俄罗斯降低国有资本成分，使俄、哈资本能进入白俄罗斯市场；在交通领域，俄罗斯同样要处理好与哈萨克斯坦的竞合关系；在工业合作领域，俄罗斯要与白俄罗斯恢复重工业，尤其是机械制造、化学工业等领域的上下游产业链。

（三）欧亚经济联盟仍会是俄罗斯主导下的"维系型一体化"

迄今为止，原苏联地区国家转型出现了三个结果：一是摆脱原苏联地区一体化，进入欧洲一体化进程，如波罗的海三国；二是处于不断转型之中，在东西方、俄欧之间徘徊，如乌克兰；三是重新构建地区发展中心，如欧亚经济联盟。对欧亚经济联盟成员国，尤其对俄罗斯来说，成为地区发展中心是唯一选择，以防止该地区国家重蹈乌克兰覆辙，同时防止自己被周边地区一体化机制所吸收,成为"能源附庸"国。从这个意义上讲,欧亚经济联盟是俄罗斯吸引周边国家、维持大国地位的手段。

(四)欧亚经济联盟将继续面临来自周边地区一体化项目的竞争

近年来,欧亚经济联盟周边区域经济一体化机制或倡议层出不穷,而且都有从欧亚周边地区向中心地区拓展的趋势。与俄罗斯相比,周边区域经济一体化机制或倡议的主导力量拥有资金充足、技术先进、市场庞大、管理经验丰富等优势。这些正是俄罗斯及其周边小国所需求的。欧盟的"东部伙伴关系计划"、美国的"新丝绸之路计划"、中国的"丝绸之路经济带"等一体化项目给后苏联空间的小国提供了更多的发展选择,摆在新独立小国面前的区域一体化选项不是"单选题",而是"多选题"。遗憾的是,在与周边区域经济一体化项目竞争时,除了"历史牌""安全牌""能源牌"外,俄罗斯打不出富有竞争力的"技术创新牌""投资项目牌""发展模式牌"。

在以上因素综合作用下,欧亚经济联盟在中短期内将缓慢发展。就长期而言,它的影响力将是有限的,是地区性的,而非全球性的。当然,它虽未能涵盖独联体全部,但其影响要高过独联体。可以肯定的是,在刚性需求推动下,欧亚经济联盟半路夭折的可能性不大。

Y.11
2016：俄罗斯在上海合作组织框架内的合作与互动

吕 萍*

摘　要： 按照2015年乌法峰会的规划，上海合作组织应该在欧亚经济联盟与丝绸之路经济带建设的对接中发挥平台作用。但是，由于对接初期经济效果和收益尚不明显，尽管俄高层对上合组织在对接中的作用和重要意义持积极态度，俄国内却出现了对"一带一盟"建设对接和上合组织平台作用的质疑之声。俄罗斯积极推进欧亚经济联盟、上合组织和东盟的经济一体化，希望借此落实"向东转"战略和实现其大欧亚伙伴关系构想。对于上合组织框架内的合作内容，俄方依然认为安全合作是最重要的组成部分。

关键词： 上合组织　欧亚经济联盟　丝绸之路经济带建设　东盟　经济一体化

2015年的乌法峰会上，上海合作组织被确定为丝绸之路经济带与欧亚经济联盟的对接平台。2016年，俄罗斯沿乌法峰会的既定方向进一步深化对接，积极推动上合组织在"一带一盟"中的平台建设工作。在"向东转"问题上，俄罗斯逐步将这一在2015年还处于"政治方案"状态且充满争议

---

* 吕萍，中国社会科学院俄罗斯东欧中亚研究所外交研究室助理研究员。

的战略付诸实施，通过推动欧亚经济联盟、上合组织和东盟的经济一体化强化自己在亚太地区的经济存在，以此实现其大欧亚伙伴关系的构想，同时也希望借助亚太地区的经济发展势头改善本国因受西方经济制裁而衰退的经济。在强调上合组织的平台作用，推动上合组织与欧亚经济联盟及东盟一体化的同时，俄罗斯仍坚持在这一框架内安全合作优先的政策。

一 上合组织作为"一带一盟"的对接平台：质疑与肯定

2015年5月8日，中俄两国签署了《关于丝绸之路经济带建设和欧亚经济联盟建设对接合作的联合声明》，明确表示俄方支持中方的丝绸之路经济带倡议，愿与中方密切合作，推动该倡议的落实，而中方则支持俄方推进欧亚经济联盟框架内的一体化进程，并将与欧亚经济联盟就经贸合作方面的协议进行谈判。中俄双方将共同努力致力于丝绸之路经济带建设和欧亚经济联盟建设的对接，确保地区经济持续稳定增长，加强区域经济一体化，维护地区和平与发展。同时双方决定将通过双边和多边机制，特别是将上海合作组织作为欧亚经济联盟和丝绸之路经济带建设相对接的平台开展合作。

2015年7月10日，具有里程碑意义的上合组织成员国元首理事会第十五次会议在俄罗斯乌法市举行，会议最后通过的《乌法宣言》中指出，上合组织成员国支持中国建设丝绸之路经济带倡议，认为各成员国相关部门就该倡议开展相互磋商和信息交流具有重要意义。

中俄《关于丝绸之路经济带建设和欧亚经济联盟建设对接合作的联合声明》和《乌法宣言》这两份文件确定了上合组织在欧亚经济联盟和建设丝绸之路经济带对接过程中的平台作用，对于上合组织的未来发展具有决定性意义。2015年12月14~15日，上合组织成员国政府首脑理事会第十四次会议在郑州举行，会后发表了《上合组织成员国政府首脑（总理）关于区域经济合作的声明》，再次声明支持中国关于建设丝绸之路经济带的倡议，认为该倡议契合上合组织发展目标，相信在实施丝绸之路经济带倡议等框架下开展协作将促进经济持续发展,有助于维护地区和平与稳定。

《关于丝绸之路经济带建设和欧亚经济联盟建设对接合作的联合声明》在 2015 年 5 月 8 日,即俄罗斯"胜利日"的前一天签署,因而被普遍认为这一举动具有划时代意义,该文件也被视为中俄战略伙伴关系发展史上的最高点。但在过去一年之后,由于对接项目落实进程缓慢,俄罗斯国内对丝绸之路经济带建设和欧亚经济联盟建设是否应该对接依然有质疑之声,对上合组织在对接中的平台作用也褒贬不一。

有俄罗斯学者认为,该联合声明的签署看上去是中俄双方实现了双赢,俄罗斯在与西方冲突期间得到了世界第二大经济体中国的支持,可以利用中国的资金实现本国基础设施的现代化改造,但是中国推动丝绸之路经济带建设实际上是要给自己国内过剩的产能寻找用武之地,是为了转移污染企业,并为自己的产品寻找新的销售市场,同时在其经济目的之后还有政治目的,即为自己开辟可供选择的陆上供应通道,并使中亚国家和俄罗斯最终依附中国,是在奴役中亚国家,随后还要奴役俄罗斯。此外还以为,丝绸之路经济带还将与欧亚经济联盟产生竞争,不利于联盟的发展。由于担心中国在上合组织内凭借经济力量占据主导地位,俄罗斯对中国提出的各种经济合作倡议都态度消极且常常抵制,中国不得已转而与其他成员国在双边基础上展开经济合作,上合组织框架内的经济合作因此发展极为缓慢。丝绸之路经济带倡议的提出正是反映出中国对上合组织经济领域合作状况的失望。而中俄两国签署的《关于丝绸之路经济带建设和欧亚经济联盟建设对接合作的联合声明》实际上提出了上合组织未来继续存在的意义问题。如果上合组织与欧亚经济联盟对接,由于上合组织的中亚成员国中有两个(哈萨克斯坦和吉尔吉斯斯坦)是欧亚经济联盟成员国,未来也许还会有其他国家加入,中国与中亚国家的经济合作就得在对接框架内进行。如此一来上合组织的作用将大打折扣,最终沦为"清谈俱乐部",因为在安全保障方面俄罗斯更愿意在集体安全条约组织框架内采取行动。①

---

① Александр Лукин: Шанхайская организация сотрудничества: в поисках новой роли, 9 июля 2015, http://www.globalaffairs.ru/valday/Shankhaiskaya－organizatciya－sotrudnichestva－v－poiskakh－novoi－roli－17573.

除了这些质疑之声外,俄学界中也存在客观评价和积极的态度,关于欧亚经济联盟与丝绸之路经济带对接能够为俄罗斯带来大量投资,完善俄罗斯的基础设施建设,逐步实现与亚太地区经济的一体化,中俄双方可借此增强互信,俄罗斯更能通过对接在国际经济合作中占据一席之地的观点得到了媒体的广泛报道。俄高层对丝绸之路经济带建设与欧亚经济联盟建设对接持肯定的态度,普京在2016年6月24日召开的上合组织塔什干峰会上发言中指出:"发展密切的经济合作是上合组织活动的重要组成部分,应当进一步消除贸易、资本和劳动力流动的壁垒,深化工业和技术合作,建成生产链和共同的运输基础设施。这方面的美好前景随着欧亚经济联盟和中国的丝绸之路经济带对接谈判的开始而开启。我相信所有上合组织成员国和独联体国家参与这一一体化进程将成为建立大欧亚伙伴关系的序幕。"[1] 上合组织成员国在《塔什干宣言》中再次重申支持中国建设丝绸之路经济带的倡议,将继续就落实这一倡议开展工作,将其作为创造有利条件推动区域经济合作的手段之一。

加入欧亚经济联盟的5个国家中有3个(俄罗斯、哈萨克斯坦和吉尔吉斯斯坦)同时也是上合组织成员国,1个是上合组织观察员国(白俄罗斯),1个是对话伙伴国(亚美尼亚),欧亚经济联盟和上合组织在范围上也高度重合,因此无论丝绸之路经济带建设与欧亚经济联盟如何对接都无法绕过上合组织。借用上合组织这一平台,丝绸之路经济带建设和欧亚经济联盟的对接将获得更多的经济和安全保障。基于这一认识,对接项目在俄罗斯的推进尽管程序复杂艰难,但各方依然在积极努力,寻求双方利益最恰当的契合点。

二 启动上海合作组织、欧亚经济联盟和东盟经济一体化

2015年年底,普京提出要在欧亚经济联盟、东盟和上合组织空间内建

---

[1] В. Путин: Выступление на расширенном заседании Совета глав государств – членов Шанхайской организации сотрудничества. http://www.kremlin.ru/events/president/transcripts/52259.

立一个共同的一体化联盟。普京在2015年12月3日发表的国情咨文中指出:"我建议协同欧亚经济联盟的同仁们一同开始与上合组织和东盟的成员国以及正在加入上合组织的国家就建立经济伙伴关系的可能性进行磋商。我们这些国家的平均购买力合起来几乎占世界经济的三分之一。这种伙伴关系最初可能会集中关注保护资本投资、优化商品流通程序、共同制定下一代产品的技术操作标准、相互开放服务和资本市场。当然,这种伙伴关系应当建立在平等并顾及相互利益的原则之上。"随后普京又强调,欧亚经济联盟、上合组织和东盟国家是巨大的市场,要求国内大企业就发展与这三大组织的经济伙伴关系准备相关的建议提案。积极与欧亚经济联盟、上合组织和东盟国家建立经济伙伴关系成为俄罗斯2016年的一大外交任务。

2015年5月25日,俄总理梅德韦杰夫批准通过了《欧亚经济联盟与越南自贸区协议》草案,欧亚经济联盟与越南建立了自贸区。2016年5月1日,俄总统普京签署法令批准了欧亚经济联盟与越南的自由贸易协定,《欧亚经济联盟与越南自贸区协议》从5月1日起正式生效。2016年5月19~20日,俄罗斯—东盟建立对话伙伴关系20周年纪念峰会在俄罗斯索契市召开,这也是第三届俄罗斯—东盟峰会。峰会的成果是俄罗斯与东盟在政治和安全、经济合作、教科文卫等领域达成了49点共识。马来西亚、新加坡、印度尼西亚、柬埔寨和泰国也表示有意同欧亚经济联盟建立自贸区。东盟与俄罗斯的合作在峰会之前已经取得了不少成果,如东盟准备制订"与俄罗斯一揽子合作计划",俄方也准备了57个与东盟合作的项目。7月25日,俄外长拉夫罗夫赴老挝参加俄罗斯—东盟部长会议、第六届东亚峰会成员国外长会议、第23届东盟地区论坛。12月13日,主题为"亚洲与欧亚的新发展机制:俄罗斯的使命"的"瓦尔代"俱乐部亚洲地区会议在新加坡开幕。

普京在2012年的国情咨文中提出"向东转",主要针对的是远东大开发,但在实际中并未采取多少实质性的措施和行动。俄罗斯真正开始着手"向东转"是在2014年因乌克兰事件与西方关系破裂并受到西方制裁之后,一方面是为了在国际上摆脱被西方孤立的局面,另一方面则是为了拯救因西方制裁而困难重重的国内经济。即便如此,国际社会,尤其是亚洲国家,对

俄罗斯黄皮书

俄罗斯"向东转"的决心并无多大信心,多认为这是俄罗斯为了缓解外交和经济困境所采取的权宜之计,当制裁解除后俄必然会回归传统的欧洲定位。俄罗斯国内各界也就国家是否应该"向东转"展开了激烈争论,甚至政府官员对于国家是否正在实行"向东转"战略也看法不一,相关表述前后矛盾。进入2016年,俄罗斯"向东转"的决心开始变得坚定,方向也逐渐明晰,并开始付诸外交实践。西方持续的制裁致使俄国内经济状况不见好转、被美国推动的"经济北约"——跨太平洋伙伴关系协定挡在门外虽然是促使俄"向东转"的诱因,但俄罗斯对近年来所实行的外交政策的反思和对国际形势的理性分析是其下定决心并最终实施"向东转"的内因所在。从2016年俄罗斯与东盟国家的频繁互动中可以看出,俄罗斯对亚洲,尤其是对东盟越来越看重,其外交和经济政策越来越向亚太地区倾斜,"向东转"的脚步也越来越坚定。

俄罗斯近年来一直致力于欧亚经济联盟的建设,经过多年努力,联盟成员扩大到5个国家。由于多数成员国的经济发展水平不高,尤其是俄罗斯受西方制裁经济也不景气,作为"盟主"无法给其他成员国提供一个较好的发展模式和相应的经济援助,欧亚经济联盟在经济上并未取得良好成绩。俄罗斯2005年12月与东盟举行了首届峰会,第二届峰会却时隔5年才于2010年在河内举行,第三届峰会的召开又是时隔6年。不仅如此,历次东亚峰会中国和美国都有参加,而俄罗斯却选择了放弃。在亚洲已成为21世纪全球最具经济发展活力的地区、世界力量中心逐步向亚太地区转移、全世界的目光都聚焦于亚洲时,俄罗斯却与世界发展趋势背向而行,错过了亚洲的崛起。针对俄罗斯的固步自封,欧亚经济委员会贸易部部长尼基什娜在谈及欧亚经济联盟与丝绸之路经济带建设对接时说:"遗憾的是,尽管参与大型组织的必要性显而易见,我们还是经常继续保守思维。我们应当重新思考自己对参与国际贸易体系的态度。再过20年,当这些组织实际上已经遍及全世界时,我们将是什么样子?"[1] 俄罗斯高等经济学院世界经济与政治系欧洲

---

[1] Михаил Коростиков: Под высоким сопряжением. http://kommersant.ru/doc/2978877.

和国际研究中心主任、瓦尔代国际辩论俱乐部欧亚计划负责人季莫费·博尔达切夫说:"热衷于转向的人清楚地看到,如果俄罗斯不能在亚太地区成为真正的地区玩家,就无法谋求21世纪全球大国应有的地位。"①

经过对外交政策方向的反思和在"向东转"问题上的激烈争论,俄国内对参与亚太经济合作的重要性有了全新的认识,开始转变思维。普京在2016年12月1日的国情咨文中对"向东转"做了明确的说明:"俄罗斯积极实行的东向政策绝对不是基于今天的情势考虑,甚至也不是由于与美国或欧盟的关系变冷而提出的,而是基于长期的国家利益和世界的发展趋势。"②东盟成员国都位于亚太地区,上合组织和东盟成员国拥有巨大的且至今仍在不断发展的市场,对高质量产品和服务的需求也将会极大地增长,这将为因西方制裁而失去西方市场的俄罗斯以及欧亚经济联盟国家提供一个可靠而巨大的市场,促进其产品出口。加深欧亚经济联盟、上合组织和东盟的对话与合作,最终实现区域经济一体化符合俄罗斯的利益,符合普京在2016年6月17日于圣彼得堡国际经济论坛全体会议上提出的建立大欧亚伙伴关系的构想。

上合组织与东盟多年前就建立了伙伴关系。2005年4月21日,上合组织秘书处与东盟秘书处签署了谅解备忘录,规定了双方将在经济、财政、旅游、环保、自然资源利用、社会发展、能源和打击跨国犯罪等领域展开合作。2015年12月29日,上合秘书处与东盟秘书处在会谈中指出,上合组织与东盟之间的共同利益广泛,在经济领域合作前景光明,并商定将在2016年进一步强化经济领域中的全方位合作。上合组织与东盟之间业已建立的合作伙伴关系有助于推动欧亚经济联盟、上合组织和东盟未来的经济合作,继而实现区域经济一体化。2016年11月3~4日,上合组织政府首脑理事会比什凯克会议决定扩大上合组织的内部和外部合作,外部合作包括建

---

① 《俄罗斯2016年务实推进"向东转"战略》,中俄资讯网,http://www.chinaru.info/News/zhongetegao/45705.shtml。
② Послание Президента Федеральному Собранию. http://www.kremlin.ru/events/president/news/53379.

设大欧亚伙伴关系,俄总理梅德韦杰夫表示大欧亚伙伴关系既指欧亚经济联盟,也指上合组织,同时包括其与丝绸之路经济带的对接和与东盟发展关系。

尽管俄罗斯开始大力推动欧亚经济联盟与上合组织和东盟的经济一体化,但是在建立上合组织自贸区的问题上仍疑虑重重。在上合组织政府首脑理事会比什凯克会议期间接受采访时,俄总理梅德韦杰夫表示不排除未来建立欧亚经济联盟和中国之间的自贸区,而李克强总理则声明,中俄双方共同支持研究建立上合组织自贸区的可行性。从二人表述上的不同可以看出,虽然俄罗斯为了融入亚太地区经济一体化开始摆脱经济合作上的保守态度,但在与中国在上合组织框架内开展经济合作的问题上仍存在顾虑和防范心理。

三 上合框架内的合作:安全和反恐优先

2016年是世界恐怖袭击高发年。尤其是在欧洲,多国连续发生恐怖袭击。上合组织区域内也未能幸免,发生了多起恐怖袭击。5月9日,塔吉克斯坦内务部通报称护法机构挫败了一起准备在塔首都杜尚别实施的恐怖主义行动,逮捕了4名准备在5月9日"胜利日"当天的庆祝活动场所制造一系列名为"红色婚礼"恐怖袭击的恐怖分子。这4名恐怖分子均是恐怖主义组织"伊斯兰国"的成员。6月5日,哈萨克斯坦西部城市阿克托别发生连环恐怖袭击,恐怖分子袭击了一家武器店,一些武器被抢走。1小时之后又有一家武器店被抢。袭击造成6名军人和平民身亡,12名恐怖分子被击毙。此次恐怖袭击的发生距上合组织塔什干峰会召开仅剩十余天。8月18日,哈萨克斯坦阿拉木图有4人因涉嫌恐怖袭击被捕;8月31日,在西部靠近俄罗斯的地区又有21名恐怖分子被捕。8月30日,中国驻吉尔吉斯斯坦大使馆遭到汽车炸弹袭击,3名使馆工作人员受伤,自杀式袭击者在爆炸中丧生。后据吉尔吉斯斯坦国家安全委员会9月6日通报,中国驻吉使馆恐怖袭击者为恐怖组织"东突厥斯坦伊斯兰运动"即"东伊运"成员。12月28日,4名暴徒冲入新疆墨玉县县委大院,引爆爆炸装置,造成3人受伤,1

人死亡。袭击者被当场全部击毙。

俄罗斯的安全形势同样不容乐观。由于出兵叙利亚打击"伊斯兰国",俄罗斯受恐怖分子报复性袭击的危险也随之增大,安全形势面临严重威胁。在国外,12月19日,俄罗斯驻土耳其大使卡尔洛夫在安卡拉一个艺术展开幕式上演讲时遭枪击身亡;在国内,2016年俄罗斯共阻止了40余起恐怖袭击,击毙129名恐怖分子,拘捕898名匪徒。①

2016年发生在上合组织区域内的恐怖袭击表明,受到打击的叙利亚"伊斯兰国"恐怖分子已经外溢至中亚地区,阿富汗和巴基斯坦的恐怖分子也在持续向上合组织空间内渗透,上合组织面临着严峻的安全威胁和挑战。俄罗斯一向非常重视上合组织的安全职能,认为打击恐怖主义、极端主义和分离主义这"三股势力"是上合组织的优先工作方向,历次峰会都强调上合组织的首要任务是确保上合组织区域的安全,积极推动成员国在安全领域加强合作。在2016年4月13~14日举行的上合组织安全会议秘书会议上,俄罗斯安全会议秘书尼古拉·帕特鲁舍夫说:"打击恐怖主义是上合组织成员国目前的重要优先方向。……必须确保联合世界各国努力打击恐怖主义。现在这是当务之急,其他的矛盾应当退居其次。"他同时指出,俄罗斯与美国在叙利亚协作打击恐怖主义说明在反恐问题上进行合作不仅是可能的,也是有效的,"在国际恐怖组织不断在上合组织空间招募新成员的情况下这就尤其重要"。②

中国驻吉尔吉斯斯坦大使馆遭受恐怖袭击后,上合组织地区反恐机构理事会第二十九次会议召开,讨论各国主管部门采取联合措施防止自杀式恐怖袭击,防止极端宗教思想在上合组织成员国境内蔓延的问题。俄方代表、俄罗斯国家安全局第一副局长斯米尔诺夫代表俄罗斯提议建立自杀式恐怖分子数据库,以便对有采取自杀式恐怖袭击倾向的人从源头上加以防范。

---

① 42 теракта предотвратили в 2016 году в России. https://regnum.ru/news/society/2216879.html.
② Николай Патрушев призвал страны ШОС к сотрудничеству в борьбе с терроризмо. http://kommersant.ru/doc/2963176.

6月23~24日，上合组织第十五次国家元首理事会会议在塔什干举行。为了防范恐怖分子在峰会期间制造袭击和混乱，乌兹别克斯坦当局在峰会期间采取了极其严格的安全措施，并在峰会召开前两星期即开始限制来自邻国哈萨克斯坦、吉尔吉斯斯坦、塔吉克斯坦和土库曼斯坦的运输车辆入境。安全议题也成为塔什干峰会的重要议题之一。普京在发言中再次强调上合组织反恐工作的重要性，并就相关措施提出了一系列建议："确保上合组织空间的安全是上合组织全部工作的重要方向。必须进一步增强地区反恐机构的潜力，完善联合国框架内强力部门和其他国际组织之间的协调，加快起草上合组织打击极端主义构想草案，更新反恐战略及其实施计划，强化信息安全领域合作的法律基础。"普京同时还提出应特别关注阿富汗形势，认为协同阿富汗共同应对源自该国的恐怖威胁和有组织跨国犯罪、杜绝毒品的生产和买卖、帮助阿富汗实现民族和解和经济重建十分重要。①

在有关上合组织发展方向的问题上，俄罗斯始终认为打击"三股势力"、确保上合组织空间内的安全是上合组织最主要的职能。

很多学者提出，在新的国际形势下上合组织在扩员的同时也应加强经济合作，不能仅限于安全领域的合作。乌克兰事件后俄罗斯受到西方制裁，经济严重衰退，为了改变国内经济状况，俄罗斯开始转变忽视上合组织框架内经济合作的态度。2016年，俄罗斯在肯定上合组织作为欧亚经济联盟与丝绸之路经济带建设对接的平台时，也积极利用上合组织实现其"向东转"战略，推动其与欧亚经济联盟和东盟的经济一体化。但是，错过"亚洲崛起"的俄罗斯，能否放下传统的"防御心态"和"保守思维"，顺利实现自己的大欧亚伙伴关系构想，切实推进欧亚经济联盟与丝绸之路经济带建设的对接，仍有待观察。

---

① В. Путин: Выступление на расширенном заседании Совета глав государств - членов Шанхайской организации сотрудничества, 24 июня 2016 года, http://www.kremlin.ru/events/president/transcripts/52259.

Y.12 "大欧亚":从地缘经济、地缘政治到世界秩序

张昊琦*

摘　要： 普京在2016年6月提出的"大欧亚伙伴关系"计划,是继欧亚经济联盟和"转向东方"之后的一项规模宏大的战略构想。它包括地缘经济、地缘政治和世界秩序这三个维度和三个层次。地缘经济是其起点,世界秩序是最终的目标。从地缘经济方面看,"大欧亚"意在开发和发展俄罗斯的东部地区西伯利亚和远东,以及推动亚太地区的区域经济一体化;从地缘政治方面来看,"大欧亚"意在使俄罗斯成为大西洋和太平洋强国,以及欧亚大陆的中心之一;俄罗斯希望将"大欧亚"打造成为新世界秩序的发源地和载体,成为单极世界的替代品。"大欧亚"目前还停留在概念层次上,有待后续措施的出台;但更加可能的是,由于各种客观障碍的存在以及主观上的摇摆不定,"大欧亚"或许会首先被俄罗斯自己放弃。

关键词： "大欧亚"　地缘经济　地缘政治　世界秩序

继2015年1月俄罗斯正式启动欧亚经济联盟之后,普京又于2016年6

---

* 张昊琦,中国社会科学院俄罗斯东欧中亚研究所副研究员。

月提出了"大欧亚伙伴关系"倡议①。这两项宏大的计划都经过了一定时间的蕴酿。欧亚经济联盟是俄白哈关税同盟和统一经济空间之后新的发展阶段，是普京落实欧亚联盟构想的一个新的里程碑。"大欧亚"则脱胎于世界金融危机以及乌克兰危机之后关于俄罗斯"转向东方"的战略构想。"转向东方"虽然之前就被经常提及，但只有在普京2012年重新担任总统后才基本定型并得到大力推进。欧亚经济联盟是俄罗斯实现后苏联空间一体化的重大举措，"大欧亚"则已经不再局限于后苏联空间，而是一项面向东亚和南亚，甚至可以吸引欧盟加入的范围更大的一体化计划。尽管"大欧亚"计划目前还处于推广概念的初创阶段，具体的举措尚待推出，其发展前景也不明朗，但"大欧亚"毫无疑问是俄罗斯基于现实、面向未来的一项可选择的战略。在"大欧亚"战略构想中，地缘经济、地缘政治和国际秩序这三者是相互联系、渐次递进的有机一体；俄罗斯的最终目标是作为崛起的大欧亚中心之一，将大欧亚打造成为新国际秩序的载体。② 因此，本文拟从地缘经济、地缘政治和国际秩序这三个层面分析"大欧亚"的战略涵义及其内在实质。

一 地缘经济中的"大欧亚"

地缘经济是"大欧亚"战略的直接考虑。俄罗斯提出"大欧亚"战略是近年来俄罗斯"转向东方"政策的延续。一般认为，"转向东方"的考虑主要来自两个方面：一方面，自乌克兰危机以来俄罗斯遭遇了西方的严厉制裁，经济发展面临困境，急切需要从其他方面寻找脱困的途径，与中国携手

---

① "大欧亚"是一个总括概念，从俄罗斯方面看它既是倡议、计划，又是战略或者战略构想。2016年6月17日普京在圣彼得堡国际经济论坛上提出的是"大欧亚伙伴关系"，6月25日的中俄联合声明中使用的是"欧亚全面伙伴关系"，但是俄罗斯人基本上使用"大欧亚"一词，普京在2016年的国情咨文中也继续使用"大欧亚伙伴关系"。为简明起见，本文使用"大欧亚"这一总体概念。
② Караганов С. С Востока на Запад, или Большая Евразия. //Российская газета - Федеральный выпуск, №7109 (241). 24 октября 2016.

合作的"欧亚方案"是一个较为现实的选择①；另一方面，亚太地区所呈现出的活力以及世界重心自西向东转移的趋势，对俄罗斯产生了巨大的吸引力，俄罗斯需要借此开发远东和西伯利亚，积极融入亚太地区的发展，分享这一进程带来的利益。在这两方面的考虑中，前者显然是短期的权宜之计，而后者是面向未来的长远之策。

从脱困的短期目标来看，俄罗斯与中国的经贸合作虽然远未能从根本上抵销西方制裁的影响，但是一定程度上弥补了西方经济制裁所带来的损失。乌克兰危机后，中俄之间的全面战略协作伙伴关系进入新阶段，双方签署了大量经济合作协议。2014年5月普京访华时，中俄签署了37项合作协议，覆盖贸易、金融、科技、信息、航空、农业、基础设施、地区间合作等各个领域。同年10月李克强总理访俄期间，双方又签署了近40项新的合作协议。特别重要的是，中俄在能源领域的合作为俄罗斯大型能源企业的融资提供了坚实的基础。例如，中俄签署了4000亿美元的天然气合作协议，俄天然气工业公司（Gazprom）在30年时间里每年向中石油供应多达380亿立方米的天然气。诺瓦泰克公司（Novatek）向中国的丝路基金出售北极亚马尔（Yamal）液化天然气项目9.9%的股权，交易价值12亿美元；中资银行随即为该项目提供了120亿美元贷款。这是俄罗斯企业历史上最大的项目融资协议之一。另外，中石化购买俄罗斯最大天然气加工和石化企业西伯利亚—乌拉尔石油天然气化工公司10%股份的协议，中方共投资约13亿美元。在西方国家实施经济制裁，俄罗斯无法从西方获得融资的情况下，中国的贷款具有重大意义。尽管如此，俄罗斯内部对"转向东方"的政策仍存在质疑，认为俄罗斯所期待的资金来源和市场扩展并没有改观，西方经济制裁对俄罗斯造成的损害并没有从东方得到弥补，这项政策甚至已经失败。②

---

① Караганов С. Евроазиатский выход из европейского кризиса, http://globalaffairs.ru/; Караганов С. Евразийское решение для европейских кризисов. http:// Project Syndicate. 16 September 2015.
② 俄罗斯学者对质疑产生的原因进行过深入分析，参见〔俄〕亚历山大·卢金《俄罗斯转向亚洲：神话还是现实?》，《和平与发展》2016年第3期。

出于多种原因，"转向东方"的政策未能收到俄罗斯方面所期待的立竿见影的效果。① 普京表示，俄罗斯的东方政策不是权宜之计，而是长远之策。他在2016年的国情咨文中说："我再次强调，俄罗斯奉行积极的东方政策绝非出于一时考虑，也不是因为与美国或欧盟的关系转冷，而是出于长期国家利益和世界发展趋势的考虑。"② 那么，在"转向东方"的大背景下，在"一带一盟"进行对接合作之时，普京又提出"大欧亚"，其地缘经济上又有哪些基本的考虑呢？

从对外方面看，"大欧亚"战略的提出既是为了应对来自美欧的挑战，又是为了在新一轮国际竞争中抢占先机。"大欧亚"提出之前，美国主导的跨太平洋伙伴关系协定（TPP）和跨大西洋贸易与投资伙伴协议（TTIP），都将身兼大西洋和太平洋国家的俄罗斯排除在外，激发了俄罗斯建立一个由自己主导、包容广泛的伙伴关系的决心。因此，"大欧亚"战略的基本考虑是发挥俄罗斯的主导作用，将欧亚地区现有的国际组织或一些项目，如欧亚经济联盟、上海合作组织、金砖国家组织以及丝绸之路经济带等整合起来。地缘经济发展的一个重要方向和表现形式是区域经济一体化，相比于以法德为中心的欧盟以及美国领导的北美自由贸易区，亚太地区虽然经济发展速度最快，但经济水平相对较低，一体化形式比较分散，整体的一体化程度不高，而俄罗斯所主导的后苏联空间的一体化也并不如意。自2015年以来，俄罗斯全力推进欧亚经济联盟的发展，致力于在2025年前实现联盟内部商品、服务、资本和劳动力的自由流动，以及推动协调一致的经济政策，并且逐步建立了内部各项机制，但是作为引擎的俄罗斯，由于受到西方的制裁，经济发展很不景气，推动一体化的能力尤显不足，加之欧亚经济联盟的经济体量较小，它远远不能满足俄罗斯的战略需求。另外，俄罗斯倡议并主导的金砖国家组织，由于成员国经济发展水平差别较大，加之地理远隔难以实现一体化，同时又缺乏大型合作项目，已经很难成为推动世界经济发展的力量

---

① 赵华胜：《评俄罗斯转向东方》，《俄罗斯东欧中亚研究》2016年第4期。
② Путин В. В. Послание Президента Федеральному Собранию. 1 Декабря 2016, http：//www.kremlin.ru/events/president/news/53379.

中心,俄罗斯有学者甚至认为,它"开始失去其继续存在的政治经济价值"。①

相比之下,中国的"一带一路"倡议于2013年提出之后,经历了概念推广和顶层规划设计,自2016年以来已经进入全面落实阶段,并且取得了很大进展。在金融支持方面,相继成立了丝路基金和亚洲基础设施投资银行,并确立了一些关键性的大型项目。在对外拓展方面,已有100多个国家和国际组织参与"一带一路"建设,中国与70多个国家、地区和国际组织完成了战略对接,达成联合声明、合作协议、合作备忘录、中长期发展规划和合作规划纲要等成果。俄罗斯主导的欧亚经济联盟虽然与中国倡议的丝绸之路经济带达成了对接协议,但是俄罗斯将自己定位为大西洋和太平洋大国、正在崛起的欧亚中心之一,显然也希望在整个欧亚大陆构建由自己主导的一体化框架,"大欧亚"也正是为此而提出的。它希望成为一个开放的体系,将该地区的国家及组织都包括进来,促进欧亚地区的一体化,甚至最后与欧盟进行对接。这是一个宏大的愿景,但目前俄罗斯力有不及,因此具体的方案尚未推出。

从内部发展方面看,俄罗斯最为现实的考虑是,希望通过"大欧亚"倡议开发和发展西伯利亚和远东地区,使其成为面向亚太地区的真正基地和俄罗斯21世纪国家战略的重要依托。作为"俄罗斯的东方"或者是"内部的东方"②,西伯利亚和远东的开发自沙俄时期以来就是俄罗斯国家发展战略中的一个重要方面,但是东方的发展仍然一直远远落后于欧俄地区,其潜力还没有被挖掘出来。苏联解体之后,东方的发展相较于苏联时期后退了一大步,叶利钦时代的俄罗斯政府根本无暇顾及远东和西伯利亚的开发。进入21世纪以后,俄罗斯领导层越来越强调其发展的紧迫性,尤其是世界金融危机以来,关于东方发展的政策和措施密集出台。2010年,俄罗斯政府批

---

① Доклад аналитического агентства «Внешняя политик». «Международные угрозы 2017: прогноз угроз международной безопасности и стабильности». 24.01.2017, http://ru.valdaiclub.com/a/reports/doklad-vneshnyaya-politika-2017-prognoz-ugroz/.

② Дугин А. Основы геополитики. Геополитическое будущее России. М., 1999. С. 328.

准《2020年前西伯利亚发展战略》和《2025年前远东和外贝加尔地区社会经济发展战略》。2012年，俄罗斯设立远东发展部，并成立远东国家开发公司。为了促进远东和西伯利亚的开发，俄罗斯在符拉迪沃斯托克承办了2012年度的APEC峰会。2013年4月，俄罗斯政府宣布《远东和贝加尔地区2025年前经济社会发展纲要》正式生效。2015年，俄罗斯政府将远东和西伯利亚的9个地区列入首批"超前发展区"，并宣布符拉迪沃斯托克成为自由港。2016年5月，普京签署命令，设立东方经济论坛，每年在符拉迪沃斯托克举办。同年9月召开了第一届论坛。可以看出，俄罗斯"转向东方"的政策力度前所未有。普京在2012年的国情咨文中表示，向东发展是俄罗斯21世纪的发展方向；在2013年的国情咨文中普京再次强调，远东和西伯利亚的发展是俄罗斯整个21世纪的优先目标。① 在某种程度上可以说，远东和西伯利亚的发展是"大欧亚"战略的基础，决定着后者的成败。

作为一个范围更加广泛的一体化计划，"大欧亚"的发展需要有核心国家的支撑，这些核心国家就是欧亚经济联盟和上合组织的成员国，基础仍然是欧亚经济联盟，也可以说"大欧亚"是欧亚经济联盟的自然延伸。它的一个切入点是与该地区的国家建立自贸区，由双边而多边，最后建立范围广泛的亚太自贸区。2015年欧亚经济联盟启动后，为扩大影响，联盟积极推动与其他国家、国际一体化组织和国际机构开展经济合作，建立自贸区是一项重要的内容。2015年5月，欧亚经济联盟与越南正式签署自贸区协定，这是它与第三方签署的首个自贸区协定。其后，许多国家表示希望与欧亚经济联盟签署自贸区协定。2015年5月在索契举行的俄罗斯—东盟峰会上，普京表示欧亚经济联盟可以和东盟建立自贸区。2016年8月，俄罗斯经济发展部部长乌柳卡耶夫在东亚经济部长磋商会议上表示，超过40个国家和国际组织表达了与欧亚经济联盟建立自贸区的意愿。② 其实，正是欧亚经济联盟在与亚太地区发展双边自贸区的可行性令俄罗斯看到了"大欧亚"所

---

① Послание Президента Федеральному Собранию. 12 декабря 2012 года, 12 декабря 2013 года, http://www.kremlin.ru.

② 《俄经发部长：40余国愿与欧亚经济联盟建立自贸区》，环球网，2015年8月25日。

具有的潜力和远景。普京在提出"大欧亚"倡议的时候,就已经强调了这一点。目前,俄罗斯就欧亚经济联盟与包括中国、新加坡、伊朗在内的多个国家建立自贸区的问题进行商谈。2017年3月底,伊朗总统鲁哈尼访俄期间,就此问题同普京进行了讨论,① 两国有望在年中达成协议。

在致力于拓展欧亚经济联盟与其他国家建立自贸区的同时,俄罗斯也提出了建立亚太自贸区的设想。2016年11月,在利马APEC峰会举行前夕,俄罗斯外长拉夫罗夫发表了题为《亚太经济合作组织:真正的集体主义关系和有效的相互联系》的文章,阐述了建立亚太自贸区的前景,认为应当充分借鉴包括东盟、太平洋联盟和欧亚联盟在内的所有地区一体化联盟的经验。②

二 地缘政治中的"大欧亚"

冷战结束后全球化的强劲发展也孕育了传统地缘政治的回归,"不但没有缓和反而加剧了国际紧张关系",并使得全球化本身"成为一种地缘政治现象"。③ 俄罗斯是一个对地缘政治极为敏感的国家,特别是经历了苏联解体这场"20世纪最大的地缘政治灾难"后④,地缘政治在俄罗斯对外政策的制定中成为最根本的和最重要的因素。"大欧亚"也不例外。如果说地缘经济是"大欧亚"战略的直接考虑,那么地缘政治则是它更为内在的和根本的考虑。

从现实的形势来看,俄罗斯试图通过"大欧亚"战略摆脱俄在欧洲面临的困境。俄罗斯领土广袤,身跨欧亚两洲,在地缘政治上优势和缺陷兼

---

① 《普京:俄罗斯和伊朗将向新层次战略伙伴关系迈进》,新华社,2017年3月28日。
② Статья Министра иностранных дел России С. В. Лаврова «АТЭС: отношения подлинного коллективизма и эффективной взаимосвязанности». 16.11.2016, http://www.mid.ru/.
③ 〔法〕罗朗·柯恩-达努奇:《世界是不确定的:全球化时代的地缘政治》,吴波龙译,社会科学文献出版社,2009,第26~27页。
④ Владимир Путин, Послание президента к Федеральному собранию РФ, 25 апреля 2005, http://www.kremlin.ru.

具。作为传统上的欧洲国家,俄罗斯政治、经济和文化的重心一直在欧洲部分。从戈尔巴乔夫时代起,俄罗斯就想"回归欧洲",共建"欧洲大厦"。苏联解体后,俄罗斯欧洲政策的目标一直是建立从里斯本到符拉迪沃斯托克统一的"大欧洲",建立俄罗斯与欧洲统一的经济、自由、安全和文化空间。但是,"大欧洲"构想一直没有成功,随着乌克兰危机的出现,这个构想事实上已经失败。俄罗斯外交事务委员会主席、前外长伊万诺夫在2015年9月召开的波罗的海论坛上表明了这一点,被外界视为俄罗斯外交意识形态改变的一个时间界标。① 一些俄罗斯学者认为,在乌克兰的地缘政治对抗赋予了俄罗斯欧亚方向以至关重要的积极意义,始自20世纪90年代末期以来的对外意识形态中占主导地位的多维性构想终于得到了修正。② 但是这种改变并不是非此即彼、二者必居其一的选择,转向"大欧亚"并不意味着俄罗斯放弃了在欧洲方向的努力,相反,欧洲仍然是俄罗斯联邦对外政策的一个重点;在2016年的新版《俄罗斯联邦对外政策构想》中,欧盟一如从前,在外交优先次序的排列中仅次于独联体。因此,从"大欧洲"到"大欧亚"的转换,从某种意义上来说是"以空间换时间"的历史经验的重现。俄罗斯意欲通过东向的发展积蓄精力,同时静待打破西部僵局的时机。这并不是一般而言的所谓借助东方进行讨价还价的筹码,而是有所作为的"静以待变";在欧盟内部危机重重、民粹主义情绪高涨的背景下,这显然有其重要意义。乌克兰危机是欧洲安全危机的缩影,冷战结束20多年来,这个问题一直得不到解决,最后导致俄罗斯与西方走向对抗。卡拉加诺夫说,俄罗斯现在暂时没有向欧洲提出解决系统危机的方案,因为它之前提出过自己的建议,但是言者谆谆,听者藐藐。③ 所以在西部僵持的情况下,俄罗斯转向东方寻求发展的机会是一种合理的选择。对俄罗斯来说,最理想的一幅图

---

① Семушин Д. «Большая Европа» или «Большая Евразия»:пора менять не только риторику//EurAsia Daily. 22 Сентября 2015,https://eadaily.com/.
② Доклад Астанинского клуба «Геоэкономика Евразии», ноябрь 2015. C. 48,http://iwep.kz/files/attachments/article/2015 - 11 - 16/doklad_ geoekonomika_ evrazii_ . pdf.
③ Караганов С. Евроазиатский выход из европейского кризиса.

景是：在欧亚一体化深入的同时，走出与西方的对抗，利用机会加强自身的发展。①

"大欧亚"战略可以在某种程度上综合并提升俄罗斯的亚太政策。自20世纪90年代中后期以来，随着大西洋主义陷入困境，俄罗斯开始重视对亚太地区的外交。俄罗斯虽然没有清晰明确的亚太战略，但是对自己的角色有一个定位，即平衡者。首先是平衡亚洲地区的外来者，主要是美国的力量。奥巴马时期，美国在"重启"美俄关系的同时，对亚太战略也进行了重大调整，即所谓的亚太再平衡战略，其目的主要是应对实力不断增长的中国，因此亚太地区被视为中美之间的博弈平台。作为中国的"战略协作伙伴"，俄罗斯虽然在中美之间采取一种策略性的立场，但是俄罗斯想在亚太地区发挥影响力，也不可避免地面临着与美国及其同盟的竞争。其次，俄罗斯也想通过"大欧亚"平衡中国的力量。俄罗斯已经明确意识到，俄罗斯在亚洲的贸易过于依赖中国，而"任何经济依赖都将削弱政治阵地"，俄罗斯必须"使自己的地缘政治和地缘经济地位达到整个欧亚大陆中心和纽带的高度"，"为中国创造友好的建设性平衡，使其对邻国而言不'过分强大'，不要成为所有人都害怕的潜在霸主"②。为此，俄罗斯在积极发展与中国战略协作关系的同时，在亚太地区致力于多元化的外交，利用自身的优势发展与日本、韩国和东盟的关系。"大欧亚"战略在某种程度上兼具了平衡和多元的可能性。

从长远的考虑来看，俄罗斯希望通过"大欧亚"战略带动远东和西伯利亚的发展，巩固其东部的安全。东部安全是俄罗斯历代统治者担忧的问题。东部距离欧俄中心地区遥远，社会经济的发展长期以来处于落后的境地，苏联解体后人口严重流失，基础设施衰败，东西部发展严重失衡，加剧了精英层的担忧。与此形成鲜明对比的是，俄罗斯东部的周边国家如中国、日本和韩国，经济发展迅速，呈现出繁荣景象。俄罗斯担心，如果任由远东

---

① Доклад Астанинского клуба «Геоэкономика Евразии», ноябрь 2015. С. 54.
② Караганов С. С Востока на Запад, или Большая Евразия.

和西伯利亚衰败下去，周边国家很可能乘虚而入，进而控制这一大片土地。因此，远东和西伯利亚的发展目标与其说是经济上的，不如说是政治上的。2000年7月，普京曾指出："远东地区的经济利益和俄罗斯国家的地缘政治利益是一致的。"① 2012年4月，针对东部地区发展严重滞后的状况，普京在政府工作报告中指出："西伯利亚和远东的发展应该受到格外的重视，这是最重要的地缘政治任务。"② 俄罗斯学者在涉及东部开发的时候，往往也强调它的政治意义。例如，拉林曾在一篇文章中开门见山地提出了这个问题："在俄罗斯太平洋地区，优先级的排列对制定战略有重要的意义。首先必须准确回答这个问题：俄罗斯东部地区的规划是否是一个经济或政治项目？我相信，俄罗斯太平洋地区的发展更多是一个政治项目。在所有可见的将来，远东的地缘政治地位仍将在俄罗斯内政外交中占主导地位。"③ 因此可以看出，西伯利亚和远东的社会经济发展是服务于地缘政治目标的，地缘政治目标被置于地缘经济目标之上。特列宁在谈到未来俄罗斯可以考虑迁都符拉迪沃斯托克这个问题时，认为这个"21世纪的首都"由于临近中俄边境而可以消除对于国家领土完整和安全的担忧。④

"大欧亚"战略也是俄罗斯的复兴战略。普京自2000年执政伊始，即以俄罗斯的复兴和重新崛起为目标，试图恢复俄罗斯曾经拥有的世界大国地位。"大欧亚"战略的远景目标与此是一致的，即成为大西洋和太平洋强国以及"大欧亚"的中心，"成为保障欧亚大陆安全的主导国家"⑤。俄罗斯历史上是一个大陆型帝国，但"追求出海口"、成为海洋国家一直是其目标。俄罗斯通过数个世纪的努力，获得了成为海洋国家的地理基础，苏联时期终于跻身为与美国并列的超级大国，强大的海洋实力可以保证它将力

---

① 《普京文集》，中国社会科学出版社，2002，第56页。
② Стенограмма отчета Владимира Путина в Госдуме，http://www.rg.ru/2012/04/11/putin-duma.html.
③ 〔俄〕В. Л. 拉林：《愿景的方向与可能性的边界：对俄罗斯制定21世纪上半叶亚太地区战略的几点意见》，《俄罗斯研究》2013年第2期。
④ Дмитрий Тренин，Post-imperium：евразийская история. М.：РОССПЭН，2012. С. 322.
⑤ Караганов С. С Востока на Запад，или Большая Евразия.

量辐射到全球。但是，苏联解体使得俄罗斯的海洋力量迅速萎缩，而且解体所引发的地缘政治变动严重缩减了它在西部的海洋空间，而西伯利亚和远东社会经济的落后使得它在东部无法充分发挥其海洋潜力。当前的俄罗斯除了战略力量可以与美国并驾齐驱外，就其综合实力而言只是一个地区性强国。

  为了实现国家的复兴，俄罗斯在整合内部的同时，也致力于整合后苏联空间。作为后苏联空间一体化方案的欧亚联盟，虽然在某种程度上能够"改变整个大陆的地缘政治架构"①，部分地弥补欧盟、北约双东扩以来俄罗斯的地缘政治缺陷，但是其政治经济体量较小、内部发展所遭遇的挑战，以及作为其思想基础的欧亚主义具有内在的封闭性，使得其地缘政治功能仍然不能满足俄罗斯的需要。俄罗斯需要一个更大的架构以挖掘和发挥自己的地缘政治潜力，"大欧亚"实际上就是这样一个架构，它从整合后苏联空间的"欧亚"扩及后苏联空间之外的"大欧亚"。虽然这个"大欧亚"的范围并没有严格的界定，但是按照俄领导人所声称的"开放性"以及战略精英的构想而言，它覆盖了"从上海到里斯本、从新德里到摩尔曼斯克"的空间；"不能在旧框架内复原的欧洲安全问题"以及"欧洲大陆面临的切实安全挑战"，都可以或者只能在"大欧亚的广阔框架内"得到解决。② 这个宏观的架构是俄罗斯看待整个欧亚大陆的视角。但是从更切实的发展方向和目标来看，"大欧亚"还是聚焦于亚太地区，它是俄罗斯立足其东部、面向太平洋的大战略，目的是要破除"领土诅咒"（территориальное проклятие），使俄罗斯规模巨大的空间成为力量的源泉，而不是虚弱的源泉③。"未来之洋"太平洋，毫无疑问是俄罗斯 21 世纪的一个重要发展方向。自 2012 年以来，瓦尔代俱乐部连续发布了四部"面向大

---

① Владимир Путин, Новый интеграционный проект для Евразии — будущее, которое рождается сегодня // Известия, 3 октября 2011 г.
② Караганов С. С Востока на Запад, или Большая Евразия.
③ К Великому океану, или новая глобализация России. Аналитический доклад международного дискуссионого клуба «Валдай», Москва, июнь 2012. C.6, http://valdaiclub.com.

洋"(К Великому океану)的报告①，可见俄罗斯战略精英对此问题的聚焦力度之大。

三 "大欧亚"与世界秩序

冷战的结束虽然改变了世界的权力格局，但是基于正义、公平以及平等的新世界秩序并没有建立起来。作为冷战的终结者之一，俄罗斯为摆脱冷战所付出的努力，并没有在制度安排上得到认可，反而被美国等西方国家视为冷战的失败者，其传统势力范围也不断遭到侵蚀。在现有的世界秩序中，俄罗斯事实上被放逐到了边缘位置，这是它对现行秩序不满的根源。可以说，"冷战后俄罗斯自身的战略困境塑造了它的世界秩序观"②。因此，自苏联解体以来，俄罗斯一直呼吁建立一种与多极世界的现实状况相契合的世界新秩序。

俄罗斯对于世界新秩序的构想体现在历来的对外政策文件以及领导人的宣示中，2015年瓦尔代论坛的主题是"世界秩序：新规则还是无规则的游戏"，俄罗斯的观点代表了它对世界秩序的看法。瓦尔代俱乐部起草的一份报告认为，全球将形成两大集团，一方是美国、欧盟及其同盟者，另一方则是俄罗斯、中国和相关国家。大西洋和太平洋的伙伴分别构成这两者的经济基础，这是一种新型的力量平衡。普京认为，如果不确保全球经济向前发展，世界就不会稳定，"游戏规则应当让新兴经济体有机会赶上发达经济体，平衡经济发展速度，带动落后国家和地区，以便让所有人都能享受经济增长和技术发展的成果"，而欧亚经济联盟的行动，以及与中国伙伴的谈判正是基于这些原则，"有助于建立广泛的经济伙伴关系，在未来成为构造欧

---

① 这四部报告分别是：К Великому океану, или новая глобализация России (2012); К Великому океану – 2, или российский рывок а Азии (2014); К Великому океану – 3: экономический пояс Шелкового пути и приоритеты совместоного развития евразийских государств (2015); К Великому океану – 4: Поворот на восток. Предварительные итоги и новые задачи (2016), http: //valdaiclub.com。

② 〔英〕萨克瓦：《世界秩序：俄罗斯的视角》，《俄罗斯研究》2016年第2期。

亚广泛一体化框架的中心之一"。①

因此,"大欧亚"战略的推出,在某种程度上可以说是俄罗斯试图改变现有秩序、建立新世界秩序的一种尝试;作为"构建两极秩序和单极世界的建设性替代品"的基础,大欧亚伙伴关系或共同体将成为这一新秩序的载体。②

在这个新秩序载体的构建上,俄罗斯方面认为首先需要确立一些具有共识性的基本原则。这些原则包括无条件尊重所有国家的主权和领土完整;无条件尊重政治多元论、每个国家和人民选择自身发展道路和生活方式的权利、文化多元论、信仰和宗教自由;发展有利于所有国家、以正和博弈原则为基础的合作;抵制旨在建立新的或恢复旧的军事政治同盟的实力政策;通过合作解决全球性的问题。这些原则在"大欧亚"中得到巩固和发展之后,可以推及整个世界。③ 同时,"大欧亚"奉行开放性的原则,对整个世界和所有国家开放,并且不以孤立美国为目标。普京在圣彼得堡国际经济论坛上曾表示:"大欧亚倡议是开放的,对欧洲也是开放的。"④ 俄罗斯方面认为,中俄作为欧亚地区的两个大国,对世界秩序的看法有着许多共同点⑤,这是"大欧亚"发展的重要基础。在确立了共同的原则后,俄罗斯方面认为,更重要的任务是确立最佳的机制形式,将"大欧亚"塑造成一个利益共同体和价值共同体。这些机制应该具有全面性和包容性,将政治和经济、软实力和硬实力衔接起来,不论大国、中等国家还是小国都乐于接受。就目前来看,欧亚经济联盟、丝绸之路经济带和上海合作组织以及其他迅速壮大的欧亚金融机构在构建"大欧亚"的过程中具有很大的潜力,可以加强合作,

---

① Путин В. В. Заседание Международного дискуссионного клуба《Валдай》. 27 октября 2016, http://www.kremlin.ru/events/president/news/53151.

② Караганов С. С Востока на Запад, или Большая Евразия.

③ Там же.

④ Путин В. В. Выступление на пленарном заседании XX Петербургского международного экономического форума, http://www.kremlin.ru/events/president/news/52178.

⑤ К Великому океану – 4: Поворот на восток. Предварительные итоги и новые задачи (2016). С. 14, http://valdaiclub.com.

进行"对接"。①

从地缘经济到地缘政治,再到世界秩序,这既是"大欧亚"的三个内在维度,也是它发展的三个层次。地缘经济是起点,世界秩序是最终的目标。2016年瓦尔代俱乐部所发布的"面向大洋"的报告对此的概括是:创造新的包括行政和法律在内的国内条件,加速发展西伯利亚和远东;加强俄罗斯在亚太地区的存在,逐步增强与亚洲国家的经贸和政治联系;在欧亚地区形成一个共同发展的新空间。②

"大欧亚"战略推行的难度是显而易见的,一系列客观障碍横亘在俄罗斯的面前,但更重要的是俄罗斯是否真正确立了这项战略,并且具有贯彻战略的意志和决心。自普京提出"大欧亚"倡议后,迄今并没有推出具体的措施,其发展前景也不明朗。俄罗斯的学界和政界人士往往强调"转向东方"并不意味着放弃西方,实际上可能是为随时退出这项战略预设伏笔,"大欧亚"很可能被俄罗斯自己首先放弃。2016年的《俄罗斯联邦对外政策构想》排列了对外战略的地区重点次序,首先是独联体,其次是欧盟,再次是北约和美国,最后才是亚太地区。独联体被排在首位,在所有版本的《对外政策构想》中都是如此,在发展与欧盟关系的表述中,俄罗斯的战略目标是"建立从大西洋到太平洋的统一经济和人文空间"。而关于亚太地区的重要性只是在谈到西伯利亚和远东经济开发的背景时才被提及。俄罗斯学者认为,这意味着自2009年以来俄罗斯国内所热议的"转向东方"并没有发生,似乎承认这个方向已经"关闭",俄罗斯强调成为亚洲国家,但是仅限于同中国、印度和上合组织的双边关系。③

---

① К Великому океану – 4: Поворот на восток. Предварительные итоги и новые задачи (2016). С. 36, http://valdaiclub.com.
② К Великому океану – 4: Поворот на восток. Предварительные итоги и новые задачи (2016). С. 35.
③ Из новой концепции следует, что Запад не стал врагом России, заявил эксперт. 01.12.2016, https://ria.ru/politics/20161201/1482654535.html.

Y.13
俄美对抗在2016年的升级

韩克敌*

摘　要： 2016年，俄罗斯和美国关系最显著的特点是两国对抗的显著升级。两国在乌克兰、叙利亚的争斗持续不断，此起彼伏。有关俄罗斯介入美国总统大选成为两国关系中一个新的焦点。美国维持和增加了对俄经济制裁，北约加大了在东欧的军事部署。俄罗斯在叙利亚、乌克兰以及核武器控制等领域采取了反措施。在具体战术上，俄罗斯外交的表现可圈可点，但是在战略上和全局上，俄仍然处于被动局面。美国新总统的上台会给俄美关系带来一些变化，但是很难改变俄美对抗的基本格局。

关键词： 俄美关系　乌克兰危机　叙利亚危机　核武器　核裁军　美国总统选举

2016年俄罗斯和美国关系最显著的特点是两国对抗的显著升级。这主要体现在乌克兰和叙利亚问题以及美国总统大选中。俄罗斯和美国的对抗，在广度和深度上，都达到了冷战后一个新的高度。从广度上看，俄美的冲突由乌克兰扩展到波罗的海三国、波兰、罗马尼亚，甚至一些中立国家如芬兰、瑞典也都掺和进来，"俄罗斯威胁"受到东欧和北欧国家越来越大的关注。俄美双方不断举行军事演习，部署新的武器装备，增加部队，特别是在波罗的海三国、波兰、罗马尼亚和加里宁格勒。叙利亚危机则不断演进，战

---

* 韩克敌，中国社会科学院俄罗斯东欧中亚研究所副研究员。

事激烈,将周边的土耳其、伊朗、伊拉克等国牵扯进来。从深度上看,俄美同时在叙利亚这样一个狭小的地方展开军事行动,双方既同时打击"伊斯兰国",又实际支持叙利亚不同的政治派别,这实际上开启了代理人战争,其中蕴含着俄美发生直接冲突的危险。美国指责俄罗斯加大对美开展情报活动,介入美国的国内政治,干预美国总统大选。俄罗斯则对此予以坚决否认。这种情况,即使在美苏冷战时期,也没有出现过。

一 俄美在乌克兰军事威慑升级

整个2016年,克里米亚和乌克兰东部依然不平静。2015年2月签订的新明斯克协议难以得到全面履行。2016年10月,"诺曼底四方"即俄、乌、德、法四国领导人举行会晤,希望彻底解决乌克兰东部的冲突。俄方的立场是希望顿涅茨克、卢甘斯克获得高度自治,处于莫斯科的影响之下;而乌克兰政府则强调国家领土完整和对地方政府的控制权。双方分歧巨大,不欢而散。由于顿巴斯地区政治地位未定,乌东部民间武装没有控制两个州的全部领土,该区域一直存在小规模的冲突。从2017年1月底开始,又在顿涅茨克市附近阿夫杰耶夫卡地区发生大规模武装冲突。

美国两党领导人继续强化对乌克兰的支持。2016年12月31日,美国共和党重量级参议员、参议院军事委员会主席麦凯恩特意访问了顿巴斯地区,他强调"基辅的斗争就是美国的斗争""要把侵略者赶回去"。2017年1月16日,奥巴马政府卸任前夕,副总统拜登专门访问了基辅,表明将继续支持乌克兰政府。2月4日,美国新任总统特朗普和乌克兰总统波罗申科通电话,双方讨论了乌克兰东部局势问题。

俄罗斯在道德层面面临的压力增大。2016年9月28日,马航MH17客机空难5国(荷兰、比利时、马来西亚、澳大利亚、乌克兰)联合调查组报告得出四点结论:击毁飞机的是俄制"山毛榉"防空导弹(BUK missile of the series 9M38);导弹和发射车来自俄罗斯;发射区域在乌克兰反对派控制区;导弹发射系统后来回到俄罗斯。这份报告还没有确认任何个人或国家的责任，但实际上在暗示俄罗斯是肇事者。

由于乌克兰危机的发展，东欧和北欧国家对俄罗斯的疑虑有增无减，担心俄罗斯在边境地区利用俄罗斯族，制造新的克里米亚式的冲突。例如，爱沙尼亚毗邻俄罗斯的边境小城纳尔瓦（Narva），这里俄罗斯族占人口多数。在这种氛围中，2016年7月，北约华沙峰会决定，自2017年起向波兰和波罗的海三国部署4个营的多国部队，美国、英国、加拿大和德国将分别率领派驻在波兰、爱沙尼亚、拉脱维亚和立陶宛的多国部队。北约还计划在东南欧的罗马尼亚派驻一个旅的基础上，继续加强北约的军事存在。北约在欧洲的导弹防御系统已具备初始作战能力，驻扎在西班牙的美国军舰，部署在土耳其的雷达和罗马尼亚的拦截系统，已经开始联网，进行统一指挥。2016年，美国空军派遣12架最先进的F-22隐形战机抵达欧洲，参加了多场在东欧的演习。2017年1月，美军第4装甲师第3装甲旅抵达欧洲，开展为期9个月的部署。

美国延长和扩大了对俄经济制裁。2016年3月，奥巴马总统宣布将对俄制裁时间延长一年，至2017年3月6日。2016年9月1日，美国财政部宣布对俄罗斯实施新一轮制裁，将37个与俄罗斯、乌克兰有关的个人和实体列入制裁名单，被列入制裁名单的公司包括俄罗斯天然气巨头俄罗斯天然气工业公司（Gazprom）旗下多家子公司、莫斯科银行的多家子公司以及两家俄建筑公司（这两家建筑公司正在参与连接克里米亚和俄罗斯的桥梁工程），以及17位被美方视为威胁乌主权和领土完整的乌克兰人。

俄罗斯采取了反制措施。一方面，加强对克里米亚的控制。加快刻赤海峡大桥建设，加强对克里米亚的电力供应，采取各种措施强化对这一新地区的控制。在顿巴斯地区，继续给予地方武装以支持。2017年2月18日，普京总统签署命令，宣布承认顿巴斯地区的护照和汽车牌照。这一举动朝着事实承认乌东部地区分离的方向迈进。俄不断调整其西部区域的军事部署。一方面，2016年，俄在其西部军区重新组建第1近卫坦克集团军（司令部位于莫斯科）的工作基本完成。加上原来的第6（司令部位于列宁格勒州）和第20集团军（司令部位于沃罗涅什），共有3个集团军。在南部军区（下辖 2 个集团军，即第 49、58 集团军），新组建了克里米亚集群。另一方面，俄军频繁进行战备检查，提升战备水平。2016 年，普京下令进行了 4 次突然战备检查，检查部队的备战情况。新年伊始，2017 年 2 月 7 日，普京又发布命令，对空天部队进行战备检查。

二 俄美在叙利亚"反恐合作"貌合神离

2016 年，俄罗斯维持和加大了在叙利亚的军事行动。俄在叙的行动不是孤立的，在很大程度上，俄罗斯的叙利亚政策是其乌克兰政策的延续，也是俄领导人破解乌克兰僵局的一种手段。当然，叙利亚和乌克兰问题也有不一样的地方，在解决叙利亚问题上更多体现的是俄罗斯的大国追求。

2016 年，俄罗斯在叙利亚的军事行动出现反复。2015 年 9 月 30 日，俄直接出兵叙利亚，参与轰炸"伊斯兰国"（Islamic State）。2016 年 3 月 15 日，普京总统宣布，工作基本完成，俄从叙利亚撤军。然而，俄罗斯所做的一切表明，其在叙干预和介入的程度没有降低，反而有所加强。2016 年 9 月之后，俄加大了对叙利亚的干预力度，直接支援叙政府军作战，发动阿勒颇战役。俄在塔尔图斯港部署了 S-300 防空系统。10 月 15 日，俄派遣唯一的航母舰队进入地中海叙利亚沿岸，参与作战行动。2015 年 8 月 26 日，俄罗斯和叙利亚签署《关于在叙利亚境内部署俄罗斯飞行大队的协议》。该协议规定，应叙利亚政府请求，俄罗斯在叙境内部署空天军，部队驻扎地为拉塔基亚省的赫梅米姆机场，该机场及其基础设施由俄方无偿使用。俄军事人员可以自由穿越叙利亚边境，无须接受叙边防和海关检查，俄军人也不受叙利亚民事和行政机构的管辖，俄罗斯可在叙无限期部署飞行大队，直到一方通知终止。该协议于 10 月 7 日和 12 日，分别获得俄罗斯国家杜马（议会下院）和联邦委员会（议会上院）的通过。14 日，普京签署该协议。这样，俄罗斯在叙获得两个稳固的据点：塔尔图斯海军基地和赫梅米姆空军基地。叙政府军夺取阿勒颇后，俄开始缩小在叙驻军的规模。2017 年 1 月 6 日，俄总参谋长格拉西莫夫宣布，根据普京的命令，俄航母战斗群完成任务，撤离叙利亚，返回俄罗斯北部北莫尔斯克港。

俄在叙政策的反复可能出于两个原因：一是"统一俄罗斯"党在9月18日的俄罗斯国家杜马选举中获得了绝对多数支持，普京稳定了国内局势，选举结果增强了普京的信心；二是普京判断美国总统奥巴马正处于任期末期，难有大的作为。普京希望获得更为有利的战场态势，占领更多的战略据点，为美国新总统上台后的俄美谈判打下一个更好的基础。

俄罗斯宣称其在叙利亚是打击恐怖主义，例如"伊斯兰国"。但在实质上，俄也在帮助阿萨德维持政权。美俄双方基本上都在以"反恐"之名各行其是。长期以来，美国将阿萨德政府列为打击的首要目标，"反恐"处于第二位置。俄罗斯则以维持在叙利亚的军事基地为首要目标，"反恐"也是第二位的目标。"反恐"能使俄罗斯名正言顺地派兵进入叙利亚，也能加深阿萨德政府对俄罗斯的依赖。俄美在谁是恐怖主义分子和恐怖主义组织，是否承认阿萨德政府的问题上存在根本分歧。双方都在叙利亚这个狭小的空域进行战斗飞行，各自执行各自的战斗计划，行动互相保密。双方沟通非常有限，仅限于偶尔说明各自空军的飞行时间段和飞行空域，因而蕴含擦枪走火的极大风险。

俄美的严重分歧，导致联合国主导的叙利亚危机日内瓦会谈毫无成果。俄罗斯所希望的俄美欧反恐统一战线，也没有形成。按照俄美达成的临时停火协议，从9月12日，阿勒颇开始为期7天的停火，以便联合国运输人道主义救援物资。9月17日，美军战机"误炸"了代尔祖尔的叙政府军营地，导致上百名叙政府军士兵伤亡。随后，9月19日，俄军被指空袭联合国运送救援物资前往阿勒颇的车队。双方互相指责，在安理会互投否决票。11月30日，美国中情局局长布伦南（John Brennan）谈到叙利亚问题时说："（在叙利亚）俄罗斯的谈判战术是虚伪的，他们故意使谈判进程无法进行，以扼杀阿勒颇。……我不相信俄罗斯人（在叙利亚）会大发慈悲，除非他们能够在战场上获得尽可能多的战术性胜利。"① 12月22日，俄叙伊（伊

---

① CIA Chief Warns Trump: Scrapping Iran Deal "Height of Folly", http://www.bbc.com/news/world-us-canada-38149088.

朗)联军夺取了叙最大城市阿勒颇,这是叙利亚政府自 2012 年以来在战场上取得的最大胜利。但是,叙利亚战场的局势没有根本逆转,叙反对派仍然保有强大的力量。

俄罗斯在叙利亚直接干预,付出了重大的代价。2015 年 11 月 24 日,土耳其击落一架俄军的苏-24 飞机。2016 年 12 月 19 日,俄驻土大使被暗杀。12 月 25 日,一架前往叙利亚的图-154 军机在黑海意外坠毁,造成重大人员损失。所有这些,凸显俄罗斯直接干预叙利亚的成本之巨大和风险之不可控。2016 年 7 月土耳其未遂军事政变发生后,俄土关系得到改善。但是,从长远看,土耳其作为北约一员的事实没有改变,俄土的地缘竞争关系没有改变,土耳其对叙利亚阿萨德政府的立场没有改变,土耳其对伊朗的疑虑态度也没有改变。土耳其对俄罗斯的叙利亚政策的支持和宽容能维持到哪种程度,土耳其能否长久地与俄罗斯和伊朗站在一起,值得怀疑。

在俄、土、伊朗的推动下,从 2016 年 12 月 30 日零时起,叙利亚全境停火。俄、土和伊朗支持的叙利亚和平对话于 2017 年 1 月 23 日在哈萨克斯坦首都阿斯塔纳举行。在原有联合国主持的日内瓦会谈之外,另起炉灶,这凸显了俄希望掌握对叙利亚问题的控制权。但是,俄主导的计划缺少另一半,即来自美国、欧盟以及以沙特阿拉伯为首的海湾阿拉伯国家的明确支持,叙反对派组织参与的代表也不全面,俄、土、伊三方的立场也不完全一致,阿斯塔纳会谈的成果极为有限,叙利亚前景仍不明朗。

三 俄美在核武器与核控制中的共同利益出现裂痕

长期以来,俄美之间最重大的共同利益在于核武器控制和防止核扩散领域。普京政府看到了这一点。2016 年 4 月,俄罗斯拒绝参与美国发起的华盛顿核安全峰会。10 月 3 日,普京签署行政命令,暂停履行俄美《钚管理和处置协定》(PMDA – Plutonium Management and Disposition Agreement,2010 年签署),理由是美国对俄的敌视行为和未严格履行条约。该协定是对 2000 年俄美签署的《钚管理和处置协定》的修订版,规定在 2018 年年底之前，双方分别处理至少34吨武器级钚，总共68吨（这些钚足以生产17000枚核弹），将其转化成为民用核燃料。目的是使这些核物质非武器化与非军事化，从而达到不可逆的核裁军目的。美国对俄罗斯的钚处理过程提供了4亿美元的资金支持。①

10月5日，俄罗斯政府宣布暂停履行俄美《核能科研合作协议》（2013年9月签署）。俄国家原子能公司5日也发布公告，宣布停止履行该公司2010年12月与美国能源部签署的有关"俄核反应堆改用新型低浓缩铀"的科研合作协议。而美国则指责俄罗斯违反1987年的《美苏中程导弹条约》（INF-Intermediate-Range Nuclear Forces）②，正在研制和部署陆基中程巡航导弹。

2010年签署的《俄美削减战略武器条约》（START）③将于2021年2月到期（2011年2月生效，有效期10年）。俄罗斯明确将新条约的签署与美国的导弹防御系统、先进的常规武器打击系统、第三国核力量以及取消制裁联系起来。由于俄美关系目前处于最低点，达成武器控制协议的前景黯淡。普京总统提出新条件：美国取消对俄经济制裁并予以补偿；美国必须削减北约在东欧的驻军。2016年10月，俄举行了全国范围内的民防演习，演练应对核武器和化学武器的攻击。俄一直在研制新型的"萨尔玛特"液体洲际弹道导弹。俄政府公开宣称在加里宁格勒部署能携带核武器的导弹。俄罗斯政府意图通过这些姿态，表达绝不退让的立场。

普京和美国新总统特朗普都呼吁加强本国的核能力。2016年12月22日，普京在俄国防部会议上发表讲话，强调俄罗斯需要"强化战略核力量，为此，我们应研制能够穿透任何当前和未来导弹防御系统的导弹"。"（俄罗斯）核力量的'三位一体'（陆基洲际导弹、战略轰炸机、战略核潜艇）维

---

① 按照俄方说法，俄方钚处理需要35亿美元，其中美国提供了4亿美元，8国集团其他国家提供4.5亿美元。"What is Russia-US Agreement on Plutonium Management, Disposition？"，https：//sputniknews.com/military/201610031045951708 - russia - us - plutonium - agreement/.
② 《俄美削减战略武器条约》禁止双方拥有、生产、实验射程为500~5500公里的陆地发射的巡航导弹。美国指控，在2014年俄罗斯进行了相关导弹测试。
③ 《俄美削减战略武器条约》限定俄美双方可部署1550枚核弹头，700件实战部署的核运载工具，100件库存核运载工具。

持在一个恰当的水平上,这对保持战略对等非常重要。"① 普京讲话几小时后,美国当选总统特朗普在推特上发文,强调美国需要扩大其核能力。"在世界在核武器问题上清醒过来之前,美国必须大力加强并扩大其核能力。"② 特朗普表示:"要确保美国核威慑能力的现代、强大、灵活、适应性强和高度戒备,并且经过适当地调整,能够震慑21世纪的威胁,确保我们盟国的安全。"③ 2017年2月,美海军连续试射4枚"三叉戟"潜射洲际弹道导弹。可以预料,未来美国新政府将在升级"三位一体"的核武器方面采取更大的行动。

普京一方面强调俄美核合作的重要性,另一方面提醒美国不要试图打破核平衡。"在处理全球和地区问题上,俄美之间的合作对整个世界都有利。我们(俄罗斯和美国)有共同的责任,确保国际安全与稳定,强化(核武器的)防扩散机制。""我想强调,尝试去打破战略均势是非常危险的,这可能导致全球灾难。任何时候我们都不能忘记这一点。"④ 按照普京总统的说法,俄军已经基本完成了武器装备的现代化。到2021年,70%的武器装备实现更新和提升。现在(2016年12月),先进武器的比例大约是50%,其中核武器中先进武器的比例是90%。⑤

四 俄罗斯干预美国大选的负面影响在持续发酵中

在这个世界上,俄罗斯可能是唯一对2016年11月8日特朗普当选美国

---

① Putin Orders to Develop Missiles Capable of Penetrating Any Defense Systems, http://tass.com/defense/921420.
② 马克斯·塞登:《普京和特朗普分别呼吁加强核能力》,http://www.ftchinese.com/story/001070695/ce。
③ Presidential Memorandum on Rebuilding the U.S. Armed Forces, January 27, 2017, https://www.whitehouse.gov/the-press-office/2017/01/27/presidential-memorandum-rebuilding-us-armed-forces.
④ Presidential Address to the Federal Assembly, December 1, 2016, http://en.kremlin.ru/events/president/transcripts/statements/53379.
⑤ Vladimir Putin's Annual News Conference, December 23, 2016, http://en.kremlin.ru/events/president/news/53573.

总统持欢迎态度的大国。无论在俄罗斯上层政治精英中，还是在下层普通百姓中，外部的观察家都能轻易地感受到他们对特朗普当选的愉悦之情。关于俄罗斯与这次美国大选的关系，存在很多讨论和猜测。俄罗斯的立场很明显，讨厌民主党候选人、前国务卿希拉里，倾向共和党候选人特朗普。普京总统本人一直对希拉里对俄罗斯 2012 年总统大选的评论耿耿于怀。当时，希拉里指责俄罗斯总统大选既"不公平也不公正"。希拉里对普京发起的欧亚经济联盟与俄罗斯吞并克里米亚持严厉的批评态度。可以说，某种程度上，对希拉里的恨激发了对特朗普的爱。

特朗普对俄罗斯比较友好。在竞选过程中，特朗普多次赞扬普京，称他聪明（smart），是比奥巴马更强的领导人（stronger leader）。而希拉里则称特朗普是莫斯科的傀儡（puppet）。希拉里在 10 月 9 日的第二轮总统竞选辩论中说："在我们国家的历史上，从来没有出现过这样一种情况，一个对手，一个外国势力，这样努力去影响（总统）选举结果。""相信我，他们这样做不是试图让我当选，他们试图影响选举，让特朗普当选。"特朗普和希拉里在对俄政策上存在细微的差别。特朗普曾暗示可以接受克里米亚归俄，美可以考虑取消对俄经济制裁。2016 年 8 月，特朗普曾说俄罗斯不会进入乌克兰。后来又改口，说如果他任总统，俄罗斯会进入乌克兰。特朗普反对美国以叙利亚政府和俄罗斯为打击目标，要求以"伊斯兰国"为打击目标；特朗普批评希拉里竞选主张的叙利亚政策（在叙利亚设立禁飞区，和俄罗斯对抗），认为这将会导致第三次世界大战；他认为美俄在叙利亚可以合作。特朗普的对俄观点和美国的主流观点（民主党和共和党两党）相左。当然，特朗普和希拉里也有共同点，他们都拒绝承认叙利亚阿萨德政府。

2016 年 10 月 7 日，美国国家情报总监办公室（ODNI）和国土安全部发布联合文件，对俄罗斯对美进行网络攻击提出了明确的指控。国家情报总监办公室和美国国土安全部发布声明："美国情报机构确信，俄罗斯政府指导了最近对美国私人和机构的邮件窃取，包括美国的政治机构。最近在 DC 解密（DCLeaks）、维基解密（WikiLeaks）和古斯非在线（Guccifer 2.0

online)等网站披露的所谓黑客窃取的邮件,与俄罗斯行动的动机和方法相符合。这些盗窃和泄密的目的是干扰美国选举的进程。莫斯科采取这些行为并不是第一次——在整个欧洲和欧亚大陆,俄罗斯人曾采取相同的战术和技术,例如,去影响公众舆论。""我们相信,鉴于这些行动的范畴和敏感性,只有俄罗斯最高级别的官员才可能会授权这些行动。这些窃取和披露信息的行动(的目的)是干涉美国大选的进程。"①

11月30日,美国中情局局长布伦南表示,他已经和俄罗斯同行探讨了这个问题。美国不会堕落到他们的水平(stoop to their level),也不会升级风险,但是会采取适当的反击措施,"以确保俄罗斯人知道这样的行为不可接受"②。美国认为,这个问题的关键不是传统的情报收集,而是通过收集的情报,并故意混入错误的信息,去影响对象国国内的现实进程。这样,信息变成一种武器或者说武器化了。11月17日,奥巴马说:"有非常明显的证据,证明他们进行了网络攻击。""我们承认,尽管我们不喜欢,俄罗斯仍时不时地进行情报收集活动。但是,情报收集和干涉他国选举、攻击私人机构和商业实体有区别。……我们正在认真地追踪这件事,如果我们看到这种情况发生,我们将做出恰当的反应。"③

2017年1月6日,美国国家情报总监办公室发布的报告进一步指控:"俄罗斯极力试图影响2016年美国总统选举,这个行为代表了莫斯科最近所表达的,也是其长久以来的愿望,即破坏美国领导的自由民主秩序,但是,这些行动与(俄罗斯)以前的行动相比,在行为的直接性(directness)、行为的层级和范围方面,具有意义重大的升级。""我们评估,在2016年,俄

---

① Joint Statement from the Department of Homeland Security and Office of the Director of National Intelligence on Election Security, https://www.dhs.gov/news/2016/10/07/joint-statement-department-homeland-security-and-office-director-national.
② CIA Chief Warns Trump: Scrapping Iran Deal "Height of Folly", http://www.bbc.com/news/world-us-canada-38149088.
③ Remarks by President Obama and Chancellor Merkel of Germany in a Joint Press Conference, https://www.whitehouse.gov/the-press-office/2016/11/17/remarks-president-obama-and-chancellor-merkel-germany-joint-press.

罗斯总统普京下令,发动一场有影响的行动,目标是美国总统选举。俄罗斯的目的,是动摇美国民众对美国民主的信心,抹黑克林顿国务卿,降低其当选总统的可能性。我们进一步评估,普京和俄罗斯政府对当选总统特朗普表现出明显的偏好。""对于这些判断,我们具有高度的自信。""俄罗斯施加影响的行动(influence campaign)紧随着一个信息战略(messaging strategy),其中包括秘密的情报活动,例如网络活动,以及由俄罗斯政府机构发动的公开的行动,例如俄罗斯国家投资的媒体(state-funded media)、第三方中介(third-party intermediaries)、付费社交媒体用户(paid social media users),以及网络上的兴风作浪者(trolls)。"①

由于特朗普本人及其幕僚和俄罗斯的关系,特朗普的政治基础并不牢固。例如,作为特朗普政府安全团队的重要成员,国家安全事务顾问弗林(Michael Flynn)和俄罗斯人的私下交往一直备受质疑,这些质疑最终导致其辞职。有美国媒体曝出,2016年12月底,弗林和俄罗斯驻美大使基斯利亚克(Sergey Kislyak)曾私下谈论过奥巴马政府的对俄制裁问题,并暗示新政府上台后会取消制裁。美国情报人员注意到,在整个竞选期间,弗林和俄驻美大使都有联系。② 私下和俄罗斯人联系紧密的还有时任特朗普竞选委员会主席马纳福特(Paul Manafort),他曾被乌克兰前总统亚努科维奇聘为顾问,在美国开展游说活动。2016年8月,马纳福特辞职。美国媒体注意到,俄罗斯副外长雷巴科夫(Sergei A. Ryabkov)曾告诉国际文传电讯(Interfax News Agency),美国总统选战期间,俄罗斯和特朗普阵营"有接触","整个选举期间我们一直在做这件事"。"我不能说出所有,

---

① Office of the Director of National Intelligence: Background to "Assessing Russian Activities and Intentions in Recent US Elections", https://www.dni.gov/files/documents/ICA_2017_01.pdf.

② National Security Adviser Flynn Discussed Sanctions with Russian Ambassador, Despite Denials, Officials Say, https://www.washingtonpost.com/world/national-security/national-security-adviser-flynn-discussed-sanctions-with-russian-ambassador-despite-denials-officials-say/2017/02/09/f85b29d6-ee11-11e6-b4ff-ac2cf509efe5_story.html?tid=a_inl&utm_term=.17547b6ee96f.

但是许多特朗普的随行人员和俄罗斯代表保持联系。"后来,俄外交部立刻澄清,雷巴科夫指的是接触美国政治家和特朗普的支持者,而不是特朗普的选战工作人员。做这件事的是俄罗斯驻美国使馆,而不是其他人。①

俄罗斯拒绝美国的一切指控,无论是黑客攻击,还是金钱资助,抑或说黑材料(据报道,俄罗斯情报部门掌握了特朗普 2013 年在莫斯科宾馆嫖妓的音像材料)。10 月 12 日,普京回应:"说这样做(黑客攻击)符合俄罗斯的利益完全是一种歇斯底里,这完全不符合俄罗斯的利益。""这种完全的歇斯底里的目的,是试图让美国人民分散对黑客曝光的文件内容重要性的关注。这种重要性是,美国公众观念被人操纵,但是没人谈论这些。每个人都在谈论谁干的,但是谁干的真的这么重要吗?重要的是这些信息的内容。"② 在 2016 年年终的记者会上,普京再次公开表示:"一些黑客攻破了美国民主党领导人的邮件账户。一些黑客这样做了。但是,就像美国当选总统强调的,谁知道这些黑客是谁?也许他们来自另一个国家,(但是)不是俄罗斯。也许一些人仅仅是从他们的沙发和床上发起的攻击。""我认为最重要的事情是,黑客泄露给公众的信息。是否他们编辑或篡改了这些信息?没有,他们没有。黑客泄露的真实信息是不是最好的证据?证据就是,黑客证明了,公众观念如何被民主党内的一些人所操纵,来反对一个特定的候选人,反对桑德斯(美国民主党人,希拉里·克林顿的党内竞选对手),民主党全国委员会主席已经辞职了。这意味着黑客揭露的是事实。这些人不是去向选民道歉,'原谅我们,我们错了,我们不会再这样干了',而是开始大喊大叫,谁是这些攻击的幕后策划者。这重要吗?"③ 普京否认俄罗斯掌握了特朗普的黑材料,"特朗普来莫斯科的时候,还不是个政治人物,我们甚

---

① "Russian Officials Were in Contact With Trump Allies, Diplomat Says," *New York Times*, Nov 11, 2016, p. 2.
② Putin's Speech in "Russia Calling! Investment Forum," October 12, 2016, http://en.kremlin.ru/events/president/news/53077.
③ Vladimir Putin's Annual News Conference, December 23, 2016, http://en.kremlin.ru/events/president/news/53573.

至都不知道他的政治雄心。是不是一些人认为我们的情报机构在追踪每一个美国百万富翁？当然不是，这完全是胡说八道。"①

2016年12月29日，奥巴马政府在卸任前夕，就俄罗斯黑客干扰美国大选一事对俄罗斯发起制裁。此轮制裁涵盖几个方面，其中包括俄罗斯的五个机构：军事情报总局（GRU）、联邦安全局（FSB），以及为军事情报总局的网络攻击行为提供支持的三家公司；6位俄罗斯人，包括军事情报总局的4位官员以及2个黑客（Mikhailovich Bogachev、Alexey Belan）；美国国务院还关闭了位于马里兰州和纽约州的2处俄罗斯外交场所，驱逐35名俄罗斯驻华盛顿大使馆及驻旧金山总领事馆的外交人员，要求他们在72小时内离开美国。12月30日，普京宣布不对奥巴马的新制裁采取报复措施，这一方面是基于对美情报的评估，另一方面也凸显了俄对美新政府的期待。

目前，美国国内还在继续进行相关调查。这些调查由奥巴马政府多个政府部门发起，美国国会两党领导人也关注相关情况。如果发现特朗普或特朗普团队成员和俄罗斯情报人员交往的确凿证据，不排除特朗普被美国国会弹劾的可能，这也有可能影响到其2020年的连任。

结　语

2016年，俄罗斯不仅没有在乌克兰问题上退让，而且在叙利亚、核武器控制领域，以及美国总统大选问题上，采取了进攻的姿态。自2014年乌克兰危机以来，俄罗斯一直在以攻为守，并且不断变换进攻路线和方法，屡有惊人之举，这符合普京的个人性格，也符合俄罗斯国家的传统。不可否认，俄罗斯人在具体的操作上，即在战术上，可圈可点。对俄罗斯有利的是，在乌克兰问题上，俄已经得到了一块土地（克里米亚），未来还有可能

---

① Russia's Putin Calls Leaked Trump Memos "Utter Nonsense", http：//www.bbc.com/news/world-us-canada-38649169.

再得到一块（顿巴斯）。在叙利亚，俄支持的叙利亚政府军拿下了战略要地阿勒颇，增加了俄在中东的话语权，增强了其影响力。在美国，和"仇俄"希拉里相比，一个对俄相对友好的人当选总统。

但是，从战略全局上来看，俄罗斯并没有改变被动局面。克里米亚问题，成为俄与乌克兰、俄与西方关系的一个死结。顿巴斯地区争端的长期化，不符合俄罗斯的利益。俄罗斯介入叙利亚越深，和阿萨德政府捆绑越紧，风险越大，包括政治的风险和经济的风险。一年来，俄罗斯渴望的国际反恐联盟没有建立，以美国为首的西方对俄制裁没有减弱，俄的地缘政治态势也没有得到改善。近三年，俄罗斯人民的生活水平出现实质性下降，外来投资、外来技术的输入濒于停滞，俄罗斯经济没有走出困境。与此同时，俄罗斯军事开支不断扩大。2011年，俄国防预算只占GDP的2.7%。而2016年，这个比例是4.7%。普京承诺，在2017年，要将这个比例降到3.3%；2019年，降到2.8%；然后大致维持在这一水平上。①

从2012年至2016年，奥巴马政府总体的对俄政策并不强硬，和普京政府相比，实际上处于一个防守的态势。在乌克兰，他拒绝向乌克兰政府提供致命性武器；在叙利亚，他避免对阿萨德政府的直接打击。在俄网络攻击问题上，他应对迟缓，直到卸任，才做出一些实质性反应。即使这样，俄美冲突仍然处于不断激化和升级的过程中。由此可见，俄美之间的冲突，不仅是领导人个人之间的冲突，更是国家利益和意识形态之争。

特朗普上台后，普京和特朗普之间可能会有一个短暂的调整与缓和，但从长远看，双方利益的冲突将不可避免。特朗普的理念，即一个更为强大的美国，与普京的理念，即一个更为强大的俄罗斯，不可能并立。在乌克兰、叙利亚和欧亚经济联盟的问题上，在核武器及反导系统问题上，美俄的观念

---

① Vladimir Putin's Annual News Conference, December 23, 2016, http://en.kremlin.ru/events/president/news/53573.

分歧明显。从短期看，特朗普当选是俄罗斯的胜利。但从长期看，通过这次美国总统大选有关俄罗斯的争论，美国社会、美国政界、美国情报界对俄罗斯的疑虑，不是减缓了，而是加深了，这不利于两国长期关系的发展和维护。弗林被迫辞职，表明了特朗普新政府对"亲俄派"的某种切割。其对俄态度，慢慢向美国主流靠拢。这也意味着，俄美关系未来的发展，仍然面临巨大的障碍。

Y.14
僵局难破：2016年俄欧关系的基本态势

赵玉明*

摘　要： 2016年俄欧之间并未走出乌克兰危机导致的僵局状态。政治上，俄、德、乌、法"诺曼底四方"围绕乌克兰危机进行了数次协商，俄罗斯与欧盟个别成员国关系也略有起伏，但未取得实质性进展。在军事与安全领域，虽然俄罗斯—北约理事会重启，但双方不断指责对方破坏地区安全与稳定，并在扩大兵力部署的同时频繁进行军事演习，从摩擦、冲突滑向对峙。经济上，双方继续进行制裁与反制裁，经贸往来持续低迷。乌克兰危机在未来仍旧是左右俄欧关系走势的核心因素，而特朗普担任美国总统后其对俄政策和对欧政策是新的国际局势下影响俄欧关系的重要变量。

关键词： 乌克兰危机　"诺曼底四方"　制裁与反制裁

乌克兰危机爆发之后，俄欧关系陷入冷战结束以来的最低点，虽然个别欧盟成员国领导人表示应撤销对俄制裁，改善俄欧关系，俄罗斯也不断表示相互制裁不符合双方利益，但双方关系恶化的局面并未得到改善。

---

* 赵玉明，中国社会科学院俄罗斯东欧中亚研究所助理研究员，历史学博士。

一 政治领域：制裁继续

2016年俄罗斯与欧洲个别成员国之间关系有起有伏，总体而言，乌克兰危机悬而未决使得俄欧关系继续维持僵局。

（一）与欧盟成员国的关系略有起伏

好的方面主要表现在以下几点。第一，2月中旬匈牙利总理欧尔班访问俄罗斯。欧尔班表示，两国将继续在帕克什核电站项目上进行合作。普京则表示，俄愿加强与匈牙利在经贸领域的合作。近几年来，俄匈关系保持平稳发展，双方领导人定期会晤。① 第二，俄奥关系保持热度。4月底，奥地利总统费舍尔访问俄罗斯。普京表示，俄一直是奥能源领域的稳定供应国，愿与奥在能源领域继续加强双边合作。费舍尔则表示重视两国关系发展。② 第三，5月26～27日，普京访问希腊，分别与希腊总统帕夫洛普洛斯和总理齐普拉斯进行会谈。普京在会见齐普拉斯时表示，两国作为东正教国家，一直保持传统友好关系。双方应将友谊转变为在经济和战略领域的合作。③

差的方面主要表现在以下几点。第一，俄英关系再起波澜。1月21日，英国公布利特维年科案调查结果，认为该案是政治暗杀事件，与俄罗斯总统普京有牵连。俄罗斯外交部随后发表声明，称英方的唯一目的是抹黑俄罗斯及其领导层。④ 第二，普京取消访法行程。10月11日，俄罗斯总统新闻秘

---

① 普京：《俄欧关系迟早都会恢复正常》，俄罗斯卫星网，http://sputniknews.cn/russia/201602181018116876。

② Встреча с Президентом Австрии Хайнцем Фишером. http://kremlin.ru/events/president/news/51677.

③ 《俄罗斯寻找解除制裁突破口》，新华网，http://news.xinhuanet.com/politics/2016-05-29/c_129023405.htm.

④ Заявление официального представителя МИД России М. В. Захаровой по поводу обнародования в Великобритании доклада председателя «публичного расследования» по «делу А. Литвиненко», http://www.mid.ru/ru/foreign_policy/news/-/asset_publisher/cKNonkJE02Bw/content/id/2015738.

书佩斯科夫表示,普京决定取消19日的访法行程,原因是其原定出席的几个文化活动被取消。有分析人士认为,叙利亚局势使得法国总统奥朗德对普京来访一事态度并不明朗,导致行程最终被取消。

(二)双方多次协调解决乌克兰危机,但并未取得实质性成果

3月4日,"诺曼底四方"外长会议在巴黎举行。俄罗斯外长拉夫罗夫表示,四国外长主要讨论了乌克兰东部地区安全局势,并一致认为必须完全执行新明斯克协议。① 但乌克兰局势并未随之得到改善。5月下旬,乌克兰东部局势再度紧张,当月24日凌晨,俄罗斯总统普京、德国总理默克尔、法国总统奥朗德、乌克兰总统波罗申科举行电话会谈,协商如何平息紧张事态。② 8月23日,普京、默克尔、奥朗德再次举行电话会谈,讨论了新明斯克协议执行情况、乌东部地区局势和解决措施等。普京表示,东部冲突双方必须严格遵守新明斯克协议关于停火和撤出重武器的条款,配合欧安组织进行监督,以缓解局势。③ 10月20日,"诺曼底四方"在柏林举行峰会,讨论乌克兰局势。这是乌克兰危机爆发之后普京首次访问德国,也是年度最高级别的各方会谈,但四国领导人并未就乌克兰危机达成实质性协议。综合来看,尽管2016年度俄、德、法、乌四国进行了数次协商,但仍未推动乌克兰问题的有效解决。

(三)欧盟继续在政治领域对俄实行制裁

围绕乌克兰危机,除经济制裁外,欧盟还对俄罗斯进行政治制裁。俄罗斯第七届国家杜马选举中有6名来自克里米亚和塞瓦斯托波尔的代表当选。

---

① 《"诺曼底四方"外长会议在巴黎闭幕》,俄罗斯卫星网,http://sputniknews.cn/politics/201603041018304114/。
② 《普京在诺曼底四方领导人谈话中呼吁乌军停止在顿巴斯地区的炮击》,俄罗斯卫星网,http://sputniknews.cn/society/201605241019395389/。
③ Телефонный разговор с Ангелой Меркель и Франсуа Олландом, http://kremlin.ru/events/president/news/52749.

欧盟于11月8日出台措施将这6人列入制裁名单。① 俄罗斯外交部随后表示，欧盟的这一行为是对该地居民没有根据的集体惩罚，限制措施无助于恢复俄欧关系。②

（四）俄方不认可马航MH17客机空难事件中期调查结果

9月28日，马航MH17客机空难联合调查组发布中期调查报告，认为客机是被来自乌克兰东部民兵控制区域的山毛榉导弹击落。俄罗斯国防部对此表示，当时俄军没有任何防空系统进入乌克兰境内。佩斯科夫表示，马航MH17国际调查组报告有多处矛盾之处并缺乏证据。俄外交部则表示对调查质量低下和政治化感到遗憾。

（五）欧洲议会相关议案引发俄方不满

11月23日，欧洲议会通过名为《欧盟针对第三方宣传的战略沟通》的非立法性决议案。决议案指出，俄罗斯为欧盟成员国中的反对党和极端政治组织提供资助支持，以离间欧盟成员国，破坏欧盟的稳定。俄罗斯卫星通讯社、今日俄罗斯电视台等机构是主要威胁信息来源，其正在散播反欧宣传。③ 针对这一决议案，普京、佩斯科夫和俄罗斯外交部分别进行了回应，认为其说法毫无根据，是对俄罗斯的抹黑。

二 军事和安全领域：从摩擦到对峙

2016年，俄欧双方在军事和安全领域的动作主要表现为：不断指责对

---

① Russia: EU adds 6 members of the State Duma from Crimea to sanctions list over actions against Ukraine's territorial integrity, http://www.consilium.europa.eu/en/press/press-releases/2016/11/08.
② Комментарий Департамента информации и печати МИД России относительно решения Совета ЕС о расширении «черного списка» российских физических лиц, http://www.mid.ru/ru/foreign_policy/news/-/asset_publisher/cKNonkJE02Bw/content/id/2515534.
③ 《欧洲议会通过了针对俄罗斯"卫星"新闻通讯社的决议案》，http://sputniknews.cn/politics/201611231021237632/。

方破坏地区安全与稳定，黑山共和国签署加入北约的协议，受到了俄罗斯警告，俄罗斯—北约理事会正式对话重启，双方均在加紧兵力和武器装备部署并不断举行对抗性军事演习，等等。

（一）双方不断指责对方破坏地区安全与稳定

俄罗斯方面。2月13日，拉夫罗夫在慕尼黑安全会议上表示，构建欧洲集体安全的努力受到北约和欧盟的阻挠，其不愿与俄进行真正的合作，视俄罗斯为"敌人"，一直在强化武装力量。① 5月12日，俄罗斯外交部表示，美国部署反导系统是对地区安全和稳定的直接威胁，该举动使欧洲战略格局明显复杂化。② 5月19日，黑山签署加入北约的协议，经北约28个成员国批准协议后，黑山将成为北约第29个成员国。对此，俄外交部表示，把黑山拉进北约触动了俄罗斯的利益。6月17日，普京在圣彼得堡国际经济论坛上指出，在苏联与华约已经不存在的情况下，北约不仅继续存在而且不断东扩，已接近俄边界。③

北约方面。除了不断重申俄罗斯破坏乌克兰的领土和主权完整，认为克里米亚并入俄罗斯不合法外，还对俄西部和南部地区的军事实力增长表示警惕。2016年11月7日，北约副秘书长高特莫勒在与罗马尼亚外长的联合声明中表示，黑海地区的安全环境因俄罗斯的军事实力增长而改变，北约应对此做出反应，应强化在黑海地区的军事存在。④

---

① Выступление Министра иностранных дел России С. В. Лаврова в ходе Министерской панельной дискуссии Мюнхенской конференции по вопросам политики безопасности, http：//www.mid.ru/ru/foreign_policy/news/-/asset_publisher/cKNonkJE02Bw/content/id/2086892.
② 《俄外交部：俄罗斯认为美国部署反导系统是对地区安全的威胁》, http：//sputniknews.cn/politics/201605121019236642/.
③ Пленарное заседание Петербургского международного экономического форума, http：//kremlin.ru/events/president/news/52178.
④ Joint press point with NATO Deputy Secretary General Rose Gottemoeller and the Foreign Minister of Romania. Lazăr Comănescu, http：//www.nato.int/cps/en/natohq/opinions_137402.htm? selectedLocale=en.

（二）俄罗斯—北约理事会重启

4月20日，俄罗斯—北约理事会大使级会谈举行。双方主要讨论了乌克兰危机、新明斯克协议、地区恐怖主义、北约在东部成员国增强军备等问题。北约秘书长斯托尔滕贝格在会后表示，支持与俄进行政治对话，但这并不意味着双方关系恢复正常，北约不会承认俄罗斯对克里米亚的"兼并"，俄应尊重乌克兰的领土和主权完整。① 俄罗斯—北约理事会于2014年4月暂停召开，此次大使级会谈为两年来双方首次进行的正式对话。7月13日，双方再次举行大使级会谈。北约方面向俄罗斯陈述了华沙峰会的决议内容，俄罗斯则向北约陈述了其对决议的分析和即将采取的应对措施。会后，斯托尔滕贝格再度表示，北约支持乌克兰的领土和主权完整，俄罗斯在乌克兰的行为破坏了欧亚地区安全及俄与北约的双边关系。② 12月19日，俄罗斯与北约举行第三次大使级会谈。俄方代表格鲁什科在会后表示，北约在政治和军事问题上仍对俄奉行遏制政策。斯托尔滕贝格则表示，双方在乌克兰问题上的分歧十分巨大，北约将坚定支持乌克兰的主权独立和领土完整，不会承认俄对克里米亚的占有。③

（三）双方演习不断，并加快军事部署

2016年6月，北约先后举行了"波罗的海2016"、"蟒蛇2016"和"军刀出击2016"三场大规模、多国参与的军事演习。月初，北约18个成员国及伙伴国举行"波罗的海2016"军演。共有4500名军人和50艘军舰、60架飞行器参演，其中包括美国派出的两架B-52战略轰炸机。6~17日，波兰举行的"蟒蛇2016"的军演为冷战结束以来该国进行的最大规模演习，

---

① Doorstep statement, by NATO Secretary General Jens Stoltenberg following the NATO-Russia Council meeting, http://www.nato.int/cps/en/natohq/opinions_129999.htm?selectedLocale=en.
② NATO Secretary General welcomes frank and open discussions in NATO-Russia Council, http://www.nato.int/cps/en/natohq/news_134100.htm?selectedLocale=en.
③ Statement, by the NATO Secretary General following a meeting of the NATO-Russia Council, http://www.nato.int/cps/en/natohq/opinions_139569.htm?selectedLocale=en.

共有来自18个成员国和5个伙伴国的3万多名军人和3000件军事装备、105架飞行器、12艘舰艇参加。① 6月中下旬,北约举行"军刀出击2016"军事演习。演习由美国驻欧洲陆军司令部主持,爱沙尼亚为具体主导国,13个北约成员国及伙伴国近1万名军人参加。②

2016年7月9日,北约在华沙峰会公报中表示,将在波罗的海三国和波兰各部署一个营级战斗单位,指挥中心设在波兰。③ 对此,俄罗斯国家杜马国际事务委员会第一副主席卡拉什尼科夫认为,北约的这一举动并不符合其承担的国际义务。④ 俄方还表示,将在加里宁格勒增加部署S-400防空导弹系统和伊斯坎德尔导弹以作为回应。

7月11日,北约在黑海举行"微风2016"海上联合演习,黑海地区北约成员国、乌克兰、格鲁吉亚共有25艘军舰和1700名士兵参演。针对北约海上演习,俄黑海舰队在月底举行防御海军陆战队和空降兵抢滩登陆的演习。⑤

8月1~12日,北约"火雷2016"火炮演习在立陶宛举行。北约11个成员国和乌克兰共1100名军人参演,这是立陶宛第四次举行该类型演习。⑥ 9月,北约举行"充分打击2016"军事演习。来自17个北约成员国和伙伴国的1500余名军人参加。其中,美军出动了B-1和B-52战略轰炸机及KC-135R空中加油机。

针对北约频繁举行军演,俄罗斯在9月初展开了名为"高加索2016"的年

---

① 《现代波兰史上最大演习"蟒蛇2016"6月6日开幕》,http://sputniknews.cn/military/201606061019572087/。
② 《"军刀出击2016"大型军演在爱沙尼亚开幕》,http://sputniknews.cn/military/201606141019663685/。
③ Warsaw Summit Communiqué, Issued by the Heads of State and Government participating in the meeting of the North Atlantic Council in Warsaw 8–9 July 2016, http://www.nato.int/cps/en/natohq/official_texts_133169.htm.
④ 《俄杜马:北约峰会决定未违反该组织与俄关系基本法的声明不符合事实》,http://sputniknews.cn/politics/201607101020041357。
⑤ 《黑海舰队举行演习演练防御海军陆战队登陆海岸的项目》,http://sputniknews.cn/russia/201607311020362695/。
⑥ 《北约五国千余名军人将参加立陶宛的"火雷2016"火炮演习》,http://sputniknews.cn/military/201608011020369821/。

度最大规模战略军事演习。演习在俄南部军区、黑海和里海地区进行，共动用12500余名军人，出动S-400、S-300防空导弹系统和"铠甲-S"防空导弹火炮等先进武器装备。俄国防部表示，演习目的是在复杂的国际政治军事形势下，评估俄军保护西南方向国家利益的能力。而针对11月美国加强在罗马尼亚部署导弹防御系统的行为，俄方表示，除在加里宁格勒增加部署防控武器装备外，还将在西部和南部军区以旅为基础设立4个师级作战单位，以增强军力配备。

11月10日，北约与格鲁吉亚举行联合军事演习。本演习是首次由格鲁吉亚指挥的北约框架下的多国军演，有来自11个北约成员国与乌克兰、马其顿的军人参加。格鲁吉亚已在5月与美国、英国举行了代号为"高贵伙伴"的联合军演，并在9月与美国、保加利亚、拉脱维亚等国举行了代号为"敏捷精神"的军演。① 对于格鲁吉亚频繁与北约成员国举行演习，俄外交部表示"此类活动是对地区和平稳定的严重威胁。格鲁吉亚的其他邻国——阿布哈兹和南奥塞梯也多次就此表示关切"。②

除了在"东部前线"双方频繁进行针锋相对的军演和军力部署外，北约与俄罗斯还同时在巴尔干地区各自举行联合军演。10月31日，北约在黑山举行联合军演，7个北约成员国和10个非成员国共680名军人参加。11月2日，俄罗斯、白俄罗斯与塞尔维亚三国共600余名军人在塞尔维亚举行"斯拉夫兄弟2016"联合军演。有分析人士认为，虽然两场演习的规模不大，但双方先后在同一地区举行军演，反映了俄罗斯与北约在地缘政治上的对峙从波罗的海和黑海延伸到了巴尔干地区。③

11月20日至12月3日，立陶宛举行"铁剑2016"演习。来自11个北约成员国的约4000名军人参演。这是北约第三次举行"铁剑"演习，也是规模最大的一次。

---

① 《格鲁吉亚与北约举行联合军演》，http://sputniknews.cn/military/201611111021146536/。
② 《俄外交部称北约与格鲁吉亚的联合军演威胁地区和平稳定》，http://sputniknews.cn/politics/201611151021173476/。
③ 《俄与北约同时在巴尔干举行军演》，http://jiangsu.china.com.cn/html/junshi/gj/7935627_1.html。

俄罗斯黄皮书

三 经贸往来：持续低迷

2016年俄罗斯与欧盟个别成员的经贸联系有所加强，俄方也试图在圣彼得堡国际经济论坛框架下推进俄欧经贸合作，但受制于双方僵持的政治关系，俄欧经贸往来持续低迷。

（一）俄欧双方继续进行经济制裁与反制裁

欧尔班在访问俄罗斯时曾表示，欧盟应取消对俄制裁。普京也认为，欧盟将对俄制裁与解决乌克兰危机联系在一起毫无意义，俄欧关系迟早会实现正常化。但是，由于乌克兰局势得不到实质性改善，俄欧之间的制裁在2016年未见松动迹象。6月29日，针对欧盟即将延长对俄制裁的传闻，普京签署命令，将对欧食品禁运延长至2017年12月31日。7月1日，欧盟正式延长对俄制裁至2017年1月31日。在特朗普当选美国总统之后，针对其频繁对俄示好的行为，欧盟外交与安全政策高级代表莫盖里尼在12月15日表示，欧盟对俄立场坚定，无论特朗普就对俄制裁问题做出何种决定，欧盟仍将继续把制裁措施与明斯克协议的执行进程挂钩。① 12月19日，欧盟再次宣布，对俄经济制裁在2017年1月31日到期后将延长6个月，至2017年7月31日，以敦促俄罗斯全面执行新明斯克协议。在双方实行制裁与国际油气价格大跌的情况下，2016年俄对欧出口额不断下滑，俄欧经贸往来持续萎缩（见表1）。

表1 2016年俄罗斯对欧盟贸易额

单位：亿美元

俄对欧盟贸易额			占俄对外总贸易额的百分比	相当于2015年贸易额的百分比		
出口	进口	进出口		出口	进口	进出口
1304.910	699.006	2003.916	42.8%	78.8%	99.6%	85%

资料来源：俄罗斯海关总署网站，http://www.customs.ru/index2.php?option=com_content&view=article&id=24785&Itemid=1976。

---

① 《莫盖里尼：欧盟对俄制裁与明斯克协议挂钩而与美国立场无关》，http://sputniknews.cn/politics/201612151021402553/。

176

（二）在圣彼得堡国际经济论坛框架内推进俄欧经济合作

6月16日，普京与荷兰皇家壳牌石油公司首席执行官范博登进行会谈，主要探讨了该公司在俄罗斯的市场前景问题。此外，壳牌石油公司还与俄就波罗的海液化天然气合作项目签署了谅解备忘录。①

6月17日，普京与意大利总理伦齐举行会晤，并出席了诺瓦泰克公司与新比隆公司协议签署典礼。根据协议，新比隆公司将在25年内为亚马尔液化气项目提供技术服务。在两国领导人见证下，俄意双方共签署了价值13亿欧元的各项合作协议。②

（三）俄土两国签订"土耳其流"天然气供应协议

10月11日，俄罗斯和土耳其签署"土耳其流"天然气管道项目协议，规定将经黑海海底建设两条通往土耳其的石油管道，每条管道的输气能力为157.5亿立方米/年。一条线路用于直接向土耳其市场输送天然气；另一条线路用于经土耳其境内向欧洲国家输送过境天然气。③ 12月25日，土耳其正式批准"土耳其流"天然气合作项目。

结　语

2016年，乌克兰东部问题仍然是俄欧关系的症结与焦点。俄罗斯在政治上试图利用与个别欧盟成员国发展关系为突破口，推动欧盟解除对俄制裁，改善俄欧关系，但在乌克兰危机得不到实质性解决的情况下，俄欧双方的关系难以得到实质性改善，只能继续维持僵局。

---

① Встреча с главой компании Royal Dutch Shell Беном ван Берденом, http://kremlin.ru/events/president/news/52166.
② 《普京：圣彼得堡论坛期间已与意大利企业签署价值超过13亿欧元的合同》, http://sputniknews.cn/russia/201606181019726784/.
③ 《俄土签署了关于"土耳其流"天然气管道项目的政府间协议》, http://sputniknews.cn/russia/201610111020927150。

军事上,俄罗斯—北约理事会大使级会谈虽然重启,但这只能表明双方有意维持接触和对话。在乌克兰危机、北约扩大在东部前线的军事存在、在罗马尼亚部署导弹防御系统等问题上,双方陷入结构性矛盾之中,无法调和。尽管双方都宣称自己的所有军事动作是防御性的,但实际上任何一方"防御性"措施的增加,都必然导致对方"防御性"措施的相应增加,俄罗斯与北约处在深刻的安全困境之中。12月1日,普京在国情咨文中再次强调,冷战已经结束,苏联已经解体,北约存在的基础已然消失,保障跨太平洋地区安全的任务应该交给欧安组织,但这种情况并没有发生,"俄罗斯威胁"反而成了北约发展壮大的理由。

经济上,自乌克兰危机爆发以来,俄欧之间制裁与反制裁措施不断,加上国际油气价格大跌,双方经贸额逐年下跌。制裁虽然使得俄罗斯经济陷入困境,但事实上也激发了俄罗斯民众的爱国主义情绪,加剧了俄欧双方民意的对立。11月8日,俄罗斯著名调查机构列瓦达中心就西方制裁问题发布调查报告。对于问题"俄是否应该在意西方批评",30%的受访者表示"应该",59%的受访者表示"不应该"。对于问题"西方国家制裁俄罗斯最重要的目的是什么",74%的受访者表示是为了"削弱和羞辱俄罗斯",有13%的受访者表示是为了"恢复因克里米亚并入俄罗斯而被破坏的地缘政治平衡",有5%的受访者表示是为了"制止乌克兰东部的战争、破坏和人员死亡",有8%的受访者表示难以回答。

毫无疑问,乌克兰危机是左右俄欧关系走势的核心因素,这同样适用于观察2017年俄欧关系走势。值得注意的是,美国第45任总统特朗普的对俄政策和对欧政策将是新的国际局势下影响俄欧关系走向的重要变量。

Y.15 2016年俄罗斯与东盟关系：大欧亚伙伴关系框架下寻求区域一体化合作

李勇慧*

摘　要： 大欧亚伙伴关系包含了追求地区内的新格局和跨国的经济安全合作，其实质是俄罗斯应对经济危机和外交孤立的战略防御布局。俄罗斯主导的欧亚经济联盟与东盟的合作及正在进行的自贸区谈判为大欧亚伙伴关系填充了最现实的内容，也有利于俄罗斯在区域一体化进程中增加主导权。大国关系、周边外交、各种区域和次区域合作、地区热点问题等多方面因素为俄罗斯和东盟的合作增添了复杂性和挑战。中国应积极谋求欧亚经济联盟、东盟和"一带一路"建设相对接，最大限度地扩大对接的战略契合点和利益汇合点，与俄罗斯共同推动在大欧亚全面伙伴关系框架下的双边和多边合作取得实质性进展，形成良性互动的竞争。

关键词： 区域合作　俄罗斯　东盟　欧亚经济联盟

乌克兰危机爆发后，俄罗斯更积极、更主动、更全面地"向东看"，俄罗斯对东盟外交表明其"向东看"的政治经济政策的多样性。在普京提出的大欧亚伙伴关系中，俄罗斯将东盟视为其欧亚地缘战略的支点，俄罗斯欲

---

* 李勇慧，中国社会科学院俄罗斯东欧中亚研究所外交研究室副主任，研究员。

重塑亚太政治经济新格局及提振俄远东经济的现实需求加快了其与东盟地区一体化的进程，欧亚经济联盟与东盟建立自贸区的谈判将使俄罗斯与东盟的关系进入一个全新的阶段，有利于俄罗斯在东亚区域一体化进程中增加主导权。大国关系、周边外交、各种区域和次区域合作、地区热点问题等多方面因素为俄罗斯和东盟的合作增添了复杂性和挑战。俄罗斯与东盟发展关系对中国暂无消极影响，中国宜在地区合作中争取服务于"一带一路"建设，实现互利双赢和共同发展。

一 大欧亚伙伴关系的理论含义

大欧亚伙伴关系的概念是俄罗斯总统普京在2016年6月圣彼得堡国际经济论坛全体会议上提出来的。他呼吁建立连接亚洲和欧洲的大欧亚伙伴关系。普京在讲话中提出建立一个有欧亚经济联盟、印度、中国、独联体各国和其他国家与地区组织参加的大欧亚伙伴关系；主张在灵活的一体化结构框架内加大协作，认为在当今客观形势下，只有大家共同努力、相互协作，才能有效地完成所面临的一系列生产和经济任务。普京认为，目前地缘政治的紧张局势在很大程度上是经济困难造成的。[①]

（一）大欧亚伙伴关系透射出普京的地区主义理念

乌克兰危机爆发后，在西方对俄罗斯实施外交孤立、经济制裁的背景下，俄外交更多表现出突围的色彩。"向东看"政策既是为突破西方的围困，也是其长期的发展战略，其中地区机制安排是最好的解围和防御的手段。大欧亚伙伴关系的提出，就是俄试图通过与地区合作达到最好的突围解困的效果，同时其也追求对地缘安全利益的最好防御。大欧亚主义体现了以下几个方面含义。

---

① Владимир Путин выступил на пленарном заседании Петербургского международного экономического форума, https://rg.ru/2016/06/17/reg-szfo/stenogramma-vystupleniia-vladimira-putina-na-pmef-2016.html.

一是追求地区内的新秩序和格局，这也是实现新世界格局的一种方法。2016年11月新出台的《俄罗斯联邦对外政策构想》提到，当今世界正处于深刻变革的历史阶段，其本质在于日益形成多中心的国际体制；国际关系的结构变得愈加复杂；全球化进程催生了新的经济和政治影响力中心；实力与发展潜力逐步分化且朝着亚太地区转移。① 普京提出的大欧亚伙伴关系是由欧亚联盟构想发展而来的。他曾指出，欧亚联盟将成为国家之上的联合体，是与欧盟、亚太经合组织、东盟等平行的组织，成为世界的一极。② 欧亚联盟提出后，不少学者将其看作恢复苏联实力的战略构想，后来演变为欧亚经济联盟。欧亚经济联盟也被视作既有经济意义又有政治意义的多向性组织。按照普京的设想，欧亚经济联盟将与地区内的多个力量中心对接、合作。在俄罗斯的新构想中指出，推动以世界贸易组织为基础的全球多边贸易体系的有效运作，并助力符合俄国家发展重点的地区经济一体化进程。③ 对于普京来说，大欧亚伙伴关系就是符合俄国家发展重点的地区经济一体化进程。

二是地区国家间的跨国交往与合作。作为地区主义建构主要行为体的民族国家具有地缘意义上的关系，但并不一定要接壤。同时国家间关系可以是多层次的，包括经济、政治（安全）、社会（文化）等方面。在普京的构想中，大欧亚主义的地理界线具有伸缩性和灵活性，将包括欧洲和亚洲，可以"东起符拉迪沃斯托克，西至葡萄牙的里斯本"④。大欧亚主义包含以欧亚经济联盟为主导、与地区国家和组织的经济合作对接以及签署自贸区协定。

---

① Концепция внешней политики Российской Федерации (утверждена Президентом Российской Федерации В. В. Путиным 30 ноября 2016 г.), http://www.mid.ru/foreign_policy/news/-/asset_publisher/cKNonkJE02Bw/content/id/2542248.

② В. Путин. Новый интеграционный проект для Евразии: будущее, которое рождается сегодня//Известия. 3 октября. 2011.

③ Концепция внешней политики Российской Федерации (утверждена Президентом Российской Федерации В. В. Путиным 30 ноября 2016 г.), http://www.mid.ru/foreign_policy/news/-/asset_publisher/cKNonkJE02Bw/content/id/2542248.

④ 普京在2010年11月访问德国时在德国报纸上发表文章，就俄罗斯与欧盟建立新型经济合作模式提出建议，并呼吁建立覆盖全欧洲的经济共同体。

2016年,欧亚经济联盟与东盟的合作为大欧亚伙伴关系填充了最现实的内容。

三是地区主义建构的选择是自愿的,而且是从跨国交往、国家合作进而到一体化的多层次进程,一般形成一定的制度组织安排形式,甚至走向更高级别层次的组织安排与地区国家。这样地区主义也包括了一般意义上区域层次的合作与联盟聚合以及更深层次的一体化。① 当前大欧亚主义还没有发展到这个阶段,但是,欧亚经济联盟和东盟的合作是自愿的,相互开放对接合作,逐渐达成自贸区协定,进而推动经济一体化进程加快发展。2016年5月,俄罗斯与东盟合作20周年领导人峰会上签署的《索契宣言》表达了东盟各国与俄罗斯进一步加强地区合作的战略意愿。

(二)大欧亚伙伴关系中的新欧亚主义内涵

普京担任总统以来其执政思想就是爱国主义、强国主义、国家主义和社会团结,以复兴俄罗斯全球大国地位为己任,谋求俄重新崛起。普京对内统治理念具有浓厚的斯拉夫主义特征。但是,普京清醒地认识到,强国离不开与外部的联系,因此,他的对外政策中又包含有很浓厚的新欧亚主义的主张。

新欧亚主义首先界定了俄罗斯国家幅员辽阔,是地跨欧亚大陆、多民族相互合作、多元文明相互交融、自然资源极其丰富的伟大国家,对国家而言这是团结稳定的内涵。其次,强调利用国际因素实现地缘政治现实目标,强化俄的国际地位和影响力,加强与邻国合作开发远东及西伯利亚地区。再次,鉴于俄罗斯的欧亚地缘政治现实,俄罗斯不能奉行一边倒的政策,否则只会引起社会动荡以及文化和经济分裂。最后,新欧亚主义是各民族文化间内部对话和俄罗斯文明统一的核心思想目标,忽略之,将会导致俄罗斯文明"链"的断裂。②

---

① 〔美〕多尔蒂·普法尔茨克拉夫:《争论中的国际关系理论》,阎学通译,世界知识出版社,1987,第78~85页。
② 〔俄〕季塔连科:《俄罗斯的亚洲战略》,李延龄等译,中国社会科学出版社,2014,第53~59页。

2012年普京复任总统后,俄罗斯格外重视亚太地区经济发展态势和俄的国际影响力。乌克兰危机爆发后,与西方加强合作的希望破灭,俄罗斯国内再次出现激烈的争论。新欧亚派认为,只有在发展与亚洲国家关系的过程中俄罗斯才能加强在亚洲地区的影响力,不断强化自己的亚洲属性,彰显其世界大国的地位。俄罗斯开启了新一轮的"向东看"政策,加快重返亚太的步伐。其中一项重要的内容就是拓展与亚洲国家的地缘经济联系,积极寻求亚太地区经济一体化合作,俄罗斯与东盟的合作为其发展远东和从外部推动欧亚经济联盟发展提供了机遇。

二 大欧亚伙伴关系框架内的俄罗斯与东盟关系

东盟是亚洲最有成就的区域合作组织,在近20年里经济稳定增长,奉行大国平衡政策。与动荡的中东和欧盟所出现的问题相比,表现出高水平一体化的、富有活力的东盟对于俄罗斯和欧亚经济联盟来说是弥足珍贵的。双方关系突出表现在以下几点。

(一)俄与东盟建立对话伙伴机制,双方政治关系日益紧密

自1996年俄罗斯与东盟形成对话伙伴关系至今,俄罗斯不断加强与东盟的政治互信和务实合作。2005年12月,首届俄罗斯与东盟峰会在马来西亚举行,双方签署《关于发展全面伙伴关系的联合宣言》,并达成《2005~2015年推进全面合作行动计划》,这标志着双方的对话伙伴关系已经达到了一个新的水平。2010年10月,第二届俄罗斯—东盟峰会在越南召开,双方签署了经贸、文化等多个领域的合作协定,尤其是达成了制定促进双方经贸和投资路线图的意向。2011年8月在印尼举行的俄罗斯—东盟经济部长级磋商会议上,双方发表声明称,东盟支持俄罗斯在2011年年底前加入世界贸易组织,双方还讨论了俄罗斯以关税同盟新模式与东盟合作的前景。① 2016年,俄罗

---

① 李勇慧:《俄罗斯与亚太经合组织研究》,《俄罗斯学刊》2016年第1期。

斯与东盟建立对话伙伴关系。2016年5月19~20日，第三届俄罗斯—东盟峰会在俄索契召开。这是2016年俄罗斯国内最重要的国际活动，东盟各国领导人齐聚俄罗斯索契，一天之内，普京总统会见了东盟十国的领导人及代表，会后共同发表了《通向互利的战略伙伴关系之路》（《索契宣言》）和《2016~2020年俄罗斯与东盟发展合作综合行动计划》。①《索契宣言》提出欧亚经济联盟与东盟建立自贸区问题，为双方关系发展注入了强劲动力。

俄罗斯与东盟成员国的双边关系在20年间得到进一步加深，仅以越南和马来西亚为例。俄罗斯与越南的全面战略伙伴关系进一步深化，高层互访形成机制。双方在能源和军事两个轮子的驱动下政治、经济关系齐头并进，在战略上相互借重。2015年5月俄罗斯总理梅德韦杰夫访问越南，欧亚经济联盟与越南签订自贸区协定，俄以此为重要抓手，加快与东盟其他国家就自贸区问题的磋商。在俄罗斯融入东盟国际组织活动中，越南起到主要作用，成为俄罗斯在东南亚的战略依托。2016年3月，俄罗斯联邦委员会主席马特维延科访问马来西亚时表示，马来西亚仍是俄罗斯最有前景的贸易伙伴之一，双方签署了成立共同商务委员会的协议。② 马来西亚15%的医生曾在俄罗斯大学接受教育。③

（二）俄罗斯与东盟的贸易额不大，但潜力巨大

俄罗斯与东盟的贸易额逐年上升，但在俄罗斯贸易总额中占比较小，贸易结构不平衡。从2005年召开首届俄罗斯—东盟峰会至2013年，双边贸易额增长4倍多。2013年，俄罗斯总贸易额为8676亿美元，与东盟贸易额为175亿美元，比上年增加12.1%，但是东盟在俄罗斯贸易总额中的占比仅为2%；2014年俄罗斯与东盟贸易额为225亿美元④；2015年，由于世界石油

---

① http://www.mid.ru/summit-russia-asean.
② Россия и Малайзия создали совместный Деловой совет. http://izvestia.ru/news/606399.
③ Россия и АСЕАН: как достичь сопряжения интересов? //Международная жизнь. 04. 2016.
④ 参见李勇慧《2015年俄罗斯亚太外交表现与评价》，《俄罗斯发展报告（2016）》，社会科学文献出版社，2016。

价格下跌,俄罗斯与东盟贸易额跌至137亿美元;2016年第一季度,俄罗斯与东盟的贸易额为30亿美元,在俄贸易总额中的占比不到3%,除与越南和印度尼西亚的贸易额有所上升外(分别为7.96亿美元和6.37亿美元,同比增长了20%和13%),与东盟其他国家贸易额都在下降。这与全球经济危机和油价下跌直接相关。与越南贸易额上升是因为欧亚经济联盟与越南签订了自贸区协定。东盟市场容量很大,双方在能源加工工业、基础设施建设、电力、民用核能和高科技产业等方面合作潜力巨大。同时,俄远东地区可成为东盟对俄投资的主要合作平台,也是提高贸易额的重要方向。

(三)俄罗斯积极主推欧亚经济联盟与东盟的一体化

欧亚经济联盟成立的目标之一是通过自贸区模式同独联体以外的国家建立合作关系。2015年5月欧亚经济联盟与越南签订的自贸区协定具有里程碑的意义,标志着俄罗斯与东盟经济融合和开放趋势将进一步扩大。2015年年底,普京在国情咨文中提出,将就在欧亚经济联盟、上合组织及东盟间建立大规模经济伙伴关系开展磋商。2016年5月,索契峰会上东盟各国对欧亚经济联盟与东盟对接合作一致表示支持,认为东盟与欧亚经济联盟的合作将赋予东盟与俄罗斯更加强劲的动力,将在国家间形成商品、资本和服务的自由流动。① 目前,新加坡、印度尼西亚、柬埔寨和泰国有意与欧亚经济联盟建立自由贸易区。其中,新加坡拟于2018年与俄罗斯完成自贸区谈判。

除俄罗斯外,早在关税同盟阶段,欧亚经济联盟其他成员国与东盟已经打下相互合作的基础,并在实践中不断深化关系。2013年,白俄罗斯设立驻东盟秘书处代表,希望在农业和保障粮食安全方面进行合作。东盟与哈萨克斯坦也积极接触,2014年哈在东盟秘书处派驻代表,并在阿斯塔纳成立了东盟国家委员会,推动双方的合作。② 欧亚经济联盟与东盟两个组织间也有很多相似之处,从目标上看,它们都是真正统一的经济空间,保证了真正

---

① ACEAH: Новый виток интеграции и позиции России., http://russiancouncil.ru/asean-russia.

② История отношений России и ACEAH., http://tass.ru/info/3290942.

的经济自由，近期和中期计划里有许多对接项目。2015年，双方确定了57项投资项目，索契峰会上提出欧亚经济联盟与东盟建立自贸区的问题，8月欧亚经济联盟与东盟间建立自贸区的设想进入实践阶段，在俄罗斯与东盟经贸部长会谈上商定为此组建可行性研究工作组。

（四）俄与东盟合作的主要方向是能源和军工以及非传统领域的安全合作

2011年东亚峰会扩容后，俄罗斯正式成为东亚峰会成员。对于能源丰富的俄罗斯来说，东盟是一个潜力巨大、体现供应多样化的市场。修建中的自西伯利亚通往太平洋沿岸的油气管道、符拉迪沃斯托克港口基础设施都将为俄与东盟能源合作提供有利的基础设施保障。和平利用核能也是俄罗斯与东盟国家开展合作的强项，通过核电站的建设，带动俄罗斯机电设备的出口。与此同时，俄罗斯为东盟国家培训相关核电站技术人员，以此体现与东盟国家的经济技术合作。此外电能、能源勘探等合作项目都在推进中。

东盟国家是俄罗斯军火销售的主要市场，俄罗斯为其提供多种军事装备，市场潜力巨大。根据斯德哥尔摩国际和平研究所（SIPRI）的数据，2010~2014年，俄罗斯在全球武器出口市场中的份额为27%。亚太地区对于俄罗斯来说是盈利非常多的市场，2010~2014年，俄罗斯66%的武器出售给了该地区的国家；1995~2010年，俄越军售总额超过236亿美元，占越进口武器总额的89%，越南成为俄第五大武器出口国；2014年，越南95%的武器都来自俄罗斯。此外，马来西亚、印度尼西亚、老挝等国也是俄军售对象。印度尼西亚1/3的进口军事装备来自俄罗斯，俄罗斯是印度尼西亚第一大军备供应商[①]。

近些年俄罗斯与东盟在反恐领域、打击海盗和有组织跨国犯罪等非传统安全方面展开的合作越来越紧密。《索契宣言》表明，东盟非常肯定俄罗斯在打击全球恐怖主义方面的积极作用，希望联合俄罗斯一同对"伊斯兰国"

---

① 李勇慧：《俄罗斯与亚太经合组织研究》，《俄罗斯学刊》2016年第1期。

恐怖主义组织进行严打。联合军演是双方合作的主要形式，双方还将在交换情报和人员培训方面加大合作。① 2016年4月，首次东盟与俄罗斯国防部长会议召开，首批确定的合作项目包括：打击国际恐怖主义，海上安全，协助消除自然灾害和人为灾难后果，军事医学，人道主义扫雷。② 随着俄与东盟关系的进一步深化，双方的安全军事合作也将进入新阶段。

三 俄罗斯积极发展与东盟关系的主要原因

东盟十国的合作体现了区域合作质量的提升、深化、多方位和综合性，东盟经济一体化使得东南亚地区变为快速发展、富有竞争力的地缘经济共同体；同时能够让自己的成员国保持高速经济增长，政治社会相对可控，凝聚民族信仰。东盟在亚太地区经济合作和多边合作倡议中发挥中心作用，在全球事务发展中具有影响力。东盟的经济合作内容和鲜明的地缘政治特点非常符合俄罗斯的经济利益和战略考虑，俄罗斯积极推动欧亚经济联盟与东盟对接，视对接为大欧亚伙伴关系中重要的经济合作内容。俄罗斯认为与东盟的合作将为大欧亚伙伴关系填充具有战略性的内容：一是希望本国能尽快融入地区一体化进程，建立自贸区，发展经济，成为大欧亚伙伴关系的新纽带；二是利用两个区域组织的对接逐步改变欧亚大陆的经济格局，以利于俄掌握主动权，重塑亚太地区的经济新格局。

俄罗斯对东盟的战略考虑也是俄整体亚太外交战略的主要组成部分，其内涵体现在以下几个方面。

（一）回应西方打压，谋求重新崛起，成为全球性大国

乌克兰危机爆发、克里米亚并入俄罗斯后，俄罗斯与美欧关系陷入谷

---

① По итогам саммита Россия-АСЕАН принята декларация и план развития сотрудничества с РФ., http://tass.ru/politika/3301017.
② Россия и асеан: новые горизонты сотрудничества., http://www.iarex.ru/articles/52443.html.

底，出现似冷战时代的对垒，欧洲上空弥漫"新冷战"的气氛。由于美欧在政治、金融、能源、高科技、军事等多个领域对俄罗斯采取严厉制裁，加之国际油价下跌，国内资本外逃，卢布大跌，俄罗斯经济陷入危机之中。俄罗斯在其西部难以施展有效的外交，而东部正在形成新的力量格局，俄与东盟各国良好的政治关系，富有活力的、广阔的亚洲市场，促使俄罗斯再一次集中外交资源投向亚洲。加之，俄罗斯远东蕴藏着丰富的资源，发展潜力巨大，俄加紧实施包括欧亚经济联盟与东盟建立自贸区的亚太战略布局，这不仅能弥补其在西部与美欧关系交恶所带来的政治孤立和巨大的经济损失，而且，还能借着亚太经济快速发展的机遇，大力发展远东地区，改善东西部地区经济发展失衡状况，促进区域平衡发展，以实现强国目标。索契峰会也说明了西方对俄罗斯实行孤立政策的失败。

（二）提升俄罗斯影响力，重构亚太安全格局

欧亚经济联盟与东盟的对接体现了俄罗斯对自己亚洲身份的进一步认同，在新一轮的亚太主导权之争中，俄罗斯希望在大欧亚伙伴关系框架下凭借自身的亚太属性以及在亚太的地缘政治和资源优势，加强俄罗斯与亚太地区的合作，提升在亚太地区的影响力，在构筑亚太安全新格局中成为主导力量。美国实施重返亚太战略，抢夺亚太战略主导权，尤其是深化与日韩等传统盟国的军事合作关系，意在从东部遏制俄罗斯和中国。东盟奉行大国力量平衡政策，认为大国在相互制衡中将保持地区的和平与稳定，不至于使地区陷入混乱和无序的崩溃边缘。这个国际关系理念符合俄罗斯在该地区的战略利益，因此，俄罗斯试图将东盟拉入俄提出的构建亚太新安全机制的战略构想，以对冲美国的单极化政策，形成亚太安全格局多边对话的机制，从而牵制美国的一家独大。

（三）加入经济一体化进程，通过建立贸易区在区域合作中得到发展并逐步改变欧亚经济格局

近两年，世界仍未能走出经济危机，大国经济增长缓慢，导致民粹主义

泛滥，英国脱欧和特朗普当选美国总统就是证明。特朗普实行保守主义，退出TTP和TTIP，走反全球化的道路。当前民粹主义成为世界经济发展的最大威胁。亚太地区正在经历第三次现代化和工业化的浪潮，地区发展进入一个新高度，经济发展的成果将得到进一步巩固。亚洲的经济能够继续稳定增长，得益于中国经济的稳定增长和地区经济一体化的发展。亚洲地区占到世界贸易量的57.1%，因此未来经济增长还应该依靠经济一体化的进一步发展和强化。

东盟拥有6亿人口，是世界经济增长中心之一，各国的GDP之和为23万亿美元，是一个非常巨大且不断增长的消费需求市场，近15年来，东盟居民收入大致每年增长5%，而到2025年，消费数量将翻倍。[①] 东盟作为一个区域合作组织，在聚拢东亚其他国家参与区域合作方面发挥了特殊的作用。欧亚经济联盟与这样一个充满活力和前景的组织对接和合作，也将证明其自身所具有的生命力和吸引力。

四 俄罗斯与东盟关系发展前景及对中国的影响

（一）俄与东盟关系的前景

鉴于俄罗斯目前的经济状况，还不能积极在亚太地区进行投资，与大国竞争，但俄采取逐渐提升其在该地区影响力的步骤，大欧亚伙伴关系的提出就有这方面的战略考虑[②]。随着亚太地区在国际政治经济格局中的重要性越来越突出，未来俄与东盟的关系受到地区化潮流、大国关系、地区热点和俄罗斯自身条件的影响，将充满复杂性和挑战。

首先，各方战略考虑不同。特朗普上台后虽然不再提美国的再平衡战

---

① Евразийский союз укрепляется в Юго-Восточной Азии., http://russiancouncil.ru/blogs/eurasian-chronicle/?id_4=2647.

② Азия и евразия: угроза популизма и перспективы роста экономики., http://ru.valdaiclub.com/a/highlights/aziya-i-evraziya-ugroza-populizma/?sphrase_id=11065.

略,但是其强化同盟国、遏制中国的政策不会改变和减弱,地区平衡和稳定的态势将会被进一步动摇。东盟的大国平衡战略也受到美国战略的冲击,东盟国家不得不面临选边站的局面。而且美国的过度介入和重塑主导权的努力对东盟的整体团结和发展是一个威胁,使得一些进程难以按东盟的核心设计发展。欧亚经济联盟与东盟的对接合作是俄罗斯寻求谋划亚太经济安全格局的重要手段。"该地区地缘政治方面的意义在于,美国试图维护霸权主义和其在亚太地区的支配地位,但是该地区出现了几个新的力量中心,美国不愿意承认它们的影响力,因此,必须要有一个新的国际体系和规则,以及重新划定的势力范围。"① 这样一来,东亚地区的一体化进程因同时存在数个主要世界大国而变得复杂,大大增加了决策的难度和不确定性。"东盟如何找到自己的新位置,如何运用集体力量维持地区力量平衡,如何维护地区合作的大框架与利益均衡,使自己处在'四两拨千斤'的中心位置,对它来说是一个新的考验"。② 欧亚经济联盟和东盟两个组织能否合作成功面临挑战。

其次,欧亚经济联盟成员国内部经济和东盟内部经济形势不容乐观。保障两个一体化组织对接的基本条件是其内部经济运行水平高,但是从目前来看,欧亚经济联盟和东盟都有各自的经济问题。根据联合国 2016 年发布的亚洲及太平洋地区经济社会发展情况考察报告,2015 年东盟经济增速近 4.3%,低于 2011~2013 年的 5%③。东盟区域经济一体化的计划正面临经济增速放缓的挑战。欧亚经济联盟尚处在共同体建立之初,目前处在过渡期的东盟内部经济整合陷入低潮。

欧亚经济联盟各国工业化水平较低,经济形势令人担忧。俄罗斯是欧亚经济联盟的主导力量,但俄经济低迷,发展模式落后,技术水平不高。俄罗斯遭受西方制裁已经两年,其间还经历了世界油价大跌和卢布贬值,资金外逃加速,俄经济衰退态势明显。2015 年,俄国内生产总值较上年萎缩

---

① Азия и евразия: угроза популизма и перспективы роста экономики, http://ru.valdaiclub.com/a/highlights/aziya-i-evraziya-ugroza-populizma/?sphrase_id=11065.
② 张蕴岭:《如何认识东盟》,《当代亚太》2015 年第 1 期。
③ 《东盟经济发展的机会与挑战》,《时代金融》2016 年第 19 期。

3.7%,据预测,2016年经济也萎缩3.5%左右。两年期间消费品价格上涨24%,工资收入增长猛降10%。据俄财政部估算,到2019年联邦预算收入将低至20年来最低点(将是GDP的13.3%,经济可能由低迷转变为停滞。① 欧亚经济联盟其他成员国的经济运行情况也差强人意,加上各国经济同质化严重,经济互补性差,俄罗斯又在联盟的经济和军事领域都占绝对优势,它陷入困境将导致欧亚经济联盟的根基不稳,给欧亚经济联盟与东盟对接合作的未来平添变数。2017年1月,吉尔吉斯斯坦加入欧亚经济联盟整一年,但与其他成员国的贸易额却下降了16%。主要问题就是俄罗斯和哈萨克斯坦的经济问题严重,而俄哈是吉尔吉斯斯坦最主要的贸易伙伴。联盟中小国未能得到最大国的投资。② 2016年年底,白俄罗斯拒绝签署《欧亚经济联盟海关法典条约》,爆出了俄罗斯和白俄罗斯的经济矛盾,也表明了欧亚经济联盟内部一体化运作遇到很大的困难。

再次,一体化水平理想与现实差距大。从欧亚经济联盟内部来看,俄罗斯虽是欧亚大国,但其贸易开放程度和一体化水平与本地区其他主要国家相比,处于相对较低层次;俄与世界很少国家签订了自贸区协定,这些国家还是独联体国家,仅与东盟的成员国越南签署了自贸区协定。从已有的商务实践看,按照一体化商品、服务、资本和劳动力四大要素自由流动的要求,欧亚经济联盟与东盟在可预见未来的一体化进程中首先还是货物贸易。由于存在法律不健全和国内经济发达程度较低,产业结构不合理,政策不配套等问题,服务贸易问题还未解决。关于赋予所有国家全面投资权和国家间劳动力自由流动问题的谈判也不可能很快启动并彻底解决。此外,自贸区高标准的开放政策有利于促进贸易自由化,但是给各成员国不同产业带来的影响不尽相同,得失也不同。"除了欧亚经济联盟成员国发展水平不一外,东盟国家发展水平也是参差不齐,从老挝、缅甸到新加坡,决定了对待贸易自由化不

---

① Варвара ремчукова: что мешает торговле между еаэс и асеан, http://www.ng.ru/ideas/2016-06-03/5_asean.html.
② Евразийский экономический союз накрыло противоречиями, http://www.ng.ru/dipkurer/2017-02-27/11_6936_kirgisia.html.

同的立场，包括在东盟内部，和东盟与欧亚经济联盟之间的关系。"① 投资协定中遇到的环保生产的高标准、保护知识产权、贸易争端机制等问题，都可能会造成自贸区协定谈判漫长和难以实施。

最后，地区热点问题亟待解决，考验一体化进程。南海问题仍然悬而未决，时刻有升温并引发局势紧张的可能。如果有关国家固守零和博弈思维，把这些问题作为牵制对手的地缘战略工具，不仅不利于问题的解决，还将破坏地区安全和稳定，阻碍亚太经济一体化发展，也增加俄罗斯融入地区一体化的复杂性。

（二）俄罗斯与东盟关系对中国的影响

尽管俄罗斯积极推动与东盟关系，但对中国尚无消极影响，主要因为中国与东盟贸易关系水平非常高。中国同时是东盟和俄罗斯的最重要的贸易伙伴之一。1991年，中国与东盟的贸易额仅为63亿美元；2014年，中国与东盟贸易额超过4800亿美元，比1991年增长70多倍。中国连续六年成为东盟第一大贸易伙伴，东盟连续四年成为中国第三大贸易伙伴。投资方面，至2014年年底，中国与东盟累计双向投资额超过1300亿美元，其中东盟国家对华投资超过900亿美元。2002年中国与东盟启动自贸区谈判，2010年如期建成自贸区。

相比而言，俄罗斯与东盟贸易额非常小。1990年，苏联对东盟的贸易额为10亿美元；2014年是俄与东盟贸易额较高的年份，但仅占俄罗斯贸易总额的2.7%，为215亿美元。2015年，欧亚经济联盟与东盟的贸易额为151亿美元（占贸易总额的2.6%，），出口为71亿美元，占出口总额的1.9%；进口额为80亿美元，占进口总额的3.9%。2012年年底，俄罗斯对东盟国家的投资总额为22亿美元，占其对外投资总额的1.5%；而东盟对俄罗斯的投资额也仅有14亿美元，为俄罗斯外国投资额的0.1%。尽管近

---

① Потенциал евразийского всеобъемлющего партнёрства. http：//ru.valdaiclub.com/events/posts/articles/potentsial – evraziyskogo – partnyerstva – sessiya – 3/.

些年俄罗斯与东盟贸易总量有大幅提升，但是经济上的相互依赖度却很低，可以说，双方的经济关系仍处于最为初级的水平。因此，俄与东盟的关系尚不对中国与东盟经济关系构成负面影响。而且中国在欧亚经济联盟与东盟对接合作中所起的作用举足轻重，这将会使中国在俄对外战略中的地位得到进一步凸显。

在南海问题上，俄罗斯试图将政治影响因素与经贸关系分开，在中国和东盟国家间维持平衡。东盟一些国家希望俄罗斯在南海问题上能站在东盟一边，但俄一直持谨慎立场。主要原因是：一方面，考虑经济利益，要发展同东盟的能源和军工合作；另一方面，要竭力避免卷入冲突。2016年9月，俄总统普京明确指出，俄罗斯支持中国不承认海牙就南海问题做出的国际仲裁，并指出反对任何域外大国对南海问题进行干涉。2016年9月，中俄在南海地区进行军演。与中国存在争端的东盟国家利用俄罗斯抗衡中国的希望大为降低，进一步寻求美国和日本的支持。

未来，欧亚经济联盟与东盟的一体化进程势必与中国在东亚参与和推动的一体化进程产生利益竞争。中国应积极谋求"一带一路"建设与欧亚经济联盟和东盟相对接，最大限度地扩大对接的战略契合点和利益汇合点，与俄罗斯共同推动在大欧亚伙伴关系框架内的双边和多边合作取得实质性进展，形成良性互动的竞争。这将有利于巩固中俄战略协作伙伴关系，共同谋求在亚太地区的地缘政治和经济利益，并通过区域合作逐步建立新的国际经济秩序。

Y.16
俄罗斯文化的对外传播：
历程、资源与挑战

许 华*

摘　要： 从苏联时期的对外文化交流、民间外交到现今的软实力战略，对外文化传播始终是俄罗斯外交战略和文化战略的重要组成部分。但是，俄罗斯在现阶段的全球文化博弈中只是维持一种"守势"，未能展现其所追求的世界性大国的雄风。目前俄罗斯对外文化传播的载体不够丰富，形式比较单一，对外输出的文化产品以语言培训为主，缺乏能够传达意识形态和国家精神的文学、影视作品，其影响力覆盖范围也主要局限在独联体地区。

关键词： 俄罗斯　文化传播　软实力

文化，是一个国家保持民族特性、建立社会认同和提高凝聚力的重要基石，是国家兴旺发达的重要支撑。文化是一个复杂且多元的概念，虽然其定义至今尚无定论，但我们可以把它理解为一个民族或一个国家在社会发展过程中所创造的精神财富和物质财富，包括信仰、习惯、风俗、价值观、规范等内容，以及能够呈现其内涵的各种具体的文化符号、文化载体等资源。有效文化传播力是与文化资源并重的一种软实力，任何一种文化资源

---

* 许华，中国社会科学院俄罗斯东欧中亚研究所副研究员。

必须经由有效的传播才能产生吸引力和同化力,这在资讯爆炸的信息时代尤为重要。

国家间文化传播的途径,包括文化活动的展演、大众媒体的宣传、教育的推广、商业贸易的发展和人口迁徙等诸多方式,这其中既有以商业盈利为目的的市场行为,也突出表现为由政府主导的、目的在于展示国家形象和增强文化渗透力的"文化外交"及"文化输出"模式。为增强文化软实力,各国政府纷纷打造促进文化传播的机制,成立相关部门对纷繁复杂的对外文化活动进行组织和协调。例如文化在法国、英国的外交活动中一直占有重要地位,英国文化委员会、"法语联盟"、法国艺术行动协会等国际知名的对外文化传播机构,其创立和发展无不源自本国政府的大力扶植。俄罗斯的对外文化传播一方面继承了苏联"民间外交"的传统,另一方面也积极借鉴欧美国家的经验,逐渐形成了以外交部为总指挥、"国际人文合作署"和"俄罗斯世界"基金会为主要组织者、各驻外使馆文化处和依托当地资源建立的"俄语中心"及教育和科研分支机构等为主要执行者的对外文化传播机制。在20余年的运作中,其传播效果虽然不能与传统文化强国相提并论,但自有其发展特色。

一 俄罗斯对外文化传播的历程

文化与外交的互动在俄罗斯具有悠久的传统。苏联时期,对外文化交流与外交活动紧密配合,成为苏联外交政策的重要组成部分。苏联在"民间外交"的框架下,通过派遣大量文化代表团、艺术表演团出国访问和演出,筹办和参加各种展览会,参加体育竞赛,出口图书、音乐和电影作品等举措,改善了国家形象,增强了国际文化影响力。尤其是积极开展对社会主义国家和亚、非、拉国家的文化交流,利用数量丰富、形式多样的文化传播活动巩固和发展了社会主义阵营的友好合作,培养出大量在政治上亲苏联的政治精英和学术精英,作为政治和军事手段的重要补充确立了苏联在上述地区的领导地位。

苏联解体后，俄罗斯的社会经济遭到重创，文化发展也遭受着震荡和冲击。在对外文化传播方面，政府的支持力度呈现断崖式的下降，各种文化合作项目被取消，负责对外文化宣传的各种友好协会、政府机构和教育机构经历了艰难的转型，例如，苏联时期重要的民间外交机构"对外友好和文化交流协会联合会"（ССОД）一直无所归属，直至1994年才以新的"俄罗斯国际科学与文化合作中心"（Росзарубежцентр）的名义开展工作。"俄语"出版社于1993年解体，友谊大学、普希金俄语学院等高等院校由于经费不足而裁撤大量奖学金项目。与此同时，在原来苏联势力范围内的国家，例如中东欧和波罗的海国家，纷纷采取了建构新的国家认同及"去意识形态化""去苏联化"的政策，俄罗斯的对外文化传播陷于停顿状态，在世界文化市场中的规模和影响力远远落后于西方发达国家。

21世纪初，在全球化的形势下，俄罗斯在国际关系领域面临着新的挑战和更广泛的任务。特别是在后苏联空间国家"颜色革命"的冲击下，俄罗斯愈加认识到文化建设的重要性，文化交流和传播工作日益得到国家和社会的重视。俄罗斯外交部和文化部门开始制定一系列旨在复兴俄罗斯文化的文件，把改善国家形象和加强文化传播作为重点工作方向。2000年出台的《俄罗斯联邦对外政策构想》，把"塑造良好的国际形象，促进俄语和俄罗斯文化在境外的传播与普及"设定为对外政策的目标之一，并把"发展与独联体国家的双边和多边文化合作"视为实现这一目标的基石。

促进对外文化交流成为历次《俄罗斯联邦对外政策构想》（2008年版、2013年版）的重要内容之一。为贯彻落实这一方针政策，俄外交部出台了《俄罗斯外交部开展对外文化交流的基本工作方向》，文化部牵头制定了3部《"俄罗斯文化"联邦目标规划》（2001～2005年、2006～2011年、2012～2018年）。基于上述文件，俄加强对外文化传播的政策逐渐清晰。随着政治局势的稳定和经济实力的稳步增长，国家的支持力度不断加大。尤其是在普京第二任期，各种文化规划的实施取得不同程度的进展，文化发展的低迷趋势已经被控制住。① 2016年出台了《2030年前俄罗斯联邦国家文化战略》，该战略确定了文化战略实施的优先领域，"在世界范围内扩大俄罗斯文化的影响"成为俄战略重点之一。"在全球传播领域推广俄语；发展跨国境和跨区域的文化合作；利用俄罗斯丰富的民族文化资源开展多边国际合作；促进俄罗斯电影、电视剧等艺术作品在境外的传播；塑造俄罗斯作为一个具有丰富的文化传统和发展活力的现代文明国家的良好国际形象；在新媒体领域传播俄罗斯的文化艺术。"②

二 俄罗斯对外文化传播的机制建设

俄罗斯的对外文化交流工作，主要由外交部、文化部和教育与科学部等部门负责，各部委设有专门机构或准官方性质的组织来实施具体工作，外交部在其中发挥着最重要的作用，负责确定俄罗斯联邦对外文化政策的优先方向并加以直接执行，同时协调联邦执行权力机构和联邦主体机构在该领域的活动。外交部系统的机构和组织包括独联体和境外同胞事务及国际人文合作

---

① 从2001年开始，文化部、联邦档案局、大众传媒与新闻出版署等部门在不同阶段制定了《"俄罗斯文化"联邦目标规划》，对2001～2005年、2006～2011年、2012～2018年的文化发展提出了具体的目标和任务，并规定了预算额度。2008年11月17日，第1662-p号俄政府令批准了《俄罗斯联邦2020年前社会经济发展长期规划》，该文件指出，文化对人力资源的培育至关重要，在知识经济建设中发挥着主导作用。在此思想指导下，文化发展被提高到国家战略的高度。2012～2014年的联邦预算咨文把文化领域列为预算支出优先选项。2014年，文化和电影产业的综合预算开支达到4100亿卢布，同比增加了331亿卢布。俄政府接连颁布了一系列对国家文化政策产生影响的战略规划和各种专项规定，包括《2025年前俄罗斯联邦教育发展战略》《2020年前俄罗斯联邦创新发展战略》《俄罗斯联邦文化旅游发展纲要（2013～2020年）》《信息社会建设纲要（2011～2020年）》《外交活动纲要》《科学技术发展纲要（2013～2020年）》《教育发展纲要（2013～2020年）》《2020年前俄罗斯戏剧发展长期规划》《2025年前俄罗斯联邦古典音乐演出活动发展纲要》，等等，对发展文化产业和旅游业、促进俄罗斯民族团结、支持俄罗斯文化在境外的传播、开展国际人文文化合作、发展教育和人文科学、构建国家信息空间等活动进行了详细的规划和指导。

② «Стратегия государственной культурной политики на период до 2030 года», подготовленный Минкультуры России 18.01.2016.

署（以下简称国际人文合作署）、外交部文化交流和联合国教科文组织事务司、各相关地区司、戈尔恰科夫公共外交基金会等。教育部和文化部系统的机构和组织包括文化部对外联络司、"俄罗斯世界"基金会①等。上述组织在传播关于俄罗斯的资讯、组织语言学习、举办"窗口性"文化宣传活动、把俄罗斯塑造为"世界文化"中心的工作中发挥着重要作用，其中最具代表性的机构当属国际人文合作署和"俄罗斯世界"基金会。

（一）独联体和境外同胞事务及国际人文合作署

俄罗斯外交部下属的国际人文合作署是俄罗斯最重要的文化外交机构之一，在执行俄罗斯对外文化政策的过程中起着引领者和总协调人的作用。国际人文合作署是与全苏对外文化交流协会、苏联友协、俄罗斯国际科学与文化合作中心等机构一脉相承的（见表1），该机构于2015年举办了成立90周年的庆祝活动，以彰显其作为苏联"民间外交"正统继承者的悠久历史。

表1 苏联和俄罗斯对外文化交流管理机构发展脉络

2008年至今	独联体和境外同胞事务管理及国际人文合作署（Россотрудничество）
2002~2008年	俄罗斯外交部下属俄罗斯国际科学与文化合作中心（Росзарубежцентр при МИД）
1994~2002年	俄罗斯政府下属俄罗斯国际科学与文化合作中心（Росзарубежцентр при правительстве России）
1958~1994年	苏联对外友好和文化交流协会联合会（ССОД）
1925~1958年	全苏对外文化交流协会（ВОКС）

国际人文合作署致力于全面促进俄罗斯与相关国家的友谊，推动人文合作和交流，向所在国家的各社会阶层推介俄罗斯的文化发展成就、历史文化遗产、科学技术发展状况等，促进俄罗斯与各国在文化、教育、科技和商务等领域的交流。截至2016年，国际人文合作署拥有93个遍布全球80个国家的代表机构，包括61个俄罗斯科学和文化中心（РЦНК），8个分中心和

---

① 俄罗斯外交部是"俄罗斯世界"基金会的创始者之一，但基金会的工作主要由教育部负责。

24个联邦机构外交代办处，它们是俄罗斯开展对外文化交流的重要平台。①国际人文合作署在俄罗斯教育国际化过程中发挥着重要作用，各国赴俄留学奖学金的额度分配和奖学金获得者名单由国际人文合作署一手掌控，此举与苏联政府利用"民间外交"为第三世界国家培养社会精英有颇多相似之处。为了应对新的挑战，国际人文合作署提出了扩展"科学和文化中心"网络的计划，该项目成为政府"优先资助"的对象。科学和文化中心要提供更多的文化产品，不仅仅开设语言和文化欣赏课程，积极与当地传媒合作，还要输出俄罗斯的教育、保健卫生和旅游产品，把单纯的语言教学与艺术兴趣班、经贸培训班结合起来。

（二）"俄罗斯世界"基金会

2007年6月，俄罗斯教育和科技部、外交部等部门联合创建了另一个负责传播俄罗斯文化的机构——"俄罗斯世界"基金会。该组织以推广俄语为核心任务，主要支持俄境内外的俄语学习和研究活动。"俄罗斯世界"基金会的主要任务包括：支持俄罗斯和国外的俄语教育，传播俄罗斯的资讯，发展与国内外学术组织、政治组织之间的联系，发展俄罗斯的教育服务事业，促进科学和教育的交流，支持俄罗斯媒体和其他信息渠道在国外传播，等等。②为完成上述任务，基金会与各国教育机构搭建了俄罗斯中心、俄语课堂等平台。截至2016年，在全球46个国家中设有108个俄罗斯中心，在55个国家中设有137个俄语课堂。俄罗斯丰富多彩的文化、多元发展的民族和宗教特性在这一平台上得到展示，而世界文化的交流和民众之间的相互理解也在这一过程中得到加深。俄罗斯中心为俄罗斯人、境外同胞、在俄罗斯的移民和对俄语感兴趣的外国人提供了交流和学习的空间。大部分俄罗斯中心采取了与外国高校和图书馆合作的模式，兼具资源中心、教学中心、创造和展示平台等多重功能。

---

① http://ru-wiki.org/wiki/Россотрудничество.
② http://www.russiymir.ru/rucente/catalogue.php.

2007年开始举办的"俄罗斯世界基金"大会是该组织最重要的活动品牌。大会在莫斯科、圣彼得堡、索契等地轮流召开,历年的主题都以"俄语传播"和"俄罗斯文化影响力"为基本内容,包括"俄罗斯世界在行动""全球背景下的俄罗斯文化""俄语信息空间""当今世界中的俄语""俄罗斯世界的文化和教育""区域发展中的俄罗斯世界""侨民的互动"等国际和国内的热点问题讨论。俄罗斯重视基金会在辐射文化影响力中的作用,用高规格接待大会的参会代表,普京、梅德韦杰夫及相关政府部门的高官每次都会莅临致辞,有效提高了会议的国际影响力。

(三)相关机构的分工特点

在俄罗斯众多推广俄语和文化的组织和机构中,国际人文合作署及其下属的科学和文化中心、友谊大学、普希金俄语学院、国际俄罗斯语言与文学教师协会(МАПРЯЛ)等是对苏联"民间外交"优良传统的承续和发扬,"俄罗斯世界"则是俄对英国的"文化委员会"、德国的"歌德学院"、中国的"孔子学院"等机构辐射文化软实力经验的借鉴和模仿。俄各种对外文化推广机构的分工并不泾渭分明,相互之间存在着交集和竞争,但国际人文合作署兼跨传统外交和公众外交领域,在俄罗斯的软实力建设体系中居于最中心的位置,涵盖了上述各机构和组织从事的文化推广、教育输出、语言培训等多方面的任务。相比较而言,国际人文合作署作为官方机构,以更加制度化的方式推广文化和教育,承办大型的政府活动,在国际教育合作过程中提供学历证明和毕业证书,而作为非政府组织的"俄罗斯世界"则以更为柔性的方式进行文化传播,其活动以推广俄语为主,主要与语言教学类高校开展合作。

三 俄罗斯对外文化传播的载体

文化的载体包括文学、电影、音乐、舞蹈等各类艺术活动,这些活动如同国家的名片,是国际社会了解一个国家的重要途径之一,体现着国家形象和一国文化的国际竞争力。在这些文化载体中，文学和电影作品是构建和传播意识形态最重要的工具，是一国文化软实力的重要组成部分。优秀的文学和电影作品，对内能够提升国民素质，发挥凝聚人心、鼓舞前进和引导教育的作用，对外能够参与全球化的竞争，塑造国家文化形象，并且能够带来经济效益。

（一）文学

俄罗斯作为一个文化大国，大师辈出，异彩纷呈，为世界文明的进步贡献了丰富的文化资源。俄国文学曾是几代中国作家和读者心中的明灯，屠格涅夫、陀思妥耶夫斯基、托尔斯泰、契诃夫等巨匠的作品深入人心，在今天依然被视为具有指导意义的经典。苏联时期，获得诺贝尔文学奖的蒲宁、帕斯捷尔纳克、肖洛霍夫、索尔仁尼琴，以及作为社会主义现实主义代表的肖洛霍夫、马雅可夫斯基、爱伦堡、邦达列夫和拉斯普京，以及独具特色的反乌托邦小说作家扎米亚金、剧作家和讽刺小说家布尔加科夫等人在世界范围内产生了广泛影响。

苏联时期的文学是官方的喉舌和意识形态宣传工具，在社会生活中起到了极其重要的作用。苏联解体后，俄罗斯文学制度发生了深刻的变革，从国家的意识形态工具转变为大众传播的一种方式。在社会动荡和市场经济转型的背景下，不但俄罗斯文学未能向外传播，反而是西方作品在俄罗斯大行其道。普京执政以后，俄罗斯大力发展本民族的文化事业，文学创作逐渐摆脱边缘化的局面。俄罗斯文学的对外传播在经历解体初期的混乱和停滞状态后有所恢复。与苏联时期不同的是，这一时期文学作品的输出不仅仅依靠官方的筹划和资助，还利用了国外资本、寡头赞助和社会组织的综合运作方式。1991年俄语布克奖设立时，宗旨之一就是"激发西方世界对当代俄罗斯小说的广泛兴趣，鼓励翻译和扩大图书交易"，如今这一非官方背景的奖项已成为俄罗斯最具权威性的文学奖项，获得了全球文化界的关注。

鲍里斯·阿库宁和阿列克谢耶维奇可算是近年来俄语文学作品对外传播的代表人物。阿库宁被称为俄罗斯文坛最受欢迎的通俗作家之一，历史犯罪体裁的侦探小说为其特色，大量作品被翻译为多国语言，并被编辑为对外俄语教学的阅读材料。阿库宁的作品《堕天使暗杀组》曾入围英国推理小说最高荣耀的"匕首奖"。《堕天使暗杀组》《土耳其式开局》《火车谋杀案》被改编成影视作品并获得国际声誉。阿列克谢耶维奇[①]的风格与阿库宁迥异，擅长纪实性文学作品。其代表作《锌皮娃娃兵》和《切尔诺贝利的回忆》曾多次在国际上获得文学领域的重要奖项，如瑞典笔会奖（1996）、德国莱比锡图书奖（1998）、法国"世界见证人"奖（1999）、美国国家书评人奖（2006）、德国出版商与书商协会和平奖（2013）等。2015年，阿列克谢耶维奇获得诺贝尔文学奖，其作品被称为"一座记录我们时代的苦难和勇气的纪念碑"。

（二）电影

在文化产业的引进和输出中，影视文化产业一直占有很大的比重。影视文化外宣的质量，直接影响到该国在国际文化产业中的份额。发达的影视文化不仅可以反映本国文化发展的繁荣景象，还可以抵御来自国外的文化渗透。

苏联电影在国际影坛占有重要的一席之地，经历了20世纪30~40年代的社会主义现实主义高潮和20世纪70~80年代的全面繁荣，爱森斯坦、库里肖夫、普多夫金、维尔托夫、斯坦尼斯拉夫斯基、塔可夫斯基等大师的名字在世界电影发展史上熠熠生辉。苏联解体后，俄罗斯电影与其他文化载体一样经历着体制和发展理念的转型。电影生产由于成本太高一度跌入谷底，荧幕上充斥着粗制滥造和模仿西方风格的影片。俄罗斯电影在国内观众中失去市场，在对外文化交流中更是很难有所作为，西方影视作品强势登陆俄罗斯，其反映的西方生活方式和价值观念征服了俄罗斯观众，俄罗斯电影"好莱坞化"的趋势明显。

---

① 阿列克谢耶维奇为白俄罗斯籍，但她自认为是一个"苏联作家"，以俄语为创作语言。其作品大多以苏联为时代背景，反映的是苏联时期和解体前后的社会问题，学界普遍把她作为俄语文学的代表。俄罗斯媒体把阿列克谢耶维奇获奖列为"2015年俄罗斯文化界引起国际反响的八大重要事件"之一，认为这是整个"俄语世界"的光荣。

随着国家政治、社会的稳定和经济的发展,政府实行了鼓励电影发展的系列措施,再加上观众对美国式电影的审美疲劳,俄罗斯电影逐渐走出低谷。俄罗斯电影接受世界电影的生产游戏规则,在拍摄技术、后期制作、运营方式等方面向西方国家学习,力图融入国际市场和重塑电影大国的形象。俄罗斯政府逐年加大对电影制作和发行的财政支持力度,例如,2011年俄电影基金会获得30亿卢布的财政资助;2012年,该基金会获得38亿卢布的资金支持,以资助20部影片的拍摄和国内及海外发行。① 2002年,俄罗斯设立国家级奖项"金鹰奖",该奖旨在"保护俄罗斯电影的生存和发展,促进民族电影的制作与推广,鼓励优秀俄罗斯电影和国外电影的传播",这对俄罗斯影业的复苏起到了很大的促进作用。

在当今世界,俄罗斯电影算不上世界电影游戏规则的主要制定者,但具有一定的影响。米哈尔科夫、丘赫莱依等知名导演发扬俄罗斯"诗化电影"和"散文电影"的传统,推动了俄罗斯电影理论的发展。米哈尔科夫的《烈日灼人》《西伯利亚理发师》、兹维亚金采夫的《回归》、丘赫莱依的《窃贼》、索科洛夫的《莫洛赫》、康恰洛夫斯基的《愚人屋》,以及《布谷鸟》《土耳其式开局》《守夜人》《守日人》等优秀影片,在恢复国内市场的同时,也开始向境外传播。2004年,《守夜人》在海外的票房达到1500万美元,创下了俄罗斯电影在境外发行的纪录。

俄政府鼓励电影工作者参加国际电影节,利用合作拍片和其他的交流形式扩大俄罗斯在世界文化舞台上的存在。2007年出品的电影《蒙古王》是俄罗斯参与国际合作的代表作,该片获得奥斯卡金像奖、欧洲电影奖等多项大奖的提名,国际票房收入达到2000万美元。国际获奖影片数量是衡量俄罗斯电影国际影响力最直观的指标,体现出该国的文化吸引力和国际竞争力。俄罗斯当代电影在柏林金熊奖、戛纳金棕榈奖、威尼斯金狮奖等世界顶级奖项及其他国际A类电影节中屡有斩获,有效提振了俄罗斯电影业的信心。

---

① 关健斌:《俄罗斯力图重振国产电影》,《中国青年报》2012年2月13日。

（三）体育

体育是人类社会文化的重要组成部分，是各国人民之间进行交流的重要载体和内容。体育交流与文学、影视作品不同，无须翻译和转换，直观的力与美的展示即可成为一种通用的国际语言。规模盛大的体育赛事、热门比赛能超越国界，使社会制度、地理环境、种族、宗教迥异的人们突破文化障碍，欢聚一堂。在全球化背景下，各国之间的体育交流日趋广泛，体育成为展示国家形象的重要舞台，体现着一国的国际政治影响力和经济实力。

苏联解体后，昔日体育的"举国体制"因国内政治和经济形势的影响而崩溃，体育机制向市场化、商业化的转型举步维艰，大量优秀的教练员和运动员流失，俄罗斯在国际体育赛场上的表现与苏联时期相去甚远。以夏季奥运会为例，从2004年雅典奥运会开始，俄罗斯不敌中国，从奖牌第一集团滑向了第二集团，在伦敦奥运会上，俄罗斯成绩继续下降，仅位居第四。冬季奥运会上，2010年俄罗斯在温哥华仅获得3枚金牌，在金牌榜上名列第11位。

体育在战斗民族俄罗斯人心中一直占有崇高的地位，作为传统的体育强国，俄政府将体育视为软实力建设的重要内容，力图通过组织大型比赛、展现运动员的优异成绩、参与国际体育事务等活动传播一个复兴的大国形象。近年来，俄罗斯积极争取了一系列重大赛事的举办资格，如世界田径锦标赛（2013，莫斯科）、世界大学生运动会（2013，喀山）、冬季奥运会和残奥会（2014，索契）、IIHF世界冰球锦标赛（2016，莫斯科和圣彼得堡）、国际足联联合会杯（2017，莫斯科、圣彼得堡、索契、喀山）、足球世界杯赛（2018，俄罗斯12个城市）等。

2014年的索契冬奥会被视为俄罗斯精心打造的形象工程，为了把索契冬奥会办成一届最出色的奥运会，俄罗斯不仅投入巨资，还加强了政治攻势和领袖魅力攻势：政府通过了大赦法案，释放霍多尔科夫斯基及其他异见人士，普京看望美国代表队，与同性恋运动员拥抱和共饮，等等。普京说："索契冬奥会应向世界展示一个崭新的、多面的和开放的俄罗斯……奥运会打开了俄罗斯的大门,同时也打开了俄罗斯的心灵,打开了俄罗斯人民的心灵。希望人们能够感知到我们并不令人生畏的那一面,我们愿意合作,我们对合作持开放的态度。"① 索契奥运会开幕式和闭幕式上的文艺表演,成功展现了俄罗斯源远流长的历史传统和斑斓多姿的文化艺术,让人们感受到来自俄罗斯的"爱"②。

通常认为,体育交流在国际关系中可以起到沟通桥梁和改善关系的催化剂作用,但是对于俄罗斯与西方的关系而言,体育始终无法摆脱政治的阴影。尽管索契冬奥会可算是一场成功的活动,但在大国博弈的背景下,俄罗斯的体育软实力却未能发挥作用。普京希望借冬奥会塑造良好的国家形象,打破与西方在叙利亚问题、斯诺登事件和乌克兰危机等问题上的僵局,改善双方的关系,他的理想在冬奥会结束后不到3个月便告破灭。2014年4月,西方因克里米亚问题开始对俄罗斯进行经济制裁,双方关系持续恶化并走向对抗。

自2015年开始,兴奋剂事件成为西方对抗俄罗斯的"新武器",美国、德国、日本等国的反兴奋剂机构和体育组织联合抗议,通过国际田径联合会、国际奥委会和国际仲裁法庭等机构持续施压。由于滥用兴奋剂事件的曝光和持续发酵,俄罗斯受到了禁止参加2016年里约热内卢奥运会田径比赛和部分举重、游泳比赛的惩罚,成为奥运历史上首个无缘田径比赛的国家。虽然俄政府此前的投入巨大,但体育已不再是俄罗斯引以为傲的文化符号,对俄罗斯的国际形象产生极大的负面影响。

四 俄罗斯对外文化传播的挑战与机遇

从苏联的对外文化交流、民间外交到现今的文化输出和辐射文化软实力

---

① 《普京冬奥成功施展总统营销》,环球网,http://world.huanqiu.com/depth_report/2014-02/4856748.html。
② 开幕式和闭幕式上的主角是一位名叫"柳博芙"的小姑娘,而"柳博芙"在俄语中意为"爱"。

战略,对外文化传播始终是俄罗斯外交战略和文化战略的重要组成部分。但是,俄罗斯在现阶段的全球文化博弈中只是维持"守势",尚未重振世界文化大国的雄风。俄罗斯对外文化传播的载体不够丰富,形式比较单一,目前对外输出的文化产品以语言培训为主,缺乏能够传达意识形态和国家精神的文学、影视作品,其影响力覆盖范围也主要局限在独联体地区。

以文学作品为例,尽管有布克奖、国家奖的支持和鼓励,也出现了阿库宁、佩列文、阿列克谢耶维奇等具有国际影响的作家,但是整体来说,俄国和苏联时期文学曾经拥有的辐射世界的影响力已经不复存在,俄罗斯图书报纸的对外出口额在国际比较中并不占有优势。联合国商品贸易统计数据显示:2000～2010年,俄文化产品的对外出口额持续下降,2015年略有回升,但与美国的差距依然悬殊(见表2)。

表2　中、俄、美图书报纸出口额*

单位:美元

国家\年份	2000	2005	2010	2015
中国	435972545	1149126736	2704436903	3906625330
俄罗斯	343990035	321346736	281730454	535360302
美国	4508066832	5169173222	5758555541	4863345169

* 截至2017年2月,相关数据更新至2015年。
数据来源:联合国商品贸易统计库,http://comtrade.un.org。

俄罗斯电影重现辉煌之路依然漫长,根据俄罗斯"电影研究中心"的统计数据,2002～2016年,在俄罗斯国内市场上占据主流的依然为欧美电影,俄电影业经受着国外作品的压力(见表3)。[①] 俄罗斯电影产品的出口

[①] "电影研究中心"公开发布的数据文件仅截至2014年。另外,据俄罗斯《导报》(Ведомости)记者从该公司获得的资料显示,2016年上半年外国电影的收视率同比增长12.1%,而俄罗斯电影的该项数据一直在下滑,观看本国电影的人数比2015年下降0.5%,比2014年下降4.5%。Брызгалова Е. Посещаемость российских фильмов в кинотеатрах уменьшилась, иностранных – выросла, http://www.vedomosti.ru/technology/news/2016/07/04/647908 - kassovie - sbori.

情况也不容乐观，联合国商品贸易数据显示，俄罗斯电影在国际市场上的影响力较弱，国际市场对俄电影的需求并不旺盛，导致其产品出口额远逊于美国，与中国相比也存在较大的差距（见表4）。

表3 俄罗斯放映市场上的国产与国外影片数量（2002~2014年）

年份	国产电影数量(部)	国外电影数量(部)	放映电影总量(部)	国产电影所占比例(%)
2002	42	221	263	16.0
2003	40	231	271	14.8
2004	50	233	283	17.7
2005	60	229	289	20.8
2006	69	241	310	22.3
2007	85	284	369	23.0
2008	81	297	378	21.4
2009	82	269	351	23.4
2010	80	293	373	21.5
2011	67	293	360	18.6
2012	84	397	481	17.5
2013	110	424	534	20.6
2014	101	372	473	21

数据来源："Movie Research" Киностатистика 2014。

表4 中俄美电影作品出口额

单位：美元

年份 国家	2000	2005	2010	2015
中国	428779570	1073063902	1072933906	1184861853
俄罗斯	4492844	13237773	—	7779071
美国	3451171090	2811849007	2832929568	2362574625

数据来源：联合国商品贸易统计库，https://comtrade.un.org/data/。

从苏联解体后的文化危机，以及"颜色革命"中的应对乏力，俄罗斯的文化发展在经历了低潮期之后，随着政治稳定和经济的发展，日益得到国家和社会的重视，在普京时期得到缓步复兴。通过一系列旨在复兴文化的专项规划和国家战略的实施，俄罗斯从政策、法规、机制、实践等各个层面构建文化战略体系，改善了苏联解体后"失败国家"的形象，重建民族自信心和社会凝聚力。面对西方由于乌克兰危机实施的制裁，俄社会空前团结，爱国情绪持续高涨，这证明了俄罗斯近年来强化国家内部文化认同的成功。在对外文化传播方面，俄罗斯已经走出解体时期的困境，其战略从初步形成进入到升级阶段。在2016年出台的《2030年前俄罗斯联邦国家文化战略》中，"增强俄罗斯文化的国际影响力"被列为优先发展方向。该战略为俄罗斯未来的文化发展提供了详尽的蓝图，如能得到实施，俄文化软实力将得到切实增强并在国际竞争中有效维护国家利益。

中俄关系

Y.17 2016年中俄关系

柳丰华*

摘　要： 2016年是中俄两国建立战略协作伙伴关系20周年和签署《中俄睦邻友好合作条约》15周年。在中俄合作内在动力持续增强、共同应对霸权国战略压力的形势下，中俄两国在政治、军事安全、外交、经济、能源和人文等领域的合作日益扩大，双方全面战略协作伙伴关系获得稳定发展。

关键词： 中俄全面战略协作伙伴关系　军事安全合作　经贸合作

2016年是中俄两国建立战略协作伙伴关系20周年和签署《中俄睦邻友

---

* 柳丰华，中国社会科学院俄罗斯东欧中亚研究所俄罗斯外交研究室主任，研究员。

好合作条约》15周年。在世界经济低迷不振、国际政治和安全形势复杂多变的形势下，中国与俄罗斯继续扩大各领域合作，携手应对挑战，使双方全面战略协作伙伴关系获得稳定发展。

一 中俄全面战略协作伙伴关系不断深化

中国与俄罗斯不断发展政治关系，深化政治和战略互信。中国继续推进与俄罗斯的战略协作与务实合作，以巩固中俄战略关系和睦邻友好，促进"一带一路"建设。在与西方关系持续对立的形势下，俄罗斯加大"转向东方"的外交力度，其中加强与中国的全方位合作自然是重中之重。2016年6月普京总统访华，两国元首共同签署《中俄联合声明》、《关于加强全球战略稳定的联合声明》和《关于协作推进信息网络空间发展的联合声明》，双方签订30多项合作文件，涵盖经贸、外交、基础设施、技术创新、农业、金融、能源、媒体、网络和体育等领域。此外，习近平主席与普京总统还在上海合作组织峰会、"金砖国家"领导人会晤、二十国集团峰会和亚太经合组织峰会等国际场合举行会谈。11月，李克强总理访俄，与梅德韦杰夫总理共同签署《中俄总理第二十一次定期会晤联合公报》和《中俄政府首脑关于深化和平利用核能领域战略合作的联合声明》，见证两国政府和企业间经贸、投资、金融、民用核能、高科技、国界联检、教育和文化等领域20余项合作文件的签署。与此同时，中俄两国在会议间会晤和投资合作委员会、能源合作委员会、人文合作委员会等机制下的对话与合作富有成效。两国各层级、各领域的交流增进了中俄友好与互信，促进了两国全面战略协作的持续发展。

加强军事安全合作是2016年中俄关系的一个显著特点。这主要是由2016年全球战略安全形势和中俄两国各自面临的周边安全形势恶化所决定的。以2016年5月美国在罗马尼亚启动第一个陆基导弹拦截站为标志，美国的欧洲反导系统已经初具规模且具有实战能力，这一事态对全球战略平衡和中、俄等非西方核大国的战略安全均产生严重影响。同时，美国在波兰开始建设第二个导弹拦截站,北约在波罗的海三国和波兰加强常规军力部署,强化对俄罗斯军事遏制态势;美国宣布在韩国部署"萨德"反导系统,直接损害中俄两国的战略安全利益,也将破坏东北亚地区战略稳定,引发军事竞赛。美国还在南海问题上挑拨有关当事国对抗中国,支持海牙仲裁庭就南海仲裁案做出所谓的裁决,并在南海海域炫耀武力。美国的遏制政策必然遭到中俄两国的联合反制。《中俄关于加强全球战略稳定的联合声明》明确表示,在欧洲部署"岸基宙斯盾系统"和在东北亚部署"萨德"系统,将严重损害包括中国和俄罗斯在内的区域内国家战略安全利益,中俄两国对此强烈反对。2016年5月,中俄两军在俄罗斯国防部空天防御部队科研中心举行"空天安全-2016"中俄首次首长司令部计算机模拟导弹防御联合演习,其主要目标是预防领土受到弹道导弹和巡航导弹的意外和挑衅性攻击。这只是中俄两国反导合作的开端。9月,中国与俄罗斯在南海举行"海上联合-2016"军事演习,演习科目包括防空、反潜、海空寻歼、夺控岛礁等。此次联合演习既反映了中俄海军机制化合作的新水平,也展现了俄罗斯在南海问题上对中国的政治支持。10月,中俄两国宣布将在2017年举行第二次联合反导计算机演习。在遵循战略协作伙伴关系方针的条件下,日益密切的中俄军事安全合作不仅维护了各自国家安全,而且促进了地区和世界稳定。

中俄经贸合作止跌回升,主要反映在两国贸易上,但是仍有待增量提质。受国际能源价格下降、西方对俄罗斯经济制裁、俄经济陷入衰退等因素影响,2015年中俄贸易额下降28.6%,为680.65亿美元。[①] 2016年,虽然这些不利因素仍然存在,但是两国共同努力,通过推动两国跨境电子商务、扩大服务贸易、加大金融支持、在俄罗斯进口替代政策下开展贸易投资合作等,实现了中俄贸易的较快增长。据中国海关总署统计,2016年中俄贸易额为695.3亿美元,同比增长2.2%[②]。中国继续保持俄罗斯第一大贸易伙伴地位。中俄贸易结构继续改善,机电产品交易大幅增加,中国对俄罗斯机

---

① 数据来源:中国海关总署网站,http://www.customs.gov.cn。
② 数据来源:中国海关总署网站,http://www.customs.gov.cn。

电产品出口增幅超过30%，从俄进口机电产品增幅达到35%。农产品贸易增长迅速，中国从俄罗斯进口农产品总额超过18亿美元，增幅达到18%。①中俄跨境电商贸易日益活跃，成为两国贸易的重要组成部分。在能源合作方面，2016年俄罗斯首次取代沙特阿拉伯，成为中国最大原油供应国，日均供油量为105万桶；双方能源企业在俄罗斯亚马尔天然气等大型项目上的合作不断发展。中俄投资合作继续发展，两国在核能、航空、航天、高铁、基础设施建设等领域的战略性大项目全面推进。就问题而言，中俄贸易和投资合作的规模、质量都有待提高。这需要双方切实实施贸易自由化、便利化政策共识，改善投资环境，探索新的增长点以适应两国经济新常态。

"一带一盟"对接合作与中俄两国发展战略对接逐步启动。继2015年中俄两国签署《关于丝绸之路经济带建设与欧亚经济联盟建设对接合作的联合声明》之后，2016年5月，欧亚经济联盟最高欧亚经济理事会通过决议，启动该联盟与中国经贸合作协定谈判，标志着"一带一盟"对接进入"路线图"设计阶段。中俄两国决定继续推动交通、跨境基础设施、物流等领域的项目合作，推动落实《建设中蒙俄经济走廊规划纲要》。这些对接项目的实施，将深化中俄全面战略协作伙伴关系，促进欧亚大陆区域经济合作。

中国与俄罗斯的人文合作日益扩大。继成功举办2014～2015年"中俄青年友好交流年"之后，两国共同决定在2016～2017年开展"中俄媒体交流年"活动。2016年，在该活动框架下，双方在广播、电影、电视、平面媒体、文学出版、新媒体等领域进行了大量的交流与合作。两国在教育、科学、文化和旅游等方面的合作也不断发展。人文合作增进了两国民众间的相互了解和传统友谊，为中俄睦邻友好与战略协作关系的持续稳定发展营造了良好的氛围。

中俄两国在国际事务中保持密切的协作。双方在推进世界多极化、加强联合国在国际事务中的核心作用、维护全球战略稳定等方面一如既往地保持

---

① 数据来源：中国商务部网站，http：//www.mofcom.gov.cn。

协调与合作。中俄两国共同推动上海合作组织扩员进程,在2016年6月塔什干峰会上与有关国家签署关于印度和巴基斯坦加入上海合作组织的备忘录。中国与俄罗斯在朝核与"萨德"入韩、叙利亚、反恐和互联网安全等国际问题上进行了富有成效的外交合作。双方在二十国集团、金砖国家等多边机制中合作密切。

二 俄罗斯对华政策走势

2015年的最后一天,普京总统批准新版《俄罗斯联邦国家安全战略》。该文件规定:俄罗斯将继续发展与中国的全面战略协作伙伴关系,中俄关系是维护全球与地区稳定的关键因素;重视发展上海合作组织的政治经济潜力,促进其框架下的互信与伙伴关系,发展成员国间合作;在"金砖国家"、上海合作组织、亚太经合组织和二十国集团等国际组织中与中国加强合作。①

2016年6月,普京总统在圣彼得堡国际经济论坛会议上提出建立"大欧亚伙伴关系",其对象国包括欧亚经济联盟成员国和中国、印度、巴基斯坦、伊朗。其后,中俄两国发表联合声明,共同提出建立"欧亚全面伙伴关系"的倡议,其中包括吸纳欧亚经济联盟、上海合作组织和东盟成员国加入。早在2015年12月,普京总统就在国情咨文中提出在上述三个国际组织的成员国之间建立经济伙伴关系,尽管"欧亚全面伙伴关系"倡议的实施还有许多不确定因素,但是从积极的角度看,它反映出俄罗斯外交正在从长期追求的"大欧洲"梦想向"大欧亚"地区转移。

11月30日,普京总统批准新版《俄罗斯联邦对外政策构想》,其中规定:俄罗斯将继续发展与中国的全面战略协作伙伴关系,积极拓展与中国在所有领域的合作;中俄协作是地区和全球稳定的基础之一;俄罗斯将与中国

---

① Стратегия национальной безопасности Российской Федерации, Утверждена Указом Президента Российской Федерации от 31 декабря 2015 г. №683, http://www.scrf.gov.ru/documents/1/133.html#.

在各个方面开展外交协作,其中包括抵御新威胁、解决复杂的地区性和全球性问题、在国际组织和多边机制中合作;发展上海合作组织的政治经济潜力,促进其框架下的互信与伙伴关系,发展成员国间合作。①

12月1日,普京总统发表2016年度国情咨文,其中对中俄关系评价很高。他说:中俄全面战略协作伙伴关系是保障全球与地区稳定的关键因素,是当今世界国家间关系的"榜样";中俄两国在贸易、投资、能源和高技术等领域的互利合作不断扩大。②

从上述俄罗斯外交文件和普京的有关讲话可见,俄罗斯高度评价中俄关系发展状况,将发展对华关系作为俄外交的优先方向。未来俄罗斯将继续加强与中国的全面战略协作伙伴关系,发展与中国在各个领域和在上海合作组织等多边机制中的合作。俄罗斯对华外交的重点是加强在经贸和能源领域的合作,与中国共同维护国际战略稳定,在俄极为关注的乌克兰和叙利亚等热点问题上保持与中国的合作。

俄罗斯对华政策的这种走势,主要是由以下因素决定的。首先,中俄两国在经济、能源、交通基础设施建设、航空航天、金融和农业等领域拥有广泛的共同利益。经过20年的战略合作,双方已经建立起牢固的睦邻友好与战略协作关系,以及足以支撑相互高水平关系的物质、精神和社会基础。强大的内在动力赋予中俄全面战略协作伙伴关系以稳定性和长期性,使之能够经受外部环境变化的影响,而不改变基本发展方向。其次,目前中国和俄罗斯都面临美国的战略压力,这种外来压力促使中俄互相接近,并加强战略协作。中国是世界第二大经济体,在经济总量上超越美国只是时间问题,同时,中国的崛起已经对周边地区甚至更遥远的地区产生辐射效应,这些都引起霸权国的忧虑和不适,其反应就是加强对中国的地

---

① Концепция внешней политики Российской Федерации, Утверждена Президентом Российской Федерации В. В. Путиным 30 ноября 2016 г., http://www.kremlin.ru/acts/news/53384.

② Послание Президента России Федеральному Собранию, 1 декабря 2016 года, http://www.kremlin.ru/events/president/news/53379.

缘经济和军事政治遏制。俄罗斯本来不是美国战略遏制的主要对象，但是由于它对乌克兰危机的强硬反应以及对叙利亚问题的军事干预，违背了西方主导的地区秩序和"游戏规则"，因而受到美国及其盟国的惩罚。在北约沿俄罗斯西部边界加强军事遏制态势的同时，2016年12月，欧盟和美国相继宣布延长对俄经济制裁，看来奥巴马政府颇有要特朗普接受其遏俄政策"遗产"的态势。

三 结语

2016年中俄关系延续了近年来加速发展的态势，两国各领域合作取得了显著成果，中俄全面战略协作伙伴关系继续稳定发展。两国以这种友好的氛围、丰富的成果和高水平的关系，庆祝建立中俄战略协作伙伴关系20周年和签署《中俄睦邻友好合作条约》15周年，表明双方战略协作与睦邻友好关系是名副其实的。

毋庸置疑，未来中俄全面战略协作伙伴关系的前景是良好的。当然，两国仍须继续努力，切实做好"一带一盟"对接合作，并使"欧亚全面伙伴关系"倡议与已经实施的丝绸之路经济带构想协调发展，以造福中俄两国及其他伙伴国人民。

Y.18 中俄经贸合作的新进展

郭晓琼*

摘　要： 在全球经济复苏乏力、贸易疲软的国际背景下，中俄两国国内经济都面临着严峻的结构性矛盾，中俄经贸合作也进入调整期。调整期内中俄双边贸易很难保持高速增长，传统的贸易结构面临转型，直接投资与产能合作逐渐成为中俄经贸合作深化发展的增长点。2016年中俄两国在贸易、能源、金融与投资、产能与装备制造、农业、创新及电商等领域的合作均有新进展。

关键词： 中俄经贸合作　中俄能源合作　中俄金融合作　中俄产能合作　中俄创新合作

2015年以来，全球经济形势复杂多变，世界经济在一系列不确定因素的影响下复苏乏力。在这一背景下，中国经济增速明显放缓，俄罗斯经济在结构弊病积重难返、西方对俄制裁延期、国际油价低位徘徊等多种因素叠加的影响下陷入深度衰退，中俄两国均面临着严峻的经济结构调整问题。受两国经济形势影响，中俄双边贸易也受到严重冲击，2015年出现大幅下滑。2016年以来，俄罗斯经济下滑趋势逐渐放缓，一些经济部门出现回暖迹象，中俄贸易也逐渐企稳，但可以预见的是，中俄双边贸易很难再保持前些年的高速增长，中俄经贸合作将进入调整期。

---

* 郭晓琼，中国社会科学院俄罗斯东欧中亚研究所副研究员。

一 中俄经贸合作进入调整期

当前,全球经济复苏乏力,贸易疲软,中俄两国国内经济都面临着严峻的结构性矛盾,在这样的背景下,中俄经贸合作也进入调整期,调整期内中俄的经贸合作有以下几个特点。

第一,中俄双边贸易很难保持高速增长。回顾21世纪以来中俄双边贸易发展(见表1),2000~2008年,中俄双边贸易增长迅速,大部分年份的增幅超过30%。2009年受国际金融危机影响,中俄双边贸易额出现了31.8%的下降,但2010年和2011年随着经济的恢复性增长,中俄贸易又以40%以上的增幅迅速恢复。然而,2012年以来,中俄双边贸易额波动较大,速度也明显放缓,

表1 2000~2016年中俄双边贸易额

年份 双边贸易	中国对俄出口(亿美元)	增长(%)	中国自俄进口(亿美元)	增长(%)	中俄进出口总额(亿美元)	增长(%)
2000	22.3	48.7	57.7	36.7	80.0	39.9
2001	27.1	21.4	79.6	37.9	106.7	33.3
2002	35.2	29.9	84.1	5.7	119.3	11.8
2003	60.3	71.3	97.3	15.7	157.6	32.1
2004	91.0	51.0	121.3	24.7	212.3	34.7
2005	132.1	45.2	158.9	31	291.0	37.1
2006	158.3	19.8	175.6	10.5	333.9	14.7
2007	284.9	79.9	196.8	12.1	481.7	44.3
2008	330.1	15.9	238.3	21	568.4	18
2009	175.1	-47.1	212.8	-10.7	387.9	-31.8
2010	296.1	69	258.4	21.7	554.5	43.1
2011	389.0	31.4	403.5	55.6	792.5	42.7
2012	440.6	13.2	441.0	9.9	881.6	11.2
2013	495.9	12.6	396.2	-10.3	892.1	1.1
2014	536.8	8.2	416.1	4.9	952.9	6.8
2015	348	-35.2	332.6	-20	680.6	-28.6
2016年1~9月	270	7.1	233	-6.4	503	0

资料来源:根据中国海关统计数据计算整理。

2015年更出现28.6%的降幅。在全球经济复苏乏力、中国和俄罗斯经济均面临着结构性矛盾的背景下,可以预见,未来一个时期内,中俄双边贸易能够止跌回升,但很难再保持前些年的高速增长态势,中俄两国领导人在2011年确定的到2020年中俄双边贸易额达到2000亿美元的目标也很难达成。

第二,传统贸易结构面临转型。俄罗斯向中国出口的主要是能源和资源类产品。2016年上半年,矿产品和木材占俄罗斯对华出口商品总额的78%。对俄方而言,出口结构的低级化正是国内产业结构畸形的表现。近年来,俄罗斯为降低对欧洲出口市场的依赖,努力实现能源出口多元化,逐渐将战略重心转向亚洲,中俄能源合作不断取得新进展。在国际油价下跌的条件下,尽管能源类产品在俄罗斯对华出口额中的比重有所下降,但出口规模不减反增,使得这种贸易结构越发固化。中国对俄出口的主要为机械设备、轻工业产品、电子产品等,其中,高新技术产品及高附加值产品的比重并不高,轻工等劳动密集型产品和办公设备、小家电、电信录音设备等一般技术密集型产品比重较大,然而这两类商品可替代性强,在俄罗斯市场上还面临着日韩等国同类商品的激烈竞争,尤其是俄罗斯经济陷入危机之后,卢布大幅贬值,俄政府又大力推行进口替代政策,中国对俄劳动密集型产品的出口明显减少,此类商品在中国对俄出口总额中的比重也越来越小。此外,中俄两国贸易以产业间贸易为主。产业间贸易属于早期的贸易方式,同一产业产品基本上是单向流动的,其形成的基础是各国产业之间分工的不同,各国在不同产品的生产上有各自的成本优势,从而形成该产品的价格优势,而这种成本的优势往往来源于各自的资源禀赋或技术的差异。中俄两国主要以产业间贸易为主,这是由两国经济结构、经济发展水平和自然资源禀赋决定的,两国制造业水平的差异,导致制成品在中俄贸易中双向流动的条件并不充分。

中俄贸易结构不合理是中俄经贸合作长期存在的问题,这也从侧面体现了中俄两国经济结构的不合理。当前,中俄两国均致力于国内经济结构的调整,通过本国产业结构的优化提高出口产品的技术含量及附加值,可以说调整期也是改善和优化贸易结构的重要机遇期。

第三,直接投资与产能合作成为中俄经贸合作深化发展的增长点。近年来,虽然中俄双边贸易不振,但直接投资增长速度较快(见图1)。2014年之前,中国对俄直接投资额最高的年份为2013年,达到10.22亿美元,2014年又下降至6.34亿美元。2015年,中国对俄直接投资取得突破性增长,达到29.61亿美元,增长了近4倍(见图2)。从行业分布看,2015年之前,中国

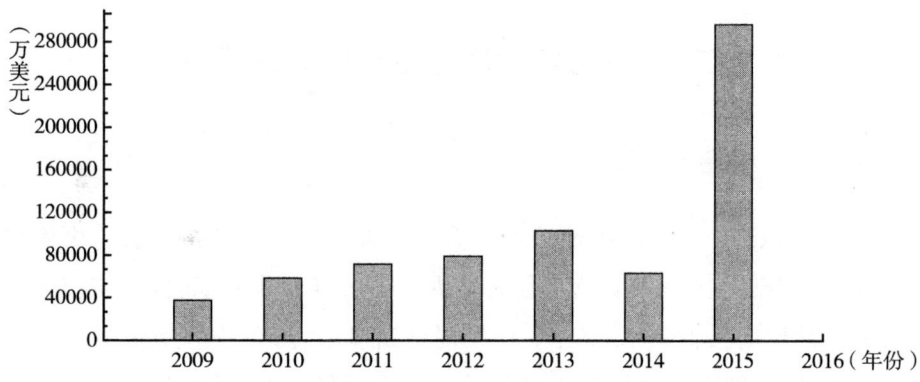

图1 2009~2015年中国对俄直接投资

资料来源:Wind资讯。

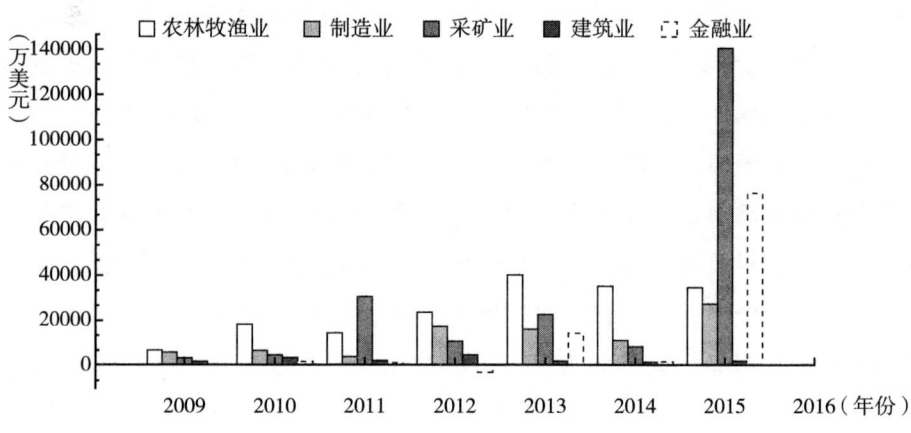

图2 2009~2015年中国对俄直接投资行业分布

资料来源:Wind资讯。

对俄直接投资最大的行业是农林牧渔业。2015年,采矿业和金融业对俄直接投资增长迅猛,采矿业对俄直接投资额达到14.1亿美元,占当年对俄直接投资总额的47.6%,金融业对俄直接投资额达到7.68亿美元,占25.9%,制造业也从2014年的1.15亿美元增长至2.76亿美元,翻了一番多。从这一趋势可以看出,直接投资和产能合作逐渐成为推动中俄经贸合作向纵深发展的强劲动力。

二 2016年中俄经贸合作新进展

(一)双边贸易

2016年以来,随着国际油价的回升及俄罗斯经济形势的好转,中俄双边贸易逐渐企稳。根据中国海关统计数据,2016年,中俄双边贸易额为695亿美元,同比增长2.2%,其中,中国对俄出口额为373亿美元,同比增长7.3%,中国自俄进口额为322亿美元,同比下降3.1%。根据俄罗斯海关统计数据,2016年俄中贸易额为661亿美元,同比增长4%,其中俄对华出口额为280亿美元,同比下降2%,俄自华进口额为381亿美元,同比增长9%。中国保持俄罗斯最大贸易伙伴地位,中俄贸易在俄罗斯对外贸易总额中的比重从2015年的12.1%提高至14.1%,超过俄罗斯与独联体国家贸易的总和(12.1%),更远超俄罗斯第二大贸易伙伴德国(8.7%)。[1]

中国自俄罗斯进口的商品主要为能源和原材料等初级产品,这主要是基于俄罗斯的资源禀赋。2016年上半年,中国自俄罗斯进口的前五大类商品为矿产品、木材及其制品、化工产品、机电产品、活动物和动物产品。第一大类商品为矿产品,进口额为87.95亿美元,同比下降了16.4%;第二大类为木材及其制品,进口额为12.67亿美元,同比增长10.4%。矿产品和

---

[1] Федеральная таможенная служба. Внешняя торговля РФ по основным странам за январь-декабрь 2016г., http://www.customs.ru/index2.php?option=com_content&view=article&id=24785&Itemid=1976.

木材及其制品两类资源型商品在中国自俄罗斯进口商品总额中的占比从2015年上半年的80.3%下降至77.8%。木材及其制品进口规模没有下降，反而在增长，进口额的下降主要由价格因素造成。中国自俄进口化工产品同比下降7.7%，但与矿产品相比，化工产品进口额下降的幅度更小，因此，在中国自俄进口商品总额中的比重反而从4.8%提高至5%。运输设备和动植物油脂的进口出现大幅增长，2015年上半年，运输设备自俄进口额仅为2600万美元，2016年上半年该类产品自俄进口增长了4倍多，达到1.45亿美元，在自俄进口总额中的占比从0.2%提高到1.1%。2015年上半年，动植物油脂自俄进口额为3200万美元，2016年上半年达到1.19亿美元，增幅高达272%，在自俄进口总额中的占比从0.2%提高到0.9%（见表2）。

表2 2016年1~6月中国自俄罗斯进口前十类商品

商品类别	贸易额（百万美元）	同比增长（%）	占比（%）2015年1~6月	占比（%）2016年1~6月
矿产品	8795	-16.4	72.4	68
木材及其制品	1267	10.4	7.9	9.8
化工产品	645	-7.7	4.8	5
机电产品	531	1.1	3.6	4.1
活动物,动物产品	435	-17.9	3.6	3.4
纤维素浆,纸张	388	-2.1	2.8	3
塑料、橡胶	173	-24.8	1.6	1.3
运输设备	145	462.7	0.2	1.1
动植物油脂	119	278	0.2	0.9
植物产品	113	38.9	0.6	0.9

资料来源：中国商务部《2016年1~6月俄罗斯货物贸易及中俄双边贸易概况》，http://countryreport.mofcom.gov.cn/record/view110209.asp?news_id=51089。

2016年上半年，中国对俄出口商品结构呈现优化趋势。在中国对俄出口的主要商品中，机电产品出口额仍居首位。2016年1~6月，中国对俄出口机电产品总额为71.44亿美元，机电产品出口占比从2015年1~6月的46.9%上升至48.6%。纺织品及原料、家具、玩具、杂项制品、鞋靴、伞等轻工制品这三类劳动密集型商品是中国对俄出口的传统商品，2016年1~

6月，这三类商品对俄出口均出现较大幅度的下降（分别下降7%、13.4%和21.9%），这三类商品出口额在中国对俄出口总额中的占比也从2015年1~6月的19.2%下降至17.5%。化工产品，塑料、橡胶和光学、钟表、医疗设备这三类产品对俄出口保持增长态势，且增长率均在5%以上，其在出口商品结构中的比例也相应提高（见表3）。

表3 2016年1~6月中国对俄罗斯出口前十类商品

商品类别	贸易额（百万美元）	同比增长（%）	占比（%）	
			2015年1~6月	2016年1~6月
机电产品	7144	-1	46.9	48.6
纺织品及原料	1286	-7	8.7	8.4
贱金属及制品	1067	-12.9	7.7	7
化工产品	931	5.4	5.5	6.1
家具、玩具、杂项制品	830	-13.4	6	5.4
塑料、橡胶	734	5.7	4.5	4.8
运输设备	619	-8.9	4.3	4.1
鞋靴、伞等轻工制品	557	-21.9	4.5	3.7
植物产品	452	-0.1	2.8	3
光学、钟表、医疗设备	360	5.5	2.1	2.4

资料来源：中国商务部《2016年1~6月俄罗斯货物贸易及中俄双边贸易概况》，http://countryreport.mofcom.gov.cn/record/view110209.asp?news_id=51089。

（二）能源合作

能源合作历来是中俄经贸合作的重点领域，2016年中俄两国能源合作继续稳步推进。

在能源贸易方面，2015年，在中俄双边贸易下滑的背景下，中俄能源贸易规模不降反增，中国自俄罗斯原油进口突破4000万吨，达到4243万吨，超过德国，成为俄罗斯原油最大进口国。2016年，中国自俄原油进口继续增长，1~10月，中国自俄罗斯原油进口量达到4283万吨，同比增长27%，进口量超过沙特阿拉伯。

除能源贸易外，中俄两国致力于能源上下游一体化的推进，合作产业链的拉长使中俄双方利益交融。在上游领域，中国通过参股的方式深度参与亚马尔天然气项目。亚马尔项目是俄罗斯北极地区第一个大型凝析气田开发和液化天然气生产一体化项目，计划年产1650万吨液化天然气和120万吨凝析油，项目计划分三期建设，每期液化天然气年产能550万吨，首期将于2017年投产。该项目的主要股东为俄罗斯诺瓦泰克公司（持股60%），法国道达尔公司（持股20%），中国石油集团公司（持股20%）。俄罗斯经济危机之后，亚马尔项目遭遇融资困难，2016年3月，中国丝路基金以10.87亿欧元从诺瓦泰克公司购入9.9%的股份，这样中国在该项目中的股份达到29.9%。中国企业还负责该项目部分模块的生产。在下游领域，中俄合资的天津炼化厂项目正在有序推进，计划2020年前建成投产。2016年9月2日，在俄罗斯远东经济论坛上，中石化集团与俄罗斯石油公司签署协议，共同开展俄罗斯东西伯利亚天然气加工和石化综合设施项目的可行性研究工作。双方将成立联合研究团队进行不同加工路线方案的比选工作，如协议规定的研究工作顺利完成，中俄双方将建立合资公司共同开展前端工程设计及项目建造、运营等工作。未来项目初步选址于博古恰内（位于克拉斯诺亚尔斯克边疆区），项目一期运营后预计加工天然气为50亿立方米/年，生产下游聚合物及石化产品，项目原料由俄罗斯石油公司的东西伯利亚尤鲁布钦－托霍姆大型油气田供应，产品主要面向俄罗斯及中国市场。

在能源合作中，除了油气合作，中俄两国在电力、核能领域也取得了新成果。2016年前三季度，中国国家电网公司黑龙江省电力有限公司通过110千伏布黑线、220千伏布爱甲乙线和500千伏阿黑线，累计进口结算俄电24.15亿千瓦时。自此，国家电网黑龙江电力公司累计进口俄电达到200.97亿千瓦时。2016年5月，中国三峡集团与俄罗斯的水电公司签署了《中俄关于成立合资公司开发俄罗斯下布列亚水电项目的合作意向协议》，该项目是中俄在远东地区合作的重要项目，下布列亚水电站的建成能够增强该流域的防洪能力，水电站所发的电能能够回送至中国。在核能合作方面，田湾核电站是中俄核能合作的成功案例，第一批两台机组2007年已经投入运营。2016年11月中俄总理定期会晤期间，中国国家原子能机构与俄罗斯原子能

集团签署协议,继续建设田湾核电站三、四号机组,预计将在2017年开始发电,2018年投入商业运营。

(三)金融与投资合作

进入21世纪,中俄金融与投资合作快速发展,合作范围不断扩大,合作层次逐渐加深,合作方式也不断创新。2016年以来,中俄两国在金融与投资领域的合作又取得了一系列新进展。

第一,两国政府间财金合作更加密切。2016年6月,中国人民银行与俄罗斯中央银行签署《关于在华设立代表处的协议》,这是俄罗斯央行在国外设立的首家代表处,是外国央行在中国设立的第八家代表处,代表处的设立有利于加强中俄两国央行间的交流与合作,促进金融合作深化发展。2016年6月26日,在已经签署的《中俄保险监管合作谅解备忘录》的基础上,中国保险监督管理委员会与俄罗斯央行签署了《关于保险领域合作的2016~2018年共同行动计划》,该计划涵盖了保险、再保险、核共体、设立共同基金、保险资金运用、航空航天保险、重工机械保险、丝绸之路经济带合作等一系列中俄双方共同关注的领域,该计划的签署及落实将推动中俄在保险领域的合作进入新阶段。

第二,两国就金融领域的务实合作展开深度交流。2015年10月,中俄金融联盟正式成立,这是由中国最早开办对俄金融业务的城市商业银行哈尔滨银行和俄罗斯联邦储蓄银行共同发起建立的非营利性、开放式跨国金融合作组织,旨在增进中俄两国在金融领域的信息交流,并在代理行关系建立、双边本币结算及现钞业务、国际贸易及信保融资、组织银团贷款、中俄地方基础设施建设项目融资以及在全球市场交易业务等领域达成广泛合作。2016年4月8日,该联盟在海南举行创新论坛,就当前金融领域及中俄经贸合作中的热点问题进行深入探讨。论坛期间,中俄双方金融机构达成多项合作协议:俄罗斯联邦储蓄银行、亚太银行、远东发展基金与中方的哈尔滨银行、海南银行、包商银行、内蒙古银行、重庆银行和大连银行等金融机构,共同签署了支持俄罗斯远东和西伯利亚地区超前发展的金融合作协议;中俄金融联盟中方成员代表与俄罗斯联邦储蓄银行企业大学签署培训交流合作协议；海南银行与哈尔滨银行签署全面战略合作协议，就为"候鸟老人"和游客提供特色金融服务开展深度合作。2016年9月1日，中俄金融联盟第二届成员大会在俄罗斯符拉迪沃斯托克举行，通过了杭州银行等8家中俄新成员机构加入联盟的表决，至此，中俄金融联盟成员从初始的35家发展壮大到57家。会议中，哈尔滨银行还与俄罗斯储蓄银行签署了《Finline远程银行服务协议》。

第三，货币合作稳步推进，本币结算不断扩大。乌克兰危机后，俄罗斯有意加快"去美元化"，中俄两国共同致力于扩大本币结算。2016年中俄两国总理会晤联合公报中明确提出："采取措施扩大本币结算业务的宣传，鼓励双边贸易和投资参与者更多地使用本币进行结算，中方欢迎俄方在俄罗斯市场发行人民币债券。"2016年，人民币与卢布交易量稳步增长，尤其在边境贸易中，人民币结算快速增长，2016年1~9月，俄罗斯外贸银行在远东联邦区的人民币结算金额达到3.2亿元，同比增长30.6%。清算渠道不畅一直是阻碍本币结算发展的一大障碍，2016年6月25日，中国人民银行与俄罗斯中央银行签署了在俄罗斯建立人民币清算安排的合作备忘录。9月23日，中国人民银行宣布授权中国工商银行（莫斯科）股份有限公司担任俄罗斯人民币业务清算行。俄罗斯人民币清算安排的建立对促进人民币跨境交易起到了重要的推动作用。

（四）产能与装备制造合作

2015年5月，国务院发布《关于推进国际产能和装备制造合作的指导意见》，国际产能合作作为深化与相关国家互利共赢及共同发展的重要内容，成为中国外交的"新名片"，也是推动"一带一路"这一重大经济和外交战略的重要抓手。2015年12月，在中俄总理第二十次会晤期间，李克强总理表示："中方愿同俄方共同努力，发挥相互投资的引擎作用，把产能和装备制造合作作为新的增长点。"2016年，中俄产能合作逐步展开，中俄两国陆续签订了一些产能合作协议。

2016年4月，中俄双方签署了多项在俄罗斯远东地区建厂的谅解备忘录，中方提出了将12个先进经济行业的产能转移到俄罗斯的倡议，包括造船、化工、冶金、建筑、能源、机械制造、纺织、水泥、通信、农业等。针对俄方部分反对者提出的中国企业将会挤压当地产业发展空间和造成环境污染等反对意见，中方强调，中国推动的国际产能合作是先进产业和产能的输出，技术和环保指标不达标的落后产能不具备国际产能合作的条件，中国先进产能的"走出去"能够帮助引进国家完善其工业体系，提高其制造能力，这是顺应经济规律的创新和共赢之举。俄方表示，这些产能将建在俄罗斯远东超前发展区和符拉迪沃斯托克自由港，在俄建厂的中国企业在严格遵守俄罗斯环保标准的前提下，将获得税收优惠和行政特惠待遇。

2016年6月5日，中国中部国际产能合作论坛俄罗斯专场在武汉举行。依托长江中上游与伏尔加流域地区合作平台，中俄双方企业达成多项产能合作意向：武钢集团向下诺夫哥罗德GAZ汽车集团出口高牌号冷轧超深冲钢卷；三环集团为萨马拉州陶里亚蒂市长期提供乘用车喇叭等产品；东风扬子江与萨拉托夫州合作电动公交车项目等。

（五）农业合作

中俄两国在农业发展方面各有所长，中国气候条件优越，有利于农业全面发展，农作物产品种类繁多；俄罗斯幅员辽阔，拥有肥沃的土地和丰富的水资源，土地规模大，适合大面积机械作业。中俄两国进行农业合作，有利于发挥两国的比较优势，具有广阔的发展前景。近年来，中俄农业合作逐渐成为中俄经贸合作的重要内容，不断取得新成果。

第一，中俄农业合作机制逐步完善。中俄总理定期会晤委员会农业合作分委会于2013年成立，此后每年举行一次会议。2016年10月20日，农业合作分委会第三次会议在北京召开，会议就进一步深化中俄农产品贸易、在俄远东地区农业投资、农业科技和教育、动物卫生、植物疫病防控以及合作项目建设等议题进行了广泛、深入的交流和讨论，并就中俄农业合作下一步工作计划达成了一致。此外，两国检验检疫相关部门的合作有所加强。

第二，中俄农产品贸易快速增长。2015年，中国成为俄罗斯农产品第三大贸易伙伴，中国自俄进口的农产品主要有玉米、大豆、葵花籽油、面粉等，中国对俄出口的农产品主要为水果、海产品等。俄罗斯对农药化肥的使用极为谨慎，且严禁转基因产品，因此，近年来俄罗斯绿色有机的农产品深受中国消费者喜爱。2015年后，卢布贬值进一步增加了俄罗斯农产品的价格优势，俄农产品对华出口呈快速增长态势。2016年上半年，俄罗斯对华农产品出口超过自华进口额，实现顺差。

第三，中俄两国农业双向投资逐步展开。2015年5月，中俄两国设立了总额为20亿美元的农业专项投资基金，用于支持两国境内的农业项目，促进两国在农业种植、土地管理、通关程序、食品物流及销售等方面的合作。2015年10月，中国海外产业发展协会、中国国际经济合作投资公司、亚粮资本控股有限公司等6家单位共同设立了"亚太粮食产业发展基金"，在俄罗斯建立农工产业一体化的经济贸易合作区。2016年4月，中俄两国签署成立俄中农工产业发展基金的股东协议，旨在促进远东地区农业发展。基金资本最高为100亿美元，各阶段中俄双方出资比例均为9∶1，初始资金为130亿卢布，目前正在审议的项目约为27个。

第四，农业合作领域多元化。除农产品贸易和投资之外，中俄两国还大力开展农业自贸区、农牧业产业园区、农业科技等方面的合作。2016年6月，普京总统还提议在俄罗斯西伯利亚和远东地区建立新的粮食陆地走廊，将这一地区的粮食出口到中国和亚太。

（六）创新合作

目前，中俄两国均处在结构调整、转变经济增长方式、提高经济增长质量的关键时期，加强两国创新合作、以创新合作驱动经济发展对两国而言都具有重要意义。中俄两国在创新领域具有较强的互补性，未来合作潜力巨大，因此，加强创新合作是中俄两国共同的战略选择。

近年来，中俄两国在创新领域的合作逐渐取得实质性进展，具体表现在以下三个方面。

第一,中俄创新对话机制正式建立。2016年6月27日,中国科技部与俄罗斯经济发展部在莫斯科签署了《关于在创新领域开展合作的谅解备忘录》。根据该备忘录,将由中国科技部与俄罗斯经济发展部牵头组建中俄创新合作协调委员会,旨在协调、指导中俄双方在创新领域的互利合作,加强两国在创新战略、技术转移、国家创新体系建设、大众创新创业、科技创新园区等领域的对话与合作。这一文件的签署标志着中俄两国创新对话机制的正式建立。

第二,创新合作园区建设进展顺利。中俄丝路创新园是中俄两国政府战略层面在创新合作领域的重要项目。2014年10月13日,中国陕西省政府与俄罗斯直接投资基金、中俄投资基金、俄罗斯斯科尔科沃创新中心共同签署了《关于合作开发建设中俄丝绸之路高科技产业园的合作备忘录》。该园区按照"一园两地、两地并重"的原则,即园区分别设立在中国与俄罗斯两地,由中俄两国联合组建的中俄合作投资委员会进行统一的管理与协调。中方园区设立在陕西西咸新区沣东新城统筹科技资源改革示范基地,规划面积4平方公里,依托陕西省的科研与现代工业基础,建立以高新技术研发为先导、现代产业为主体的高科技产业园区,俄方园区则设立在俄罗斯斯科尔科沃创新中心,建立以高新技术研发及转化为主体的高科技产业园区。目前,园区已吸引俄罗斯苏霍伊商用飞机、北斗导航等一批重大项目落户。2016年2月26日,中兴通讯集团投资20亿元人民币在中俄丝路创新园中方园区建立的"中兴深蓝科技产业园"开工建设。该园区是在中俄丝路创新园中方园区落地的第一个子园区,涵盖节能环保产品、新能源、互联网软硬件产品、汽车电子、特种行业通信等领域,充分结合了中俄两国的科技优势和中兴集团的产业优势。除中俄丝路创新园外,烟台中俄高新技术产业化合作示范基地、浙江中俄九华工业园、长春中俄科技园、黑龙江中俄科技合作及产业化中心等创新园区也先后建立,俄罗斯境内的中俄友谊科技园也投入运营。

第三,各类创新论坛为两国创新合作搭建良好的交流平台。近年来,中俄两国间各类创新论坛不断举行。2014年10月26日,浦江创新论坛以

"工业园区和创新发展区：国际合作新维度"为主题的"中俄圆桌会议"在上海举行。中俄两国相关领域的官员及企业家就中俄科技园与科技创新的发展历程、发展现状、经验教训及未来合作方向等问题进行了广泛交流与探讨。2016年9月15日，首届俄中创新投资论坛在莫斯科举行，俄中两国风险投资企业和业内专家就两国投资环境、俄对创新科技的扶持政策等议题进行了讨论。创新论坛为两国创新合作搭建了交流平台，为两国创新领域的合作创造了良好的条件。

（七）电商合作

随着互联网的发展，跨境电子商务成为新兴业态。中俄跨境电子商务起步较晚，但发展迅速。目前中国已成为俄罗斯跨境电商的第一大商品来源国，以京东、绥易通、全球速卖通为代表的60多家中国电商已顺利落户俄罗斯门户网站，受到当地商家和消费者青睐。2015年，中俄跨境电商交易额突破300亿元人民币，同比增长32%。2016年上半年，中国商品在俄罗斯跨境电商交易额中的占比为51.1%，中国商品订单量达到俄罗斯跨境电商总订单量的90%以上。

2016年，中俄电子商务合作也取得了可喜成果。

首先，中俄电商合作在跨境物流方面取得了突破。2015年7月，莫斯科格林伍德国际贸易中心与俄速通公司合作，在俄罗斯建设首个大型海外仓。格林伍德—俄速通海外仓位于莫斯科州太阳城区，距离莫斯科谢列梅捷沃国际机场仅15分钟车程，交通便利。海外仓一期占地8000平方米，二期占地1.2万平方米，日处理订单能力1万件，为永久产权仓库。中国卖家只需将货物交给俄速通公司位于国内的集货仓，俄速通就可以为卖家提供后续运输、清关、入库质检、接收订单、订单分拣、多渠道发货等所有物流环节操作，有效解决卖家对海外仓管控难、库存积压、售后保障等一系列问题。海外仓建成后，可将中俄跨境电商物流从20～30天缩短至2～7天。2016年12月20日，中国电子商务物流企业联盟、俄罗斯时代集团股份公司和北京新欧亚时代科技有限公司签署三方合作备忘录。根据备忘录，将在俄罗斯中部城市克拉斯诺亚尔斯克共同建设俄罗斯电商物流转运中心,该项目将成为中国电商"卖全球"在俄罗斯的示范项目。在克拉斯诺亚尔斯克建立转运中心,能够避免将货物先运至俄罗斯以西的国家,然后再向东折返至莫斯科,再分派至俄罗斯全境所浪费的时间和物流成本。

其次,首届中俄跨境电商大会顺利举行。2016年5月6日,主题为"新起点、新跨越——聚焦新形势下中俄跨境电商发展路径"的首届中俄跨境电商大会在江苏省镇江市举行。此次会议由中俄友好、和平与发展委员会主办,镇江市人民政府、"企发"中俄跨境电商平台和"打开套娃"电商平台共同承办,两国相关部门的政府官员及知名电商企业代表500多人出席了大会。大会期间,中俄两国就建立跨境电商统一服务平台达成一致,并签署了合作协议,与会者还就中俄跨境电商发展现状及前景和物流、金融及咨询服务对电商的促进作用等议题进行了广泛的交流与探讨。

最后,俄罗斯电商加速扩大中国市场。俄罗斯电商企业借助中国电商已经建立的平台及渠道,积极扩大中国市场。2016年3月,俄罗斯出口中心股份公司与京东商城签署合作备忘录,依托京东商城的网络平台面向中国和其他国家出口俄产商品。京东商城计划通过直接向生产商采购和吸引俄罗斯卖家在京东开设店铺两种方式,帮助俄罗斯商品进入中国市场。

可以预见,未来一段时期内,中俄双边贸易额很难保持高速增长态势,然而,这并不意味着中俄经贸合作水平的下降。随着中俄经贸合作的不断深入发展,已不宜将中俄双边贸易额增长的快慢作为评价中俄经贸合作发展水平的唯一标准。同时也应看到,中俄经贸合作的调整期也是未来发展的重要机遇期。在这一时期内,如何通过共同努力拓宽合作领域、创新合作模式、提高合作质量、调整贸易结构、改善贸易与投资环境,都是中俄经贸合作中所面临的问题,也是决定未来中俄经贸合作水平的关键。

Y.19 特朗普政府"美国第一能源计划"对世界能源发展和中俄能源合作的影响[*]

徐洪峰 王海燕[**]

摘　要：特朗普政府的"美国第一能源计划"与奥巴马政府的能源政策相比既有相同之处，也有重大改变。"美国第一能源计划"将对美国本土及世界的能源带来重要影响，也将对全球应对气候变化以及清洁能源投资带来消极的负面影响。从短期看，特朗普政府的"美国第一能源计划"对中俄两国的能源合作并不会产生较大的直接影响，该计划的实施如果在未来影响到国际能源供需格局，并进而导致国际油价的显著变化，则会对中俄两国之间的能源合作产生间接影响，但短期内总体影响较为有限。

关键词：　"美国第一能源计划"　特朗普政府　世界能源格局　中俄能源合作

2017年1月21日，特朗普政府发布了"美国第一能源计划"，该计划

---

[*] 本文为国家社科基金《低碳经济时代中美发展清洁能源的合作与冲突及中国对策研究》的阶段性成果（课题负责人：徐洪峰，项目批准号11CGJ026）。
[**] 徐洪峰，中国社会科学院俄罗斯东欧中亚研究所副研究员；王海燕，中石油国际部高级经济师。

作为特朗普执政期间美国能源政策的总纲领,对美国本国及世界的能源发展以及中俄能源合作均将带来一定程度的影响。

一 "美国第一能源计划"的变与不变

与奥巴马政府的能源政策相比,特朗普政府的"美国第一能源计划"既有相同之处,也有重大改变。相同之处主要有四点。

一是加大本国能源开发,将美国从对进口能源的依赖中解放出来[①]。2011年3月,奥巴马政府曾经发布题为"安全能源未来蓝图"的报告,提出要通过加大美国本土原油生产,降低美国对进口能源的依赖,以增进美国能源安全。[②] 在降低对进口能源依赖的总目标方面,特朗普政府与奥巴马政府一致。

二是加大本土页岩油气开发,以能源收入支持美国道路、学校、桥梁等公共基础设施建设。[③] 奥巴马政府时期,美国页岩油已经实现了大踏步跨越发展,其年产量自2005年的9000万桶左右增加到2015年的17亿桶左右。[④] 特朗普政府希望通过页岩油气的进一步发展,为美国公共设施建设提供资金。

三是支持清洁煤技术,复兴美国煤炭产业。[⑤] 清洁煤计划是奥巴马政府应对气候变化、发展清洁能源的重要内容之一。奥巴马政府从经济复兴计划资金中拿出了100多亿美元用于二氧化碳的捕捉和储存项目,加上40亿美元私人投资,总计有140多亿美元的投资用于清洁煤技术。奥巴马政府时

---

① The White House, "An American First Energy Plan," https://www.whitehouse.gov/america-first-energy.
② The White House, "Blueprint For A Secure Energy Future," March 30, 2011, http://www.whitehouse.gov/sites/default/files/blueprint_secure_energy_future.pdf.
③ The White House, "An American First Energy Plan," https://www.whitehouse.gov/america-first-energy.
④ U. S. EIA, "How Much Shale (Tight) Oil Is Produced in the United States," https://www.eia.gov/tools/faqs/faq.cfm?id=847&t=6.
⑤ The White House, "An American First Energy Plan," https://www.whitehouse.gov/america-first-energy.

期,美国建造了 5 个达到商业规模、使用大型碳捕捉与储存设备运转的发电厂,每年碳捕捉和储存的数量超过 1200 万吨。并且从 2015 年开始,奥巴马政府开始实施煤炭产业转型升级和进一步推动碳捕捉和储存技术发展的"POWER+计划"。① 在支持清洁煤技术发展方面,特朗普政府与奥巴马政府的政策基本一致。

四是将能源政策与环境保护结合在一起,能源发展将以保护清洁空气和清洁水、保护自然栖息地和自然资源作为最高优先。② 奥巴马政府时期,已经将保护环境作为发展清洁能源的重要原因和目标之一。③ 环境保护是应对气候变化的内在部分,虽然特朗普政府取消了奥巴马的"气候行动计划",但在能源发展中将保护环境作为重要优先这一点上两届政府一脉相承。

与奥巴马政府的能源政策相比,"美国第一能源计划"的重大改变在于两点。④

一是取消了奥巴马政府的"气候行动计划",特朗普政府认为"气候行动计划"束缚了美国能源产业的发展,对其造成了有害影响。

二是首次提出将能源关系作为地缘政治工具,将与海湾国家建立积极的能源关系作为美国反恐战略的一部分,把能源关系作为增进美国国家安全的手段之一。

---

① 徐洪峰:《低碳经济时代中美发展清洁能源的合作与冲突及中国对策研究》,中国国家社科基金成果(项目批准号 11CGJ026)。The White House, *Investing in Coal Communities, Workers, and Technology: The POWER + Plan*. https://www.whitehouse.gov/sites/default/files/omb/budget/fy2016/assets/fact_sheets/investing-in-coal-communities-workers-and-technology-the-power-plan.pdf; The White House, *FACT SHEET: The Partnerships for Opportunity and Workforce and Economic Revitalization (POWER) Initiative*, March 27, 2015. https://www.whitehouse.gov/the-press-office/2015/03/27/fact-sheet-partnerships-opportunity-and-workforce-and-economic-revitaliz
② The White House, "An American First Energy Plan," https://www.whitehouse.gov/america-first-energy.
③ 2009 年奥巴马就任总统之初,即将应对气候变化和发展清洁能源作为其三大优先工作议程之一。其他两项重点工作议程是经济复兴以及伊拉克和阿富汗战争。
④ The White House, "An American First Energy Plan," https://www.whitehouse.gov/america-first-energy.

二 "美国第一能源计划"对美国本土及世界能源发展的影响

"美国第一能源计划"对美国本土能源发展的影响主要体现在以下几点。

一是随着本国原油产量增加,美国原油进口将大幅度降低。由于本国石油生产的增加,美国的原油进口已经自2005年的最高日均进口1371万桶,大幅减少到2015年的日均进口945万桶。① 在"美国第一能源计划"降低对进口能源依赖的目标下,美国未来可能将彻底结束原油进口,甚至转而成为原油出口国。

二是页岩油气在美国本国原油生产中的比重将进一步增加,未来页岩油气很可能成为美国原油生产的主力。② 2015年在美国石油总产量中,页岩油产量占到52%。未来随着页岩油气开发生产力度的加大,页岩油气勘探开发技术有可能会突飞猛进,页岩油气勘探开发成本有可能迅速大幅降低,从而成为传统油气的有力竞争对手,大大挤压传统油气的市场空间。

三是煤炭在美国一次能源消费中的比重将有一定程度增加。2015年,煤炭在美国一次能源消费中的比重为15.7%,③ 随着"美国第一能源计划"对清洁煤技术支持力度的加大以及对复兴煤炭产业的支持,未来煤炭在美国能源消费中的比重有可能出现一定程度的增加。

四是出于环境保护原因,清洁能源在美国能源结构中的比重有望进一步增加。目前美国清洁能源(核能及可再生能源)占一次能源消费的份额为18%左右,④

---

① U.S. EIA, "Petroleum & Other Liquids-U.S. Imports by Country of Origin," http://www.eia.gov/dnav/pet/pet_move_impcus_a2_nus_ep00_im0_mbblpd_a.htm.

② U.S. EIA, "Tight Oil Expected to Make Up Most of U.S. Oil Production Increase Through 2040," http://www.eia.gov/todayinenergy/detail.php?id=29932.

③ U.S. Energy Information Administration, *Primary Energy Consumption by Source*, http://www.eia.gov/beta/MER/?tbl=T01.03#/?f=Ahttp://www.eia.gov/totalenergy/data/monthly/pdf/flow/css_2015_energy.pdf.

④ U.S. Energy Information Administration, *Primary Energy Consumption by Source*, http://www.eia.gov/beta/MER/?tbl=T01.03#/?f=A.

奥巴马在2011年提出，要到2035年使本国清洁能源发电的比重翻番，达到84%的份额。① 虽然特朗普政府取消了奥巴马政府的"气候行动计划"，但在发展清洁能源和提高能效方面，特朗普政府并没有明确反对，出于环境保护的考虑，清洁能源在美国能源结构中的比重可能会进一步增加。

"美国第一能源计划"对世界能源发展的影响将主要体现在以下几点。

一是随着本国页岩油产量的大幅增加，美国在未来数年，有可能从全球最大的石油进口国转变为全球最大的石油生产国之一，由此将深刻改变全球石油市场的供需格局，使全球石油市场从供不应求的卖方市场转变为供大于求的买方市场，进一步增大国际油价下行压力。

二是将极大削弱石油输出国组织和俄罗斯对国际石油市场的影响。随着从最大石油进口国到最大石油生产国角色的转变，美国与石油输出国组织和俄罗斯等石油出口国的关系，将由之前的买卖双方的合作关系转变为均为卖方的竞争关系。在2015年全球石油供给增量中，来自美国石油产量的增加占到3/4，未来随着美国页岩油生产的进一步增加，美国与石油输出国组织和俄罗斯抢占国际石油市场份额的竞争和矛盾有可能激化。

三是将极大改变既有的国际石油市场价格协调机制。20世纪70年代至今，国际油价在相当程度上受石油输出国组织影响，石油输出国组织通过"限产保价"等措施对国际油价发挥着举足轻重的影响。但是，未来随着美国石油产量的大幅度增加，任何没有美国参与配合的国际油价协调机制都将失去既有作用。此外，与石油输出国组织和俄罗斯等传统石油输出国不同，美国的石油企业大部分由私人公司运营和掌控，联邦政府能够施加的影响有限，以上两方面都将使未来国际油价协调机制变得复杂化。

四是随着特朗普政府首次提出将能源关系作为地缘政治工具，将与海湾国家建立积极的能源关系作为美国反恐战略的一部分，未来围绕国际能源贸易的能源地缘关系将发生一定程度的变化。

---

① The White House, *Remarks by the President in State of Union Address United States Capitol*, *Washington*, *D.C.*, January 25, 2011, http：//www.whitehouse.gov/the－press－office/2011/01/25/remarks－president－state－union－address.

俄罗斯黄皮书

三 "美国第一能源计划"将对全球应对气候变化以及清洁能源投资带来消极的负面影响

"美国第一能源计划"提出要取消奥巴马政府于2013年6月提出的"气候行动计划"。"气候行动计划"的内容主要有三个方面：一是通过大力发展清洁能源和提高能效，减少美国源自能源生产和使用的碳污染和温室气体排放；二是积极应对气候变化对美国的影响，包括建立更强大和更安全的社区和基础设施，保护经济和自然资源，加大气候变化的科学研究等；三是在国际应对气候变化的行动中发挥领导作用。这里既包括通过与相关国家的双边合作，也包括在国际机构和平台上的多边磋商及合作。其中动员气候金融、引领全球对清洁能源的公共融资是其重要内容之一。①

从特朗普政府将能源发展与保护环境挂钩的政策看，"美国第一能源计划"并非要否定"气候行动计划"的全部内容，而是重点反对美国在应对气候变化的国际合作中发挥领导作用。② 这与奥巴马政府相比，是气候变化态度和政策上的明显倒退，之所以出现这种政策倒退，在一定程度上与特朗普政府中代表传统化石能源的利益集团势力增加、保护刺激美国本土能源产业以及特朗普政府对全球事务参与的收缩有关系。当前美国是世界历史累积碳排放最大和人均碳排放第三大国家，③ 离开美国的参与和

---

① U. S. Executive Office of the President, "The President's Climate Action Plan," June 2013, https://www.whitehouse.gov/sites/default/files/image/president27sclimateactionplan.pdf.

② The White House, "An American First Energy Plan," https://www.whitehouse.gov/america-first-energy.

③ 徐洪峰：《低碳经济时代中美发展清洁能源的合作与冲突及中国对策研究》，中国国家社科基金成果（项目批准号：11CGJ026）。PBL Netherlands Environmental Assessment Agency. http://themasites.pbl.nl/images/co2_emiss_tcm61-36153.xlsJos G. J. Olivier, Greet Janssens-Maenhout, Marilena Muntean, Jeroen A. H. W. Peters, *Trends in Global CO$_2$ Emissions*: *2015 Report*, The Hague: PBL Netherlands Environmental Assessment Agency; Ispra: JointResearchCentre, p. 31. http://www.pbl.nl/sites/default/files/cms/publicaties/pbl-2015-trends-in-global-co2-emissions_2015-report_01803.pdf.

合作，任何应对气候变化的全球协议都将难以达成，特朗普政府在气候变化政策上的倒退将对未来全球应对气候变化的国际合作增加更多变数和阻力。

此外，特朗普政府虽然没有明确否定对清洁能源发展的支持，但是鉴于传统化石能源利益集团在政府中的势力增加，以及出于保护本国传统化石能源就业岗位和收入的考虑，与奥巴马政府相比，特朗普政府任内美国清洁能源的发展有可能会受到一定程度的影响。美国目前是全球清洁能源技术研发投资和产业投资第二大国家。2013年美国的清洁能源市场分别吸引了68亿美元和22亿美元的公开市场投资、风险投资和私募股权投资，占到全球清洁能源风险投资和私募股权新增投资总额的2/3左右。① 2015年第三季度，美国清洁能源新增投资134亿美元，占全球同期清洁能源新增投资总额的19%左右。② 受取消"气候行动计划"的影响，未来美国清洁能源投资的快速发展势头有可能会减弱，此外，气候金融也将会因为特朗普政府对"气候行动计划"中美国引领应对气候变化国际行动的直接反对而受到一定程度的负面影响。

四 "美国第一能源计划"对中俄能源合作的可能影响

"美国第一能源计划"以实现能源独立为核心，其主要目标之一是促进油气等传统化石能源的本土发展、降低能源对外依赖。基于这样的判断，可

---

① 徐洪峰：《低碳经济时代中美发展清洁能源的合作与冲突及中国对策研究》，中国国家社科基金成果（项目批准号：11CGJ026）。The PEW Charitable Trusts, Who's Winning the Clean Energy Race? 2013, April 2014, pp. 16 – 17, 50. http://www.pewtrusts.org/~/media/assets/2014/04/01/clenwhoswinningthecleanenergyrace2013pdf.pdf.
② 徐洪峰：《低碳经济时代中美发展清洁能源的合作与冲突及中国对策研究》，中国国家社科基金成果（项目批准号：11CGJ026）。Luke Mills, Global Trends in Clean Energy Investment, Bloomberg New Energy Finance, October 6, 2015, p. 8, http://about.newenergyfinance.com/content/uploads/sites/4/2015/10/2015 – 10 – 08 – Clean – Energy – Investment – Q3 – 2015 – factpack.pdf.

以思考该计划对世界石油格局、国际油价的影响可能会间接影响中俄两国的能源合作。

第一点思考，美国本土油气开发领域的扩大开放有可能影响中俄上游油气合作。

在特朗普新政推出后，可以预见的是，美国将营造更好的商业环境吸引更多对本国能源行业的投资，油气政策监管也可能趋于放松。在此背景下，中国的石油企业，包括国有企业和民营企业，可能会加大在美国寻求收购油气资产的机会。2010年10月，中国海洋石油公司以21.6亿美元的价格收购了美国第二大天然气生产商切萨皮克能源公司（Chesapeak）运营的一个名为鹰滩的页岩油气项目的1/3权益，这是中国石油企业首次对美国陆上能源资源进行大规模投资。在特朗普执政期间，在美国能源战略导向和相关政策的鼓励下，或许中国相关油气企业参与美国上游油气开发的积极性会更高。但从另一个方面看，这种情况在短期内并不会对中国油气企业参与俄罗斯上游油气资源勘探开发造成较大影响，主要原因在于俄罗斯油气资源丰富且地理位置与中国相邻，这使得油气输送成本相对较低，输送安全更有保障，而这是不可比拟的优势。

第二点思考，美国的油气开发可以在多大程度上影响国际油价，由此分析国际油价未来发展趋势对中俄能源合作的影响。

回顾2016年，布伦特原油期货均价为每桶45.13美元，相较于2015年的每桶53.6美元，均价下降15.8%。目前，国际石油供需基本面正在回归平衡，油价已企稳回升，尤其是在2016年年底欧佩克和非欧佩克产油国达成协议以来，根据双方达成的协议，欧佩克承诺每天减产120万桶；俄罗斯等11个非欧佩克产油国承诺每天减产55.8万桶，其中俄罗斯减产30万桶。减产协议从2017年1月1日起执行，为期半年。受到减产协议的利好推动，纽约期货市场一开盘，北海布伦特原油价格一度上涨6.5%，达到每桶57.89美元，为18个月以来的最高水平。2017年1~2月布伦特原油现货价格在每桶53美元到57美元间波动。据中国石油经济技术研究院预测，2017年布伦特原油均价为每桶53~58美元。[1]

---

[1] 参见刘朝全、姜学峰主编《2016年国内外油气行业发展报告》，石油工业出版社。

在近两年国际油价大幅下降的背景下，美国页岩油开发成本也持续下降，主要页岩油盆地盈亏平衡点已降至40~50美元/桶。① 50美元/桶及以上的油价水平将推动页岩油产量增长。页岩油气革命使美国成为新的油气生产国，完全的市场化机制可使页岩油生产对市场及时做出反应，在2016年国际油价下降的背景下，美国原油产量降到了日均886万桶，同比减少56万桶，但随着国际油价的上升，预计2017年美国石油产量将日均增加50万~60万桶。另外一方面，特朗普反对伊核协议，不排除未来伊朗石油行业或许重新遭受制裁，从而加剧国际石油市场和油价的波动。

在国际油价缓慢上涨的背景下，俄罗斯经济也步入了止跌趋稳的复苏阶段，反映了俄罗斯应对油价下跌和西方制裁的政策取得了初步成效。有专家预测，2017年俄罗斯将走出外源性危机和周期性危机。随着国际油价逐步回升以及美俄关系的改善预期，俄罗斯面临的国内外发展环境在发生变化，俄罗斯"向东看"的迫切性有所下降。今后一段时间内，中俄在能源领域的合作主要是要消化和执行已签署协议的项目，同时探讨新的合作方向。在油价较低的情况下，俄罗斯需要加大对战略性北极地区和难开采储量的开发力度，在这些方面中俄双方有很大的合作潜力。

第三点思考，美国的油气出口可能会对俄罗斯向欧洲的油气出口形成竞争，进而影响俄罗斯对亚太地区出口，或美俄两国会直接在中国油气市场形成竞争。

2016年，俄罗斯开采原油5.49亿吨，同比增长2.5%，其中出口2.55亿吨；开采天然气5550亿立方米，其中出口1987亿立方米。② 数据显示，2017年1月俄罗斯日均原油产量为1111万桶，同比2016年12月降低了约12万桶。③ 海关统计数据显示，2016年全年中国自俄罗斯进口原油5248万

---

① 参见刘朝全、姜学峰主编《2016年国内外油气行业发展报告》，石油工业出版社。
② http://seosait.com/russia-nefti-i-gaz-2016.
③ 在2016年欧佩克与非欧佩克产油国达成的协议中，俄罗斯承诺的减产行动是"循序渐进"的，即2017年1月将削减产量5万桶/日，到3月达到20万桶/日，4月实现30万桶/日的承诺目标。

吨，为年度历史新高，较2015年同期增长了23.7%，在2016年中国原油总进口量中占比13.8%，俄罗斯成为中国原油进口第一大来源国。①

2015年12月18日，时任美国总统奥巴马正式批准解除长达40年的美国原油出口禁令。尽管在此之前法律规定不允许美国原油出口，但在美国贸易政策特许的情况下，美国原油出口数量近年来持续增加，自2011年的日均出口4.7万桶大幅增加至2015年的日均48万桶，其中绝大多数出口到了邻国加拿大，少量出口到了欧洲地区。从这一数据看，至少在短期，美国的原油出口对俄罗斯的传统欧洲市场，以及对中俄两国间的原油贸易几乎不会产生显著影响。

天然气出口方面，2016年2月24日，切尼尔能源位于路易安纳州的萨宾帕斯（Sabine Pass）液化工厂向巴西发出了一船装载16万立方米的液化天然气，这是美国本土首次出口液化天然气。截至2016年年底，美国已发出48艘液化天然气货船，出口至拉美、欧洲和亚洲等14个国家。预计未来美国的液化天然气出口能力将进一步增大，但在全球液化天然气供应过剩、美国液化天然气价格竞争力存在不确定性的情况下，尚难判断美国液化天然气出口欧洲和亚太地区的前景，但可以判断，从短期看，美国的液化天然气尚不足以与俄罗斯管道天然气形成竞争，无论是在欧洲还是在亚太地区，其中包括中国市场。

总体而言，从短期看，特朗普政府的"美国第一能源计划"对中俄两国的能源合作并不会产生较大的直接影响，如果该计划的实施在未来影响到国际能源供需格局，并进而导致国际油价的显著变化，则会对中俄两国之间的能源合作产生间接影响，但短期内总体影响较为有限。

---

① 《2016年俄罗斯成为中国原油进口第一来源国》，http://mt.sohu.com/business/d20170206/125595410_611233.shtml。

附 录

Ү.20
Оглавление

I Общие доклады:

· Ориентация на внутреннюю стабильность и целеустремленность политической воли, направленной вовне— обзор внутренней и внешней политики в России в 2016 г.

（Ли Юнцюань）

II Политика

· Политическая обстановка в России в 2016 г. （Пан Дапэн）

· Анализ общественного управления в России в период нового президентского срока В. В. Путина （на примере некоммерческих организаций）（Ма Цян）

III Экономика

· Обзор экономической ситуации в России в 2016 г. （Чэн Ицзюнь）

· Экономический кризис в России и стратегия реагирования В. В. Путина（Чжан Цунмин）

· Общая ситуация в развитии сельского хозяйства в России в

контексте западных экономических санкций (Цзян Цзин)

· Реформа российской системы пенсионного обеспечения и анализ её проблем

(Гао Цзисян)

Ⅳ Дипломатия

· Российская дипломатия в 2016 г. (Лю Фэнхуа)

· Обстановка в странах СНГ в 2016 г. (Лю Дань)

· Анализ функционирования ЕАЭС в 2016 г. (Ван Чэньсин)

· Сотрудничество России с ШОС в 2016 г. (Люй Пин)

· " Большая Евразия ": от геоэкономики, геополитики до миропорядка (Чжан Хаоци)

· Эскалация российско‑американского противостояния в 2016 г. (Хань Кэди)

· Тупики российско‑европейских отношений в 2016 г. (Чжао Юймин)

· Отношения России и АСЕАН в рамках «Большой Евразии» — всеобъемлющего большого стратегического партнерства в Евразии: стремление к региональному интеграционному сотрудничеству (Ли Юнхуэй)

· Внешняя культурная пропаганта России: процесс, ресурсы и вызовы (Сюй Хуа)

Ⅴ Отношения между Китаем и Россией

· Российско‑китайские отношения в 2016 г. (Лю Фэнхуа)

· Новое в развитии российско‑китайского торгово‑экономического сотрудничества в

2016 г. (Го Сяоцюн)

· Программа администрации Дональда Трампа «Америка прежде всего»: Энергетический план», ее влияние на развитие мировых энергетических ресурсов и российско‑китайское энергетическое сотрудничество (Сюй Хунфэн, Ван Хайянь)

Y.21
Краткое содержание«Доклада о развитии России (2017)»

В 2016 году внутренняя политика России была отмечена стремлением к установлению стабильности, а внешняя политика— целеустремленностью. В целом сохранялась устойчивая и последовательная тенденция развития, что особенно ярко проявилось в следующих аспектах: в успешном завершении выборной кампании в Государственную думу; в сохранении политической стабильности; в пусть незначительных, но благоприятных изменениях в экономике, хотя и при дефиците факторов, способствующих росту в долгосрочной перспективе; в ясно выраженном характере великодержавности политики и в по-прежнему непростых отношениях с Западом; в развитии российско-китайских отношений на фоне сохранения их стабильности и партнерского характера, в реализации сопряжения китайской инициативы «Экономический пояс Шелкового пути» и ЕАЭС.

Политический аспект: состав Государственной Думы в России всегда выступает отражением социально-политических настроений в обществе и является своего рода барометром политической стабильности. Выборы в Государственную думу 2016 года имели важнейшее значение [в том числе и] для предстоящих президентских выборов в 2018 г., и можно даже сказать, что они стали их генеральной репетицией. Получив в новом составе Думы 343 места, т. е. более двух третей от общего числа, «Единая Россия» обеспечила себе конституционное большинство, продолжая играть ведущую роль в законодательном органе страны. Выборы в Государственную думу 2016 г. проходили в условиях глобального экономический кризиса и экономических санкций, введенных Западом против России в связи с присоединением Крыма, в условиях неблагоприятной экономической ситуации внутри страны. Однако

результаты выборов продемонстрировали высокий потенциал власти и наличие у нее способов сохранения в стране социально – политической стабильности.

В 2016 г. экономическое положение в России в целом оказалось лучше прогнозировавшегося, имело место немало позитивных сдвигов, среди которых наблюдатели выделяют, как наиболее характерные, например, следующие: 1) экономика хоть и не вышла из тяжелого состояния, но уровень ее спада все же заметно уменьшился; 2) отлично проявил себя реальный сектор экономики; 3) результаты выборов в Государственную думу оказали определенное влияние на социально – экономическую стабильность. В контексте общего спада мировой экономики, стагнации рынка энергоресурсов и продолжающегося снижения цен на энергоресурсы, энергетическая отрасль по – прежнему продолжала рассматриваться как наиважнейшая, энергоресурсы для российской экономики оставались основным источником экспортных поступлений страны. Однако в целом экономическая ситуации 2016 года не проявила никаких обнадеживающих симптомов, показатель ВВП снизился менее чем на 1%. Правда, стоит отметить, что уровень инфляции оказался наименьшим за последние несколько лет. Сельское хозяйство в течение нескольких последних лет продолжало динамично расти, по – видимому, оно становится локомотивом роста российской экономики. В 2016 г. урожай зерновых достиг 118.4 млн. тонн, и это лучший за всю историю показатель. В условиях западных санкций наиважнейшее значение придается реализации программы импортозамещения, и в 2016 году в этой сфере Россия заметно продвинулась вперед. В фармацевтической, химической, легкой промышленности, а также в тяжелом машиностроении и в производстве дорожно – строительной техники Россия осуществила импортозамещение практически полностью. Однако традиционная проблема российской экономики — проблема структуры производства — с точки зрения долгосрочной перспективы по – прежнему остается нерешенной, и решить её в кратчайшие сроки представляется крайне сложным.

Дипломатический аспект: усилия российской дипломатии в 2016 году по-прежнему были сосредоточены вокруг Крыма, Украины и Сирии, но в самой дипломатической политике появились и некоторые изменения. Наиболее важным и существенным из них стал разворот от дипломатии, носившей по-преимуществу «оборонительный» характер, свойственный начальному постсоветскому периоду становления независимой России, к активно направленной и имеющей «наступательный» характер дипломатии. Наиболее характерные особенности российской дипломатии нового периода описываются экспертами следующим образом: с точки зрения «характера» — теперь это стремительная или наступательная дипломатия; с точки зрения фокусировки внимания на важнейших приоритетах — это первоочередное внимание интересам России и сравнительно меньшая сосредоточенность на интересах других стран; с точки зрения воздействия на общественное мнение или систему дискурса — ориентация на овладение командными высотами в общественной жизни и интенсификация информационной пропаганды, сосредоточенность основного внимания на российских слушателях и зрителях. В аспекте применяемых способов — отмечается упор на силовые методы, в аспекте целеполагания — стремление повысить статус государства, в аспекте планирования действий — быстрое реагирование без увязания в бесконечных словопрениях, в аспекте взаимодействия с другими участниками — явственный упор на свое лидерство. Относительно целей подобных трансформаций российской дипломатии имеются разнообразные интерпретации. Российско-американские отношения являются важнейшим звеном российской международной политики, более того, ее центральным звеном. Налаживание отношений с США от начала до конца является важнейшей задачей в повестке дня российской дипломатии. Стратегия «разворота на Восток» продолжалась и в 2016 г., самым значимым изменением в этом аспекте — кроме дальнейшего укрепления всестороннего сотрудничества с Китаем — стало наращивание участия в вопросах безопасности Азиатско-Тихоокеанского региона, особенно северо-востока этого региона, и укрепление отношений сотрудничества со странами АСЕАН.

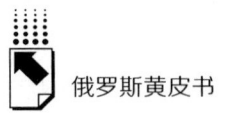

Аспект российско－китайских отношений: в 2016 г. отмечалась 15－я годовщина подписания «Договора о добрососедстве, дружбе и сотрудничестве между КНР и РФ», на основе обобщения практического опыта сотрудничества обеими сторонами были сформулированы дальнейшие цели и планы в области укрепления российско－китайских отношений. В 2016 г. российско－китайские отношения всеобъемлющего партнерства и стратегического взаимодействия развивались в части сопряжения различных стратегий взаимодействия: стратегии глобального развития, стратегии регионального развития, стратегии национального развития и стратегии профессионального развития. Без сомнения, наличие стыковок и взаимодополнений по всем многоаспектным линиям стратегий развития значительно повышает инновационный потенциал российско－китайских отношений всеобъемлющего партнерства и стратегического взаимодействия. На международном и региональном уровнях российско－китайское стратегическое сотрудничество проявило себя не только в декларировании намерений и обозначении сфер взаимодействия, но и в конкретных делах. В области сохранения международной и региональной стратегической стабильности Россия и Китай четко обозначили свою непримиримую позицию в отношении планов США разместить на территории Южной Кореи систему противоракетной обороны, продолжили укреплять военное сотрудничество, в том числе и планомерно проводя совместные военные учения, повышая само качество армейского сотрудничества. Что касается международной политики, то здесь тесное стратегическое взаимодействие РФ и КНР проявляется в таких областях, как безопасность Северо－Восточной Азии, сирийский кризис, безопасность в сети Интернет, борьба с терроризмом и других. Продолжается плодотворное, эффективное сотрудничество через многосторонние механизмы и структуры сотрудничества ШОС, «Большой двадцатки», БРИКС и др. Дальнейшая реализация российско－китайских программ сотрудничества происходит и по линии их дальнейшей детализации. В 2016 г. наблюдался рост стабильного торгово－экономического сотрудничества, Китай по－прежнему продолжает сохранять статус крупнейшего торгового партнера России. После предложения, сделанного в 2015 г. относительно сопряжения китайской стратегии «Экономический пояс Шелкового пути» и ЕАЭС, в 2016 г. была выдвинута новая инициатива — создание полномасштабного партнерства в Евразии. Было положено начало процессу исследования возможностей для более широкого сотрудничества, что безусловно имеет наиважнейшее значение для сохранения региональной стабильности, укрепления взаимосвязанности, содействия развитию торговли, углубления гуманитарных обменов, для взаимообогащения через поддержку культурного многообразия.

Y.22
Аннотации статей «Доклада о развитии России (2017)»

Ориентация на внутреннюю стабильность и целеустремленность политической воли, направленной вовне — обзор внутренней и внешней политики в России в 2016 г.

Ли Юнцюань

Аннотация: В 2016 г. внутренняя политика России была отмечена стремлением к установлению стабильности, а внешняя политика — целеустремленностью. В целом сохранялась устойчивая и последовательная тенденция развития, что особенно ярко проявилось в следующих аспектах: в успешном завершении выборной кампании в Государственную думу; в сохранении политической стабильности; в пусть незначительных, но благоприятных изменениях в экономике, хотя и при дефиците факторов, способствующих росту в долгосрочной перспективе; в ясно выраженном характере великодержавности политики, в по-прежнему непростых отношениях с Западом; в развитии российско-китайских отношений на фоне сохранения их стабильности и партнерского характера, в реализации сопряжения китайской инициативы «Экономический пояс Шелкового пути» и ЕАЭС. В 2016 г. на выборах в Государственную Думу «Единая Россия» обеспечила себе конституционное большинство — более двух третей мест, и таким образом продолжила играть главную скрипку в высшем органе законодательной власти. В 2016 г. экономическое положение в России в целом оказалось лучше прогнозировавшегося, имело место немало позитивных признаков выздоровления, а экономика хоть и не вышла из тяжелого положения, уровень ее спада все же заметно уменьшился, отлично проявил себя реальный сектор экономики, уровень инфляции за последние несколько лет оказался наименьшим, а сельское хозяйство, как и в течение последних нескольких лет, продолжало динамично расти, действенно развивалось импортозамещение. Усилия российской дипломатии в 2016 г. по-прежнему были сосредоточены на вопросах Крыма, Украины и Сирии. Внешняя политика, носившая после распада СССР и образования независимой России по-преимуществу «оборонительный» характер, развернулась к активной направленной дипломатии — или дипломатии, имеющей «наступательный» характер. Стабильно развивались в 2016 г. российско-китайские отношения, на основе обобщения двустороннего опыта сотрудничества странами были поставлены новые цели и выражены новые чаяния в деле дальнейшего укреплении российско-китайских отношений. В международном и региональном сотрудничестве, в ШОС и в других направлениях как многостороннего, так и двухстронннего сотрудничества были достигнуты позитивные сдвиги. Важнейшие смыслы российско-китайского стратегического партнерства обрели свои будущие контуры.

Ключевые слова: Российская политика, российская дипломатия, российская экономика, сопряжение китайской инициативы «Экономический пояс Шелкового пути» и ЕАЭС.

Об авторе: Ли Юнцюань (李永全) — директор Института России, Восточной Европы и Центральной Азии КАОН, главный научный сотрудник.

俄罗斯黄皮书

Политическая обстановка в России в 2016 г.

Пан Дапэн

Аннотация: В 2016 г. на выборах в Государственную думу седьмого созыва партия «Единая Россия» обеспечила себе абсолютное конституционное большинство, тем самым заложив прочный фундамент для поддержки путинской стратегии на президентских выборах 2018 г. В период приближения к очередным президентским выборам правящий эшелон команды В. В. Путина вступит в процесс смены поколений. В 2016 г. особый характер возвращающегося бумерангом мирового популизма повлиял на изменения в российской политике. Дальнейший прогресс российской политики требует отлаживания согласованности между степенью ее открытости и контролем обстановки, между интересами безопасности и интересами развития.

Ключевые слова: выборы в Государственную думу, правящая элита, общественное управление, популизм.

Об авторе: Пан Дапэн (庞大鹏) — заведующий Отделом исследований российской политики, общества и культуры Института России, Европы и Центральной Азии КАОН, главный научный сотрудник.

Анализ общественного управления в России в период нового президентского срока В. В. Путина (на примере некоммерческих организаций)

Ма Цян

Аннотация: На протяжении нового срока президентства В. В. Путина отношениям между государством и обществом в России становились присущи новые специфические черты, проявившиеся, среди прочего, и в функционировании некоммерческих организаций. Проводимой в отношении них политике государства характерна двойственность: [с одной стороны, ее отличает необходимость] со всей строгостью осуществлять управленческий контроль за их политической деятельностью, [а с другой — стремление] всемерно поддерживать [эту деятельность как ответ на существование реального] общественного запроса. Властные структуры умышленно дезавуируют политическую составляющую деятельности некоммерческих организаций, всячески подчеркивая её исключительно общественный характер, что дает им основание считать общественные организации наряду с собой одним из субъектов общественного управления. Но при этом власти действуют в рамках архитектоники, выражающейся формулой «сильное государство — слабое общество». В результате, хотя некоммерческие организации, представительствуя общественные структуры, и в состоянии развернуть свою «мягкую силу», но не обладая [— в отличие от институтов государственной власти — присущими ей] инструментами балансировки, в процессе общественного управления по-прежнему играют [подчиненную] роль вассалов. [Тем не менее,] общественное управление приобретает все больший политический вес: под знаменами «посткрымского консенсуса» сотрудничество государства и общества в деле сопротивления внешним враждебным силам в настоящее время стало основным российским дискурсом.

Ключевые слова: новый президентский срок Путина, общественное управление, некоммерческие организации, иностранный агент.

Об авторе: Ма Цян (马强) — ведущий научный сотрудник Отдела исследований российской политики, общества и культуры Института России, Европы и Центральной Азии КАОН.

Обзор экономической ситуации в России в 2016 г.

Чэн Ицзюнь

Аннотация: В 2016 г. в контексте непростой международной обстановки российская экономика продолжила прошлогоднее падение и показала отрицательный рост. Однако при этом вполне очевидно, что глубина падения уменьшилась, стали заметны признаки прекращения падения и стабилизации. Согласно статистике, макроэкономические показатели также свидетельствует о некоторых позитивных изменениях. Российское правительство определило основные направления будущей работы в области экономики: поддержка сельского хозяйства, расширение экспорта, стимулирование потребления, развитие новейших высокотехнологичных отраслей. На основании имеющихся статистических данных и анализа тенденций развития, если не произойдет внезапных, оказывающих на национальную экономику серьезное влияние событий (например, значительных колебаний валютного курса, резкого падения мировых цен на нефть, серьезных геополитических изменений), то есть надежда, что в 2017 г. российская экономика покажет незначительный рост, хотя основание поступательного роста по-прежнему остается неустойчивым. Это основание сможет быть стабилизировано и укреплено только при условии принципиального сдвига в регулировании самой структуры российской экономики.

Ключевые слова: сельскохозяйственное производство, экспорт, деловая среда, потребление населения.

Об авторе: Чэн Ицзюнь (程亦军) — заведующий Отделом российской экономики Института России, Европы и Центральной Азии КАОН, главный научный сотрудник.

Аннотации статей «Доклада о развитии России (2017)»

Экономический кризис вРоссии и стратегия реагирования В. В. Путина

Чжан Цунмин

Аннотация: В настоящее время российская экономика по-прежнему находится в кризисе.

Исходя из нынешней обстановки, до президентских выборов, намеченных на март 2018 г., российское правительство вряд ли будет проводить реформы, имеющие кардинальный характер, и предпринимать меры, побуждающие к изменениям в экономике. После выборов возможно будет найден баланс между несколькими стратегиями развития, и на этой основе вероятно проведение ограниченных реформ.

Ключевые слова: Россия, экономический кризис, стратегия развития.

Об авторе: Чжан Цунмин (张聪明) — заместитель заведующего Отделом стратегии Института России, Европы и Центральной Азии КАОН, главный научный сотрудник.

Общая ситуация в развитии сельского хозяйства в России в контексте западных экономических санкций

Цзян Цзин

Аннотация: После начала украинского кризиса Запад ввел направленные против России многоплановые экономические санкции, которые неоднократно продлевались. Внутренние беспорядки и внешние неурядицы нанесли по экономике России колоссальный удар, и тем не

менее даже в этих условиях российское сельское хозяйство смогло воспрянуть и продолжает динамично достигать новых высот. В целом производство продукции российского растениеводства и животноводства имеет хорошие показатели, интенсивно наращивается производство сельскохозяйственного оборудования и техники, произошел прорыв в экспорте сельскохозяйственной продукции. В связи с этим Россия также возвратила себе статус крупнейшего в мире экспортера зерна, ее влияние на мировой рынок зерна с каждым днем возрастает. В настоящей статье предпринята попытка в контексте западных экономических санкций проанализировать изменения нескольких ключевых факторов развития российского сельского хозяйства, поднимающегося вопреки преобладающим тенденциям, описать общую обстановку развития сельского хозяйства России в последние годы, проанализировать потенциал его дальнейшего развития и трудности, которые ему предстоит преодолеть, тщательно проработать основные федеральные программы и меры поддержки в области стимулирования российским правительством развития сельского хозяйства. Сельское хозяйство является важнейшей областью экономического развития России, его статус в народном хозяйстве и национальной стратегии России непрерывно повышается. Говоря о рыночных механизмах, регулирующих развитие сельского хозяйства в России, следует отметить, что и в будущем они по-прежнему будут обладать достаточно большим потенциалом его развития. Но ключевым в этом развитии является все же ответ на вопрос, сможет ли правительство в условиях экономических санкций осуществить свои планы относительно развития сельского хозяйства и осуществлять контроль за их реализацией, а также создать механизм реагирования на изменения внешнего рынка. Данное обстоятельство является важнейшим условием долгосрочного роста российского сельского хозяйства в обозримой перспективе.

Ключевые слова: экономические санкции, Россия, сельское хозяйство, развитие.

Об авторе: Цзян Цзин (蒋菁) — ведущий научный сотрудник Отдела российской экономики Института России, Европы и Центральной Азии КАОН.

Реформа российской системы пенсионного обеспечения и анализ её проблем

Гао Цзисян

Аннотация: В настоящей статье дается краткий обзор базовых положений утвержденной в 2012 г. системы пенсионного обеспечения России, относительно детально рассмотрены изменения, последовавшие в ходе регулирования процесса реформы, проанализированы три важнейшие проблемы пенсионной системы, требующие решения.

Ключевые слова: Россия, обязательное пенсионное страхование, коэффициент замещения пенсии, распределительная пенсионная система.

Об авторе: Гао Цзисян (高际香) — заместитель заведующего Отделом российской экономики Института России, Европы и Центральной Азии КАОН, ведущий научный сотрудник.

Российская дипломатия в 2016 г.

Лю Фэнхуа

Аннотация: В 2016 г. дипломатическая ситуация в Россия оставалась без изменений: в сторону Запада горел «красный свет», в сторону Востока — «зеленый». С одной стороны, правительство В. В. Путина в дипломатической области наращивало динамику «разворота на Восток», расширяло азиатско-тихоокеанское сотрудничество и сотрудничество со странами СНГ. А с другой стороны, купировало западную политику сдерживания России, выступало посредником в улаживании сирийского

конфликта и др. , всячески добивалось улучшения отношений с Западом. Принята новая «Концепция внешней политики Российской Федерации», которая отразила и последовательность, и преемственность внешней политики России, и защиту собственных интересов, и присущую статусу великой державы решимость.

Ключевые слова: российская дипломатия в 2016 г. , политика «разворота на Восток», сирийский вопрос, новое издание «Концепции внешней политики Российской Федерации»

Об авторе: Лю Фэнхуа（柳丰华）— заведующий Отделом российской дипломатии Института России, Европы и Центральной Азии КАОН, главный научный сотрудник.

Обстановкав странах СНГ в 2016 г.

Лю Дань

Аннотация: В 2016 г. центром пристального внимания в странах СНГ стали обстоятельства, сопутствующие очередному этапу развития Евразийского экономического союза. Перед ЕАЭС встала проблема внутреннего экономического развития и укрепления внешних связей. ЕАЭС, ведомый Россией и обладающий геополитической чувствительностью вследствие своего географического положения, неизбежно испытывает множество помех и воздействий со стороны США и западных стран. ЕАЭС во многом развивается за счет активного поиска сотрудничества с внешним миром. В настоящее время в первую очередь он разрабатывает стратегию сотрудничества с ЕС и странами Азиатско-Тихоокеанского региона, а также развивает сотрудничество с Китаем в области сопряжения ЕАЭС с китайской инициативой «Экономический пояс Шелкового пути». Внутренняя ситуация на Украине по-прежнему остается неустойчивой, в российско-украинских отношениях как и прежде наблюдается напряженность. Украина прилагает усилия, чтобы развивать самые тесные отношения с ЕС и НАТО, и ее внутренняя политика уже привнесла в процесс интеграции евразийского региона огромную неопределенность. Произошли изменения в позиции Молдовы — она дистанцируется от ЕС и НАТО и активно восстанавливает отношения с Россией. После кончины предыдущего президента Узбекистана И. А. Каримова новоизбранный президент Узбекистана Шавкат Мирзиёев продолжил политический курс своего предшественника, внутриполитическая обстановка там остается стабильной, внешняя политика значительных изменений не претерпевает. На постсоветском пространстве страны СНГ сохранили торговые, гуманитарные и культурные связи, но тем не менее все они не перестают размышлять о том, как лучше адаптироваться к меняющейся обстановке и как развиваться дальше.

Ключевые слова: СНГ, ЕАЭС, Украина, Молдова, Центральная Азия, интеграция.

Об авторе: Лю Дань (刘丹) — научный сотрудник Отдела российской дипломатии Института России, Европы и Центральной Азии КАОН.

Анализ функционирования ЕАЭС в 2016 г.

Ван Чэньсин

Аннотация: 2016 г. стал вторым годом функционирования ЕАЭС. Пройдя в 2015 г. процесс начального формирования систем и механизмов, в 2016 г. ЕАЭС начал входить в период постепенного развития. К сегодняшнему дню организационный механизм ЕАЭС работает в штатном режиме, явлений организационной пустоты и работы механизма вхолостую не возникает, тем не менее экономическая эффективность региональной интеграции полностью еще не проявлена. В течение данного короткого

промежутка времени ЕАЭС по-прежнему находится на периферии мировой экономической системы. Научный мир все больше придерживается в отношении ЕАЭС пессимистической позиции, по крайней мере — не видит для него благоприятных перспектив. Автор считает, что став региональной организацией экономической интеграции нового типа, ЕАЭС уже объективно существует и в дальнейшем будет оказывать глубокое влияние на создание «Экономического пояса Шелкового пути», а также на геоэкономическую и политическую структуру центра Азиатско-Европейского региона. Мы должны изменить свой взгляд на ЕАЭС с пессимистического на оптимистический и рассматривать ситуацию с оптимистичной позиции, следует проникнуть в сущность, углубиться в нее слой за слоем, объективно оценить функционирование ЕАЭС. Это имеет крайне важное реальное значение для реализации евразийской стратегии Китая.

Ключевые слова: ЕАЭС, евразийская интеграция, стыковка китайской инициативы «Экономический пояс Шелкового пути» и ЕАЭС.

Об авторе: Ван Чэньсин (王晨星) — научный сотрудник Отдела стратегии Института России, Европы и Центральной Азии КАОН.

Сотрудничество России с ШОС в 2016 г.

Люй Пин

Аннотация: В 2016 г. ШОС развивалась в направлении, заданном принятыми на саммите в Уфе решениями, в процессе стыковки стратегии ЕАЭС и «экономического Шелкового пути» она стала трибуной для осуществления всего проекта. Но поскольку в начальный период стыковки экономическая эффективность и рентабельность были достаточно расплывчаты, то в России стали слышны голоса сомневающихся в целесообразности стыковки данных стратегий и в значении ШОС. [В отличие от них] В. В. Путин по-прежнему конструктивно относится к роли и важнейшему значению ШОС в стыковке стратегий, он неоднократно демонстрировал свой позитивный взгляд на развитие ШОС. Россия начала по-деловому относиться к «развороту на Восток», активно продвигать интеграцию в формате ЕАЭС — ШОС — АСЕАН, надеясь на этом основании осуществить свой замысел о «большом евразийском стратегическом партнерстве». Несмотря на то, что Россия начала обращать серьезное внимание на экономическое сотрудничество в рамках ШОС, она по-прежнему считает, что сотрудничество в области безопасности является наиболее важной составляющей всей работы ШОС.

Ключевые слова: ШОС, ЕАЭС, Экономическая зона Шелкового пути, стыковка, АСЕАН, экономическая интеграция, Азиатско-Тихоокеанский регион.

Об авторе: Люй Пин (吕萍) — научный сотрудник Отдела российской дипломатии Института России, Европы и Центральной Азии КАОН.

"Большая Евразия": от геоэкономики, геополитики домиропорядка

Чжан Хаоци

Аннотация: Выдвинутое Путиным в июне 2016 года "Партнерство Больльшой Евразии" является грандиозной стратегической концепцией вслед за ЕАЭСом и «поворотом на Восток». Оно включает в себя три измерения: геополитическое, геоэкономическое и миропорядка. Геоэкономика является отправной точкой "Больльшой Евразии", а миропорядок – конечной целью. В геоэкономическом измерении "Большая Евразия" направлена на освоение и развитие Сибири и Дальнего востока, а также на содействие региональной экономической интеграции в Азиатско-Тихоокеанском регионе. В геополитическом измерении Россия

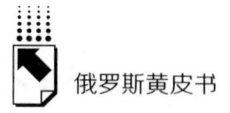

стремится стать атлантической и тихоокеанской державой и одним из центров евроазиатского континента. В конечном счете Россия намерена превратить "Большую Евразию" в колюбель и носитель нового миропорядка в качестве альтернативы однополярного мира. "Большая Евразия" в настоящее время останавливается на концептуальном уровне вплоть до введения последующих мероприятий. Но более вероятно, что Россия ее сама оставит из-за объективных препятствий и стратегической нерешительности.

Ключевые слова: Большая Евразия, геоэкономики, геополитики, миропорядок

Об авторе: Чжан Хаоци (张昊琦) — ведущий научный сотрудник Отдела российской дипломатии Института России, Европы и Центральной Азии КАОН.

Эскалация российско-американского противостояния в 2016 г.

Хань Кэди

Аннотация: Самой заметной отличительной особенностью отношений России и США в 2016 г. стало очевидная эскалация напряженности между двумя странами. То затухая, то вспыхивая вновь, между ними не прекращается борьба за Украину и Сирию. Вмешательство России в президентские выборы в США стало новым фокусом внимания российско-американских отношений. США поддерживают и наращивают экономические санкции, направленные против России, НАТО увеличивает военное присутствие в Восточной Европе. Россия предпринимает ответные действия в сферах, касающихся Украины и Сирии, а также в области контроля за ядерным вооружением. Что касается тактики, то российская дипломатия заслуживает всяческих похвал, в стратегическом же отношении, и с точки зрения общей ситуации Россия по-прежнему находится в пассивном положении. Пришедший к власти новый президент США может привнести в российско-американские отношения некоторые изменения, но изменить российско-американское противостояние в корне крайне сложно.

Ключевые слова: российско-американские отношения, украинский кризис, сирийский кризис, ядерное вооружение, ядерное разоружение, выборы президента США.

Об авторе: Хань Кэди (韩克敌) — ведущий научный сотрудник Отдела российской дипломатии Института России, Европы и Центральной Азии КАОН.

Тупики российско-европейских отношений в 2016 г.

Чжао Юймин

Аннотация: Вследствие украинского кризиса российско-европейские отношения по-прежнему пребывают в тупиковом состоянии. В сфере политики — отношения России с каждой из стран-участниц ЕС по отдельности также представляет собой то взлеты, то падения. Нормандская четверка проводила многократные консультации по урегулированию украинского кризиса, но существенного прогресса так и не наблюдается, в целом российско-европейские отношения в политической плоскости продолжают находиться в тупике. В военной области и в сфере безопасности хотя и произошла «перезагрузка» отношений Совета Россия – НАТО, но обе стороны продолжают по-прежнему беспрестанно упрекать друг друга в подрыве региональной безопасности и стабильности, к тому же не перестают наращивать военную мощь и постоянно проводить военные учения. По линии экономических отношений — одна сторона продолжает вводить санкции, другая — продолжает принимать

контрмеры, торгово-экономические связи продолжают деградировать. На этом фоне Россия и Турция подписывают соглашение по строительству газопровода «Турецкий поток». В будущем украинский кризис по-прежнему останется основным фактором, так или иначе влияющим на перспективу российско-европейских отношений. После вступления Д. Трампа в должность президента США значимой переменной российско-европейских отношений становится его влияние на российскую и европейскую политику в новом международном контексте.

Ключевые слова: **украинский кризис, нормандская четверка, санкции и контрсанкции, «Турецкий поток».**

Об авторе: Чжао Юймин (赵玉明) — научный сотрудник Отдела российской дипломатии Института России, Европы и Центральной Азии КАОН.

Отношения России и АСЕАН в рамках «Большой Евразии» — всеобъемлющего большого стратегического партнерства в Евразии: стремление к региональному интеграционному сотрудничеству

Ли Юнхуэй

Аннотация: «Всеобъемлющее большое стратегическое партнерство в Евразии» включает в себя стремление к новой внутрирегиональной архитектонике и транснациональное сотрудничество в области экономической безопасности. Концептуально партнерство представляет собой сущность [экономической] стратегии России, [которая мыслится как своего рода] защита, как ответ на экономические кризисы и угрозы международной изоляции. Сотрудничество ЕАЭС, ведомого Россией, и АСЕАН, а также проводимые в настоящее время переговоры по созданию зоны свободной торговли наполняют «большое евразийское партнерство» самым реальным содержанием, а также благоприятствуют закреплению лидерства России в процессе региональной интеграции. [Правда, случается, что] многочисленные факторы, такие как взаимоотношения крупных держав, дипломатические связи с сопредельными государствами, региональное и субрегиональное сотрудничество бросают кооперации России с АСЕАН определенные вызовы и усложняют протекание этого процесса. Тем не менее, Китай должен активно содействовать сопряжению стратегий ЕАЭС, АСЕАН и «одного пояса — одного пути», и в ходе их стыковки максимально наращивать количество точек соприкосновения и слияния интересов. В рамках «большого всеобъемлющего стратегического партнерства» в ходе двустороннего и многостороннего сотрудничества Китай вместе с Россией должен добиться сущностного прогресса, создавая на основе взаимодействия здоровую конкуренцию, призванную сыграть благотворную роль.

Ключевые слова: региональное сотрудничество, дипломатия России в Азиатско-Тихоокеанском регионе, отношения Россия — АСЕАН, отношения ЕАЭС — АСЕАН.

Об авторе: Ли Юнхуэй (李勇慧) — - заместитель заведующего Отделом российской дипломатии Института России, Европы и Центральной Азии КАОН, главный научный сотрудник.

Внешняя культурная проpaганта России: процесс, ресурсы и вызовы

Сюй Хуа

От «народной дипломатии» Советского Союза до стратегии «мягкой

силы» России, культурный обмен всегда является важным моментом как в дипломатии, так и стратегии культуры России. Но на современном этапе мировых культурыных игр Россия не имеет сильные конкурентоспособности из-за отсутствия преимуществ в экспорте образования и распространении культурных продукций. «Мягкая сила» культуры России излучает в основном в странах СНГ.

Ключевые слова: Россия, культурная пропаганта, мякгая сила

Об авторе: Сюй Хуа（许华）— ведущий научный сотрудник Отдела российской экономики Института России, Европы и Центральной Азии КАОН.

Российско-китайские отношения в 2016 г.

Лю Фэнхуа

Аннотация: В 2016 г. отмечалась 20 – я годовщина установления российско-китайских отношений всеобъемлющего партнерства и стратегического взаимодействия и 15 – я годовщина подписания «Договора о добрососедстве, дружбе и сотрудничестве между КНР и РФ». В обстановке дальнейшего укрепления движущих сил российско-китайского сотрудничества и совместного реагирования на стратегическое давление стран-гегемонов постепенно наращивается сотрудничество в политической, дипломатической, экономической, энергетической и гуманитарной областях, а также в сфере обеспечения военной безопасности, двусторонние отношения всеобъемлющего стратегического сотрудничества устойчиво развиваются.

Ключевые слова: российско-китайские отношения всеобъемлющего партнерства и стратегического взаимодействия, сотрудничество в области обеспечения военной безопасности, торгово-экономическое сотрудничество

Об авторе: Лю Фэнхуа (柳丰华) — заведующий Отделом российской дипломатии Института России, Европы и Центральной Азии КАОН, главный научный сотрудник.

Новое в развитии российско-китайского торгово-экономического сотрудничества в 2016 г.

Го Сяоцюн

Аннотация: Будучи рассмотренными в международном контексте нехватки сил для восстановления глобальной экономики и в ситуации снижения товарооборота, следует признать, что внутренняя экономика и России, и Китая находятся перед лицом серьезных структурных противоречий, требующих разрешения, двусторонние торгово-экономические отношения также уже вступили в период необходимого регулирования. В этот период крайне трудно обеспечить высокий рост двустороннего товарооборота, традиционная коммерческая структура стоит перед необходимостью трансформации, постепенно точками роста в процессе развития и углубления российско-китайского торгово-экономического сотрудничества становятся прямые инвестиции и сотрудничество в области производственных мощностей. В 2016 г. российско-китайское сотрудничество в области торговли, энергетики, финансов и инвестиций, производственных мощностей и производства оборудования, сельского хозяйства, инноваций и электронной коммерции в равной мере получило дальнейшее развитие.

Ключевые слова: российско-китайского торгово-экономическое сотрудничество, период регулирования, энергетическое сотрудничество, финансовое сотрудничество, сотрудничество в области производственных мощностей, инновационное сотрудничество.

俄罗斯黄皮书

Об авторе: Го Сяоцюн（郭晓琼）— ведущий научный сотрудник Отдела российской экономики Института России, Европы и Центральной Азии КАОН.

Программа администрации Дональда Трампа «Америка прежде всего»: Энергетический план», ее влияние на развитие мировых энергетических ресурсов и российско-китайское энергетическое сотрудничество

Сюй Хунфэн, Ван Хайянь

Аннотация: При сравнении программы администрации президента Дональда Трампа «Америка прежде всего»: Энергетический план» с энергетической программой Барака Обамы наблюдаются как сходства, так и серьезные отличия. Программа «Америка прежде всего: Энергетический план» будет иметь серьезнейшее влияние как на саму Америку, так и на весь мир. Наряду с этим предполагается, что в будущем этот план окажет негативное влияние на то, как человек реагирует на глобальное изменение климата, и на инвестирование в альтернативные источники энергии. В краткосрочный период энергетическая программа Трампа не окажет значительного прямого воздействия на российско-китайское энергетическое сотрудничество. Если реализация данной программы в будущем повлияет на структуру мирового потребления энергии и приведет к ощутимым изменениям мировых цен на нефть, то это может оказать лишь опосредованное влияние на российско-китайское энергетическое сотрудничество, но в краткосрочном периоде, в целом, влияние этой программы относительно ограничено.

Ключевые слова: «Америка прежде всего»: Энергетический план», российско-китайские отношения, энергетическое сотрудничество.

Об авторе: Сюй Хунфэн（徐洪峰）— ведущий научный сотрудник Отдела стратегии Института России, Европы и Центральной Азии КАОН; Ван Хайянь （王 海 燕 ） — экономист высшей категории отдела международных отношений китайской нефтегазовой компании PetroChina.

社会科学文献出版社　皮书系列

❖ 皮书起源 ❖

"皮书"起源于十七、十八世纪的英国,主要指官方或社会组织正式发表的重要文件或报告,多以"白皮书"命名。在中国,"皮书"这一概念被社会广泛接受,并被成功运作、发展成为一种全新的出版形态,则源于中国社会科学院社会科学文献出版社。

❖ 皮书定义 ❖

皮书是对中国与世界发展状况和热点问题进行年度监测,以专业的角度、专家的视野和实证研究方法,针对某一领域或区域现状与发展态势展开分析和预测,具备原创性、实证性、专业性、连续性、前沿性、时效性等特点的公开出版物,由一系列权威研究报告组成。

❖ 皮书作者 ❖

皮书系列的作者以中国社会科学院、著名高校、地方社会科学院的研究人员为主,多为国内一流研究机构的权威专家学者,他们的看法和观点代表了学界对中国与世界的现实和未来最高水平的解读与分析。

❖ 皮书荣誉 ❖

皮书系列已成为社会科学文献出版社的著名图书品牌和中国社会科学院的知名学术品牌。2016年,皮书系列正式列入"十三五"国家重点出版规划项目;2012~2016年,重点皮书列入中国社会科学院承担的国家哲学社会科学创新工程项目;2017年,55种院外皮书使用"中国社会科学院创新工程学术出版项目"标识。

中国皮书网

发布皮书研创资讯，传播皮书精彩内容
引领皮书出版潮流，打造皮书服务平台

栏目设置

关于皮书：何谓皮书、皮书分类、皮书大事记、皮书荣誉、
皮书出版第一人、皮书编辑部

最新资讯：通知公告、新闻动态、媒体聚焦、网站专题、视频直播、下载专区

皮书研创：皮书规范、皮书选题、皮书出版、皮书研究、研创团队

皮书评奖评价：指标体系、皮书评价、皮书评奖

互动专区：皮书说、皮书智库、皮书微博、数据库微博

所获荣誉

2008年、2011年，中国皮书网均在全国新闻出版业网站荣誉评选中获得"最具商业价值网站"称号；

2012年，获得"出版业网站百强"称号。

网库合一

2014年，中国皮书网与皮书数据库端口合一，实现资源共享。更多详情请登录www.pishu.cn。

权威报告·热点资讯·特色资源

皮书数据库
ANNUAL REPORT(YEARBOOK) DATABASE

当代中国与世界发展高端智库平台

所获荣誉

- 2016年，入选"国家'十三五'电子出版物出版规划骨干工程"
- 2015年，荣获"搜索中国正能量 点赞2015" "创新中国科技创新奖"
- 2013年，荣获"中国出版政府奖·网络出版物奖"提名奖
- 连续多年荣获中国数字出版博览会"数字出版·优秀品牌"奖

成为会员

通过网址www.pishu.com.cn或使用手机扫描二维码进入皮书数据库网站，进行手机号码验证或邮箱验证即可成为皮书数据库会员（建议通过手机号码快速验证注册）。

会员福利

- 使用手机号码首次注册会员可直接获得100元体验金，不需充值即可购买和查看数据库内容（仅限使用手机号码快速注册）。
- 已注册用户购书后可免费获赠100元皮书数据库充值卡。刮开充值卡涂层获取充值密码，登录并进入"会员中心"—"在线充值"—"充值卡充值"，充值成功后即可购买和查看数据库内容。

社会科学文献出版社 皮书系列
卡号：937212448425
密码：

数据库服务热线：400-008-6695
数据库服务QQ：2475522410
数据库服务邮箱：database@ssap.cn
图书销售热线：010-59367070/7028
图书服务QQ：1265056568
图书服务邮箱：duzhe@ssap.cn

子库介绍
Sub-Database Introduction

中国经济发展数据库

涵盖宏观经济、农业经济、工业经济、产业经济、财政金融、交通旅游、商业贸易、劳动经济、企业经济、房地产经济、城市经济、区域经济等领域，为用户实时了解经济运行态势、把握经济发展规律、洞察经济形势、做出经济决策提供参考和依据。

中国社会发展数据库

全面整合国内外有关中国社会发展的统计数据、深度分析报告、专家解读和热点资讯构建而成的专业学术数据库。涉及宗教、社会、人口、政治、外交、法律、文化、教育、体育、文学艺术、医药卫生、资源环境等多个领域。

中国行业发展数据库

以中国国民经济行业分类为依据，跟踪分析国民经济各行业市场运行状况和政策导向，提供行业发展最前沿的资讯，为用户投资、从业及各种经济决策提供理论基础和实践指导。内容涵盖农业，能源与矿产业，交通运输业，制造业，金融业，房地产业，租赁和商务服务业，科学研究，环境和公共设施管理，居民服务业，教育，卫生和社会保障，文化、体育和娱乐业等100余个行业。

中国区域发展数据库

对特定区域内的经济、社会、文化、法治、资源环境等领域的现状与发展情况进行分析和预测。涵盖中部、西部、东北、西北等地区，长三角、珠三角、黄三角、京津冀、环渤海、合肥经济圈、长株潭城市群、关中—天水经济区、海峡经济区等区域经济体和城市圈，北京、上海、浙江、河南、陕西等34个省份及中国台湾地区。

中国文化传媒数据库

包括文化事业、文化产业、宗教、群众文化、图书馆事业、博物馆事业、档案事业、语言文字、文学、历史地理、新闻传播、广播电视、出版事业、艺术、电影、娱乐等多个子库。

世界经济与国际关系数据库

以皮书系列中涉及世界经济与国际关系的研究成果为基础，全面整合国内外有关世界经济与国际关系的统计数据、深度分析报告、专家解读和热点资讯构建而成的专业学术数据库。包括世界经济、国际政治、世界文化与科技、全球性问题、国际组织与国际法、区域研究等多个子库。

法律声明

"皮书系列"(含蓝皮书、绿皮书、黄皮书)之品牌由社会科学文献出版社最早使用并持续至今,现已被中国图书市场所熟知。"皮书系列"的LOGO( )与"经济蓝皮书""社会蓝皮书"均已在中华人民共和国国家工商行政管理总局商标局登记注册。"皮书系列"图书的注册商标专用权及封面设计、版式设计的著作权均为社会科学文献出版社所有。未经社会科学文献出版社书面授权许可,任何使用与"皮书系列"图书注册商标、封面设计、版式设计相同或者近似的文字、图形或其组合的行为均系侵权行为。

经作者授权,本书的专有出版权及信息网络传播权为社会科学文献出版社享有。未经社会科学文献出版社书面授权许可,任何就本书内容的复制、发行或以数字形式进行网络传播的行为均系侵权行为。

社会科学文献出版社将通过法律途径追究上述侵权行为的法律责任,维护自身合法权益。

欢迎社会各界人士对侵犯社会科学文献出版社上述权利的侵权行为进行举报。电话:010-59367121,电子邮箱:fawubu@ssap.cn。

社会科学文献出版社

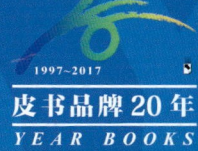

皮书品牌20年
YEAR BOOKS

皮书系列

2017年

智库成果出版与传播平台

社会科学文献出版社
SOCIAL SCIENCES ACADEMIC PRESS (CHINA)

社长致辞

2017年正值皮书品牌专业化二十周年之际，世界每天都在发生着让人眼花缭乱的变化，而唯一不变的，是面向未来无数的可能性。作为个体，如何获取专业信息以备不时之需？作为行政主体或企事业主体，如何提高决策的科学性让这个世界变得更好而不是更糟？原创、实证、专业、前沿、及时、持续，这是1997年"皮书系列"品牌创立的初衷。

1997～2017，从最初一个出版社的学术产品名称到媒体和公众使用频率极高的热点词语，从专业术语到大众话语，从官方文件到独特的出版型态，作为重要的智库成果，"皮书"始终致力于成为海量信息时代的信息过滤器，成为经济社会发展的记录仪，成为政策制定、评估、调整的智力源，社会科学研究的资料集成库。"皮书"的概念不断延展，"皮书"的种类更加丰富，"皮书"的功能日渐完善。

1997～2017，皮书及皮书数据库已成为中国新型智库建设不可或缺的抓手与平台，成为政府、企业和各类社会组织决策的利器，成为人文社科研究最基本的资料库，成为世界系统完整及时认知当代中国的窗口和通道！"皮书"所具有的凝聚力正在形成一种无形的力量，吸引着社会各界关注中国的发展，参与中国的发展。

二十年的"皮书"正值青春，愿每一位皮书人付出的年华与智慧不辜负这个时代！

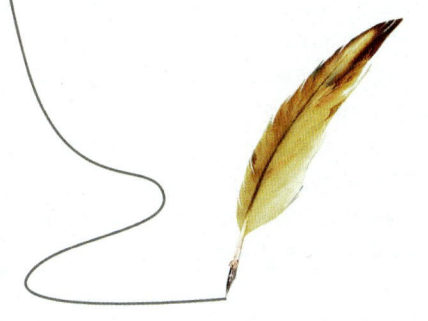

社会科学文献出版社社长
中国社会学会秘书长

2016年11月

皮书系列
重点推荐

社会科学文献出版社简介

社会科学文献出版社成立于1985年，是直属于中国社会科学院的人文社会科学学术出版机构。成立以来，社科文献出版社依托于中国社会科学院和国内外人文社会科学界丰厚的学术出版和专家学者资源，始终坚持"创社科经典，出传世文献"的出版理念、"权威、前沿、原创"的产品定位以及学术成果和智库成果出版的专业化、数字化、国际化、市场化的经营道路。

社科文献出版社是中国新闻出版业转型与文化体制改革的先行者。积极探索文化体制改革的先进方向和现代企业经营决策机制，社科文献出版社先后荣获"全国文化体制改革工作先进单位"、中国出版政府奖·先进出版单位奖、中国社会科学院先进集体、全国科普工作先进集体等荣誉称号。多人次荣获"第十届韬奋出版奖""全国新闻出版行业领军人才""数字出版先进人物""北京市新闻出版广电行业领军人才"等称号。

社科文献出版社是中国人文社会科学学术出版的大社名社，也是以皮书为代表的智库成果出版的专业强社。年出版图书2000余种，其中皮书350余种，出版新书字数5.5亿字，承印与发行中国社科院属期刊72种，先后创立了皮书系列、列国志、中国史话、社科文献学术译库、社科文献学术文库、甲骨文书系等一大批既有学术影响又有市场价值的品牌，确立了在社会学、近代史、苏东问题研究等专业学科及领域出版的领先地位。图书多次荣获中国出版政府奖、"三个一百"原创图书出版工程、"五个'一'工程奖"、"大众喜爱的50种图书"等奖项，在中央国家机关"强素质·做表率"读书活动中，入选图书品种数位居各大出版社之首。

社科文献出版社是中国学术出版规范与标准的倡议者与制定者，代表全国50多家出版社发起实施学术著作出版规范的倡议，承担学术著作规范国家标准的起草工作，率先编撰完成《皮书手册》对皮书品牌进行规范化管理，并在此基础上推出中国版芝加哥手册——《SSAP学术出版手册》。

社科文献出版社是中国数字出版的引领者，拥有皮书数据库、列国志数据库、"一带一路"数据库、减贫数据库、集刊数据库等4大产品线11个数据库产品，机构用户达1300余家，海外用户百余家，荣获"数字出版转型示范单位""新闻出版标准化先进单位""专业数字内容资源知识服务模式试点企业标准化示范单位"等称号。

社科文献出版社是中国学术出版走出去的践行者。社科文献出版社海外图书出版与学术合作业务遍及全球40余个国家和地区并于2016年成立俄罗斯分社，累计输出图书500余种，涉及近20个语种，累计获得国家社科基金中华学术外译项目资助76种、"丝路书香工程"项目资助60种、中国图书对外推广计划项目资助71种以及经典中国国际出版工程资助28种，被商务部认定为"2015-2016年度国家文化出口重点企业"。

如今，社科文献出版社拥有固定资产3.6亿元，年收入近3亿元，设置了七大出版分社、六大专业部门，成立了皮书研究院和博士后科研工作站，培养了一支近400人的高素质与高效率的编辑、出版、营销和国际推广队伍，为未来成为学术出版的大社、名社、强社，成为文化体制改革与文化企业转型发展的排头兵奠定了坚实的基础。

经 济 类

经济类皮书涵盖宏观经济、城市经济、大区域经济，提供权威、前沿的分析与预测

经济蓝皮书
2017年中国经济形势分析与预测

李扬 / 主编　2017年1月出版　定价：89.00元

◆ 本书为总理基金项目，由著名经济学家李扬领衔，联合中国社会科学院等数十家科研机构、国家部委和高等院校的专家共同撰写，系统分析了2016年的中国经济形势并预测2017年中国经济运行情况。

中国省域竞争力蓝皮书
中国省域经济综合竞争力发展报告（2015~2016）

李建平　李闽榕　高燕京 / 主编　2017年5月出版　定价：198.00元

◆ 本书融多学科的理论为一体，深入追踪研究了省域经济发展与中国国家竞争力的内在关系，为提升中国省域经济综合竞争力提供有价值的决策依据。

城市蓝皮书
中国城市发展报告 No.10

潘家华　单菁菁 / 主编　2017年9月出版　估价：89.00元

◆ 本书是由中国社会科学院城市发展与环境研究中心编著的，多角度、全方位地立体展示了中国城市的发展状况，并对中国城市的未来发展提出了许多建议。该书有强烈的时代感，对中国城市发展实践有重要的参考价值。

皮书系列 重点推荐　经济类

人口与劳动绿皮书

中国人口与劳动问题报告 No.18

蔡昉 张车伟 / 主编　2017 年 10 月出版　估价：89.00 元

◆　本书为中国社会科学院人口与劳动经济研究所主编的年度报告，对当前中国人口与劳动形势做了比较全面和系统的深入讨论，为研究中国人口与劳动问题提供了一个专业性的视角。

世界经济黄皮书

2017 年世界经济形势分析与预测

张宇燕 / 主编　2017 年 1 月出版　定价：89.00 元

◆　本书由中国社会科学院世界经济与政治研究所的研究团队撰写，2016 年世界经济增速进一步放缓，就业增长放慢。世界经济面临许多重大挑战同时，地缘政治风险、难民危机、大国政治周期、恐怖主义等问题也仍然在影响世界经济的稳定与发展。预计 2017 年按 PPP 计算的世界 GDP 增长率约为 3.0%。

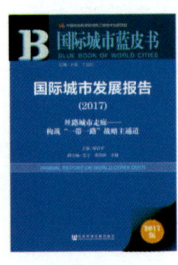

国际城市蓝皮书

国际城市发展报告（2017）

屠启宇 / 主编　2017 年 2 月出版　定价：79.00 元

◆　本书作者以上海社会科学院从事国际城市研究的学者团队为核心，汇集同济大学、华东师范大学、复旦大学、上海交通大学、南京大学、浙江大学相关城市研究专业学者。立足动态跟踪介绍国际城市发展时间中，最新出现的重大战略、重大理念、重大项目、重大报告和最佳案例。

金融蓝皮书

中国金融发展报告（2017）

王国刚 / 主编　2017 年 2 月出版　定价：79.00 元

◆　本书由中国社会科学院金融研究所组织编写，概括和分析了 2016 年中国金融发展和运行中的各方面情况，研讨和评论了 2016 年发生的主要金融事件，有利于读者了解掌握 2016 年中国的金融状况，把握 2017 年中国金融的走势。

经济类 皮书系列重点推荐

农村绿皮书
中国农村经济形势分析与预测（2016～2017）

魏后凯　杜志雄　黄秉信/主编　2017年4月出版　估价：89.00元

◆ 本书描述了2016年中国农业农村经济发展的一些主要指标和变化，并对2017年中国农业农村经济形势的一些展望和预测，提出相应的政策建议。

西部蓝皮书
中国西部发展报告（2017）

徐璋勇/主编　2017年7月出版　估价：89.00元

◆ 本书由西北大学中国西部经济发展研究中心主编，汇集了源自西部本土以及国内研究西部问题的权威专家的第一手资料，对国家实施西部大开发战略进行年度动态跟踪，并对2017年西部经济、社会发展态势进行预测和展望。

经济蓝皮书·夏季号
中国经济增长报告（2016～2017）

李扬/主编　2017年9月出版　估价：98.00元

◆ 中国经济增长报告主要探讨2016~2017年中国经济增长问题，以专业视角解读中国经济增长，力求将其打造成一个研究中国经济增长、服务宏微观各级决策的周期性、权威性读物。

就业蓝皮书
2017年中国本科生就业报告

麦可思研究院/编著　2017年6月出版　估价：98.00元

◆ 本书基于大量的数据和调研，内容翔实，调查独到，分析到位，用数据说话，对中国大学生就业及学校专业设置起到了很好的建言献策作用。

皮书系列 重点推荐　社会政法类

社会政法类

社会政法类皮书聚焦社会发展领域的热点、难点问题，提供权威、原创的资讯与视点

社会蓝皮书
2017年中国社会形势分析与预测

李培林　陈光金　张翼 / 主编　2016年12月出版　定价：89.00元

◆ 本书由中国社会科学院社会学研究所组织研究机构专家、高校学者和政府研究人员撰写，聚焦当下社会热点，对2016年中国社会发展的各个方面内容进行了权威解读，同时对2017年社会形势发展趋势进行了预测。

法治蓝皮书
中国法治发展报告No.15（2017）

李林　田禾 / 主编　2017年3月出版　定价：118.00元

◆ 本年度法治蓝皮书回顾总结了2016年度中国法治发展取得的成就和存在的不足，对中国政府、司法、检务透明度进行了跟踪调研，并对2017年中国法治发展形势进行了预测和展望。

社会体制蓝皮书
中国社会体制改革报告No.5（2017）

龚维斌 / 主编　2017年3月出版　定价：89.00元

◆ 本书由国家行政学院社会治理研究中心和北京师范大学中国社会管理研究院共同组织编写，主要对2016年社会体制改革情况进行回顾和总结，对2017年的改革走向进行分析，提出相关政策建议。

社会政法类　皮书系列 重点推荐

社会心态蓝皮书
中国社会心态研究报告（2017）

王俊秀　杨宜音 / 主编　2017年12月出版　估价：89.00元

◆ 本书是中国社会科学院社会学研究所社会心理研究中心"社会心态蓝皮书课题组"的年度研究成果，运用社会心理学、社会学、经济学、传播学等多种学科的方法进行了调查和研究，对于目前中国社会心态状况有较广泛和深入的揭示。

生态城市绿皮书
中国生态城市建设发展报告（2017）

刘举科　孙伟平　胡文臻 / 主编　2017年7月出版　估价：118.00元

◆ 报告以绿色发展、循环经济、低碳生活、民生宜居为理念，以更新民众观念、提供决策咨询、指导工程实践、引领绿色发展为宗旨，试图探索一条具有中国特色的城市生态文明建设新路。

城市生活质量蓝皮书
中国城市生活质量报告（2017）

中国经济实验研究院 / 主编　2017年7月出版　估价：89.00元

◆ 本书对全国35个城市居民的生活质量主观满意度进行了电话调查，同时对35个城市居民的客观生活质量指数进行了计算，为中国城市居民生活质量的提升，提出了针对性的政策建议。

公共服务蓝皮书
中国城市基本公共服务力评价（2017）

钟君　刘志昌　吴正杲 / 主编　2017年12月出版　估价：89.00元

◆ 中国社会科学院经济与社会建设研究室与华图政信调查组成联合课题组，从2010年开始对基本公共服务力进行研究，研创了基本公共服务力评价指标体系，为政府考核公共服务与社会管理工作提供了理论工具。

 行业报告类

行业报告类

行业报告类皮书立足重点行业、新兴行业领域，提供及时、前瞻的数据与信息

企业社会责任蓝皮书
中国企业社会责任研究报告（2017）

黄群慧　钟宏武　张蒽　翟利峰／著　2017年10月出版　估价：89.00元

◆ 本书剖析了中国企业社会责任在2016～2017年度的最新发展特征，详细解读了省域国有企业在社会责任方面的阶段性特征，生动呈现了国内外优秀企业的社会责任实践。对了解中国企业社会责任履行现状、未来发展，以及推动社会责任建设有着重要的参考价值。

新能源汽车蓝皮书
中国新能源汽车产业发展报告（2017）

中国汽车技术研究中心　日产（中国）投资有限公司　东风汽车有限公司／编著　2017年7月出版　估价：98.00元

◆ 本书对中国2016年新能源汽车产业发展进行了全面系统的分析，并介绍了国外的发展经验。有助于相关机构、行业和社会公众等了解中国新能源汽车产业发展的最新动态，为政府部门出台新能源汽车产业相关政策法规、企业制定相关战略规划，提供必要的借鉴和参考。

杜仲产业绿皮书
中国杜仲橡胶资源与产业发展报告（2016～2017）

杜红岩　胡文臻　俞锐／主编　2017年4月出版　估价：85.00元

◆ 本书对2016年杜仲产业的发展情况、研究团队在杜仲研究方面取得的重要成果、部分地区杜仲产业发展的具体情况、杜仲新标准的制定情况等进行了较为详细的分析与介绍，使广大关心杜仲产业发展的读者能够及时跟踪产业最新进展。

行业报告类　皮书系列 重点推荐

企业蓝皮书
中国企业绿色发展报告 No.2（2017）

李红玉　朱光辉 / 主编　　2017 年 8 月出版　　估价：89.00 元

◆ 本书深入分析中国企业能源消费、资源利用、绿色金融、绿色产品、绿色管理、信息化、绿色发展政策及绿色文化方面的现状，并对目前存在的问题进行研究，剖析因果，谋划对策，为企业绿色发展提供借鉴，为中国生态文明建设提供支撑。

中国上市公司蓝皮书
中国上市公司发展报告（2017）

张平　王宏淼 / 主编　　2017 年 10 月出版　　估价：98.00 元

◆ 本书由中国社会科学院上市公司研究中心组织编写的，着力于全面、真实、客观反映当前中国上市公司财务状况和价值评估的综合性年度报告。本书详尽分析了 2016 年中国上市公司情况，特别是现实中暴露出的制度性、基础性问题，并对资本市场改革进行了探讨。

资产管理蓝皮书
中国资产管理行业发展报告（2017）

智信资产管理研究院 / 编著　　2017 年 6 月出版　　估价：89.00 元

◆ 中国资产管理行业刚刚兴起，未来将成为中国金融市场最有看点的行业。本书主要分析了 2016 年度资产管理行业的发展情况，同时对资产管理行业的未来发展做出科学的预测。

体育蓝皮书
中国体育产业发展报告（2017）

阮伟　钟秉枢 / 主编　　2017 年 12 月出版　　估价：89.00 元

◆ 本书运用多种研究方法，在体育竞赛业、体育用品业、体育场馆业、体育传媒业等传统产业研究的基础上，并对 2016 年体育领域内的各种热点事件进行研究和梳理，进一步拓宽了研究的广度、提升了研究的高度、挖掘了研究的深度。

国际问题类

国际问题类皮书关注全球重点国家与地区，提供全面、独特的解读与研究

美国蓝皮书
美国研究报告（2017）

郑秉文 黄平／主编　2017年6月出版　估价：89.00元

◆ 本书是由中国社会科学院美国研究所主持完成的研究成果，它回顾了美国2016年的经济、政治形势与外交战略，对2017年以来美国内政外交发生的重大事件及重要政策进行了较为全面的回顾和梳理。

日本蓝皮书
日本研究报告（2017）

杨伯江／主编　2017年5月出版　估价：89.00元

◆ 本书对2016年日本的政治、经济、社会、外交等方面的发展情况做了系统介绍，对日本的热点及焦点问题进行了总结和分析，并在此基础上对该国2017年的发展前景做出预测。

亚太蓝皮书
亚太地区发展报告（2017）

李向阳／主编　2017年4月出版　估价：89.00元

◆ 本书是中国社会科学院亚太与全球战略研究院的集体研究成果。2017年的"亚太蓝皮书"继续关注中国周边环境的变化。该书盘点了2016年亚太地区的焦点和热点问题，为深入了解2016年及未来中国与周边环境的复杂形势提供了重要参考。

国别与地区类 皮书系列重点推荐

德国蓝皮书
德国发展报告（2017）

郑春荣 / 主编　2017年6月出版　估价：89.00元

◆ 本报告由同济大学德国研究所组织编撰，由该领域的专家学者对德国的政治、经济、社会文化、外交等方面的形势发展情况，进行全面的阐述与分析。

日本经济蓝皮书
日本经济与中日经贸关系研究报告（2017）

张季风 / 编著　2017年5月出版　估价：89.00元

◆ 本书系统、详细地介绍了2016年日本经济以及中日经贸关系发展情况，在进行了大量数据分析的基础上，对2017年日本经济以及中日经贸关系的大致发展趋势进行了分析与预测。

俄罗斯黄皮书
俄罗斯发展报告（2017）

李永全 / 编著　2017年7月出版　估价：89.00元

◆ 本书系统介绍了2016年俄罗斯经济政治情况，并对2016年该地区发生的焦点、热点问题进行了分析与回顾；在此基础上，对该地区2017年的发展前景进行了预测。

非洲黄皮书
非洲发展报告No.19（2016～2017）

张宏明 / 主编　2017年8月出版　估价：89.00元

◆ 本书是由中国社会科学院西亚非洲研究所组织编撰的非洲形势年度报告，比较全面、系统地分析了2016年非洲政治形势和热点问题，探讨了非洲经济形势和市场走向，剖析了大国对非洲关系的新动向；此外，还介绍了国内非洲研究的新成果。

地方发展类

地方发展类皮书关注中国各省份、经济区域，提供科学、多元的预判与资政信息

北京蓝皮书
北京公共服务发展报告（2016~2017）

施昌奎 / 主编　2017 年 3 月出版　定价：79.00 元

◆ 本书是由北京市政府职能部门的领导、首都著名高校的教授、知名研究机构的专家共同完成的关于北京市公共服务发展与创新的研究成果。

河南蓝皮书
河南经济发展报告（2017）

张占仓　完世伟 / 主编　2017 年 4 月出版　估价：89.00 元

◆ 本书以国内外经济发展环境和走向为背景，主要分析当前河南经济形势，预测未来发展趋势，全面反映河南经济发展的最新动态、热点和问题，为地方经济发展和领导决策提供参考。

广州蓝皮书
2017 年中国广州经济形势分析与预测

庾建设　陈浩钿　谢博能 / 主编　2017 年 7 月出版　估价：85.00 元

◆ 本书由广州大学与广州市委政策研究室、广州市统计局联合主编，汇集了广州科研团体、高等院校和政府部门诸多经济问题研究专家、学者和实际部门工作者的最新研究成果，是关于广州经济运行情况和相关专题分析、预测的重要参考资料。

 文化传媒类　皮书系列 重点推荐

文 化 传 媒 类

文化传媒类皮书透视文化领域、文化产业，探索文化大繁荣、大发展的路径

新媒体蓝皮书

中国新媒体发展报告 No.8（2017）

唐绪军 / 主编　　2017 年 6 月出版　　估价：89.00 元

◆ 本书是由中国社会科学院新闻与传播研究所组织编写的关于新媒体发展的最新年度报告，旨在全面分析中国新媒体的发展现状，解读新媒体的发展趋势，探析新媒体的深刻影响。

移动互联网蓝皮书

中国移动互联网发展报告（2017）

官建文 / 主编　　2017 年 6 月出版　　估价：89.00 元

◆ 本书着眼于对 2016 年度中国移动互联网的发展情况做深入解析，对未来发展趋势进行预测，力求从不同视角、不同层面全面剖析中国移动互联网发展的现状、年度突破及热点趋势等。

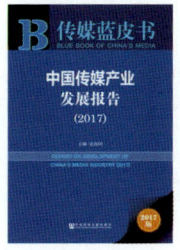

传媒蓝皮书

中国传媒产业发展报告（2017）

崔保国 / 主编　　2017 年 5 月出版　　估价：98.00 元

◆ "传媒蓝皮书"连续十多年跟踪观察和系统研究中国传媒产业发展。本报告在对传媒产业总体以及各细分行业发展状况与趋势进行深入分析基础上，对年度发展热点进行跟踪，剖析新技术引领下的商业模式，对传媒各领域发展趋势、内体经营、传媒投资进行解析，为中国传媒产业正在发生的变革提供前瞻行参考。

皮书系列 2017全品种 经济类

经济类

"三农"互联网金融蓝皮书
中国"三农"互联网金融发展报告（2017）
著（编）者：李勇坚 王弢　2017年8月出版 / 估价：98.00元
PSN B-2016-561-1/1

G20国家创新竞争力黄皮书
二十国集团（G20）国家创新竞争力发展报告（2016~2017）
著（编）者：李建平 李闽榕 赵新力 周天勇
2017年8月出版 / 估价：158.00元
PSN Y-2011-229-1/1

产业蓝皮书
中国产业竞争力报告（2017）No.7
著（编）者：张其仔　2017年12月出版 / 估价：98.00元
PSN B-2010-175-1/1

城市创新蓝皮书
中国城市创新报告（2017）
著（编）者：周天勇 旷建伟　2017年11月出版 / 估价：89.00元
PSN B-2013-340-1/1

城市蓝皮书
中国城市发展报告 No.10
著（编）者：潘家华 单菁菁　2017年9月出版 / 估价：89.00元
PSN B-2007-091-1/1

城乡一体化蓝皮书
中国城乡一体化发展报告（2016~2017）
著（编）者：汝信 付崇兰　2017年7月出版 / 估价：85.00元
PSN B-2011-226-1/2

城镇化蓝皮书
中国新型城镇化健康发展报告（2017）
著（编）者：张占斌　2017年8月出版 / 估价：89.00元
PSN B-2014-396-1/1

创新蓝皮书
创新型国家建设报告（2016~2017）
著（编）者：詹正茂　2017年12月出版 / 估价：89.00元
PSN B-2009-140-1/1

创业蓝皮书
中国创业发展报告（2016~2017）
著（编）者：黄群慧 赵卫星 钟宏武等
2017年11月出版 / 估价：89.00元
PSN B-2016-578-1/1

低碳发展蓝皮书
中国低碳发展报告（2016~2017）
著（编）者：齐晔 张希良　2017年3月出版 / 估价：98.00元
PSN B-2011-223-1/1

低碳经济蓝皮书
中国低碳经济发展报告（2017）
著（编）者：薛进军 赵忠秀　2017年6月出版 / 估价：85.00元
PSN B-2011-194-1/1

东北蓝皮书
中国东北地区发展报告（2017）
著（编）者：姜晓秋　2017年2月出版 / 定价：79.00元
PSN B-2006-067-1/1

发展与改革蓝皮书
中国经济发展和体制改革报告No.8
著（编）者：邹东涛 王再文　2017年4月出版 / 估价：98.00元
PSN B-2008-122-1/1

工业化蓝皮书
中国工业化进程报告（2017）
著（编）者：黄群慧　2017年12月出版 / 估价：158.00元
PSN B-2007-095-1/1

管理蓝皮书
中国管理发展报告（2017）
著（编）者：张晓东　2017年10月出版 / 估价：98.00元
PSN B-2014-416-1/1

国际城市蓝皮书
国际城市发展报告（2017）
著（编）者：屠启宇　2017年2月出版 / 定价：79.00元
PSN B-2012-260-1/1

国家创新蓝皮书
中国创新发展报告（2017）
著（编）者：陈劲　2017年12月出版 / 估价：89.00元
PSN B-2014-370-1/1

金融蓝皮书
中国金融发展报告（2017）
著（编）者：王国刚　2017年2月出版 / 定价：79.00元
PSN B-2004-031-1/6

京津冀金融蓝皮书
京津冀金融发展报告（2017）
著（编）者：王爱俭 李向前
2017年4月出版 / 估价：89.00元
PSN B-2016-528-1/1

京津冀蓝皮书
京津冀发展报告（2017）
著（编）者：文魁 祝尔娟　2017年4月出版 / 估价：89.00元
PSN B-2012-262-1/1

经济蓝皮书
2017年中国经济形势分析与预测
著（编）者：李扬　2017年1月出版 / 定价：89.00元
PSN B-1996-001-1/1

经济蓝皮书·春季号
2017年中国经济前景分析
著（编）者：李扬　2017年6月出版 / 估价：89.00元
PSN B-1999-008-1/1

经济蓝皮书·夏季号
中国经济增长报告（2016~2017）
著（编）者：李扬　2017年9月出版 / 估价：98.00元
PSN B-2010-176-1/1

经济信息绿皮书
中国与世界经济发展报告（2017）
著（编）者：杜平　2017年12月出版 / 估价：89.00元
PSN G-2003-023-1/1

就业蓝皮书
2017年中国本科生就业报告
著（编）者：麦可思研究院　2017年6月出版 / 估价：98.00元
PSN B-2009-146-1/2

 经济类

皮书系列 2017全品种

就业蓝皮书
2017年中国高职高专生就业报告
著(编)者：麦可思研究院　2017年6月出版 / 估价：98.00元
PSN B-2015-472-2/2

科普能力蓝皮书
中国科普能力评价报告（2017）
著(编)者：李富 强李群　2017年8月出版 / 估价：89.00元
PSN B-2016-556-1/1

临空经济蓝皮书
中国临空经济发展报告（2017）
著(编)者：连玉明　2017年9月出版 / 估价：89.00元
PSN B-2014-421-1/1

农村绿皮书
中国农村经济形势分析与预测（2016~2017）
著(编)者：魏后凯 杜志雄 黄秉信
2017年4月出版 / 估价：89.00元
PSN B-1998-003-1/1

农业应对气候变化蓝皮书
气候变化对中国农业影响评估报告 No.3
著(编)者：矫梅燕　2017年8月出版 / 估价：98.00元
PSN B-2014-413-1/1

气候变化绿皮书
应对气候变化报告（2017）
著(编)者：王伟光 郑国光　2017年6月出版 / 估价：89.00元
PSN G-2009-144-1/1

区域蓝皮书
中国区域经济发展报告（2016~2017）
著(编)者：赵弘　2017年6月出版 / 估价：89.00元
PSN B-2004-034-1/1

全球环境竞争力绿皮书
全球环境竞争力报告（2017）
著(编)者：李建平 李闽榕 王金南
2017年12月出版 / 估价：198.00元
PSN G-2013-363-1/1

人口与劳动绿皮书
中国人口与劳动问题报告 No.18
著(编)者：蔡昉 张车伟　2017年11月出版 / 估价：89.00元
PSN G-2000-012-1/1

商务中心区蓝皮书
中国商务中心区发展报告 No.3（2016）
著(编)者：李国红 单菁菁　2017年4月出版 / 估价：89.00元
PSN B-2015-444-1/1

世界经济黄皮书
2017年世界经济形势分析与预测
著(编)者：张宇燕　2017年1月出版 / 定价：89.00元
PSN Y-1999-006-1/1

世界旅游城市绿皮书
世界旅游城市发展报告（2017）
著(编)者：宋宇　2017年4月出版 / 估价：128.00元
PSN G-2014-400-1/1

土地市场蓝皮书
中国农村土地市场发展报告（2016~2017）
著(编)者：李光荣　2017年4月出版 / 估价：89.00元
PSN B-2016-527-1/1

西北蓝皮书
中国西北发展报告（2017）
著(编)者：高建龙　2017年4月出版 / 估价：89.00元
PSN B-2012-261-1/1

西部蓝皮书
中国西部发展报告（2017）
著(编)者：徐璋勇　2017年7月出版 / 估价：89.00元
PSN B-2005-039-1/1

新型城镇化蓝皮书
新型城镇化发展报告（2017）
著(编)者：李伟 宋敏 沈体雁　2017年4月出版 / 估价：98.00元
PSN B-2014-431-1/1

新兴经济体蓝皮书
金砖国家发展报告（2017）
著(编)者：林跃勤 周文　2017年12月出版 / 估价：89.00元
PSN B-2011-195-1/1

长三角蓝皮书
2017年新常态下深化一体化的长三角
著(编)者：王庆五　2017年12月出版 / 估价：88.00元
PSN B-2005-038-1/1

中部竞争力蓝皮书
中国中部经济社会竞争力报告（2017）
著(编)者：教育部人文社会科学重点研究基地
　　　　　南昌大学中国中部经济社会发展研究中心
2017年12月出版 / 估价：89.00元
PSN B-2012-276-1/1

中部蓝皮书
中国中部地区发展报告（2017）
著(编)者：宋亚平　2017年12月出版 / 估价：88.00元
PSN B-2007-089-1/1

中国省域竞争力蓝皮书
中国省域经济综合竞争力发展报告（2017）
著(编)者：李建平 李闽榕 高燕京
2017年2月出版 / 定价：198.00元
PSN B-2007-088-1/1

中三角蓝皮书
长江中游城市群发展报告（2017）
著(编)者：秦尊文　2017年9月出版 / 估价：89.00元
PSN B-2014-417-1/1

中小城市绿皮书
中国中小城市发展报告（2017）
著(编)者：中国城市经济学会中小城市经济发展委员会
　　　　　中国城镇化促进会中小城市发展委员会
　　　　　《中国中小城市发展报告》编纂委员会
　　　　　中小城市发展战略研究院
2017年11月出版 / 估价：128.00元
PSN G-2010-161-1/1

中原蓝皮书
中原经济区发展报告（2017）
著(编)者：李英杰　2017年6月出版 / 估价：88.00元
PSN B-2011-192-1/1

自贸区蓝皮书
中国自贸区发展报告（2017）
著(编)者：王力　2017年7月出版 / 估价：89.00元
PSN B-2016-559-1/1

社会政法类

北京蓝皮书
中国社区发展报告（2017）
著(编)者：于燕燕　2017年4月出版｜估价：89.00元
PSN B-2007-083-5/8

殡葬绿皮书
中国殡葬事业发展报告（2017）
著(编)者：李伯森　2017年4月出版｜估价：158.00元
PSN G-2010-180-1/1

城市管理蓝皮书
中国城市管理报告（2016~2017）
著(编)者：刘林　刘承水　2017年5月出版｜估价：158.00元
PSN B-2013-336-1/1

城市生活质量蓝皮书
中国城市生活质量报告（2017）
著(编)者：中国经济实验研究院
2018年7月出版｜估价：89.00元
PSN B-2013-326-1/1

城市政府能力蓝皮书
中国城市政府公共服务能力评估报告（2017）
著(编)者：何艳玲　2017年4月出版｜估价：89.00元
PSN B-2013-338-1/1

慈善蓝皮书
中国慈善发展报告（2017）
著(编)者：杨团　2017年6月出版｜估价：89.00元
PSN B-2009-142-1/1

党建蓝皮书
党的建设研究报告 No.2（2017）
著(编)者：崔建民　陈东平　2017年4月出版｜估价：89.00元
PSN B-2016-524-1/1

地方法治蓝皮书
中国地方法治发展报告 No.3（2017）
著(编)者：李林　田禾　2017年4出版｜估价：108.00元
PSN B-2015-442-1/1

法治蓝皮书
中国法治发展报告 No.15（2017）
著(编)者：李林　田禾　2017年3月出版｜定价：118.00元
PSN B-2004-027-1/1

法治政府蓝皮书
中国法治政府发展报告（2017）
著(编)者：中国政法大学法治政府研究院
2017年4月出版｜估价：98.00元
PSN B-2015-502-1/2

法治政府蓝皮书
中国法治政府评估报告（2017）
著(编)者：中国政法大学法治政府研究院
2017年11月出版｜估价：98.00元
PSN B-2016-577-2/2

法治蓝皮书
中国法院信息化发展报告 No.1（2017）
著(编)者：李林　田禾　2017年2月出版｜定价：108.00元
PSN B-2017-604-3/3

反腐倡廉蓝皮书
中国反腐倡廉建设报告 No.7
著(编)者：张英伟　2017年12月出版｜估价：89.00元
PSN B-2012-259-1/1

非传统安全蓝皮书
中国非传统安全研究报告（2016~2017）
著(编)者：余潇枫　魏志江　2017年6月出版｜估价：89.00元
PSN B-2012-273-1/1

妇女发展蓝皮书
中国妇女发展报告 No.7
著(编)者：王金玲　2017年9月出版｜估价：148.00元
PSN B-2006-069-1/1

妇女教育蓝皮书
中国妇女教育发展报告 No.4
著(编)者：张李玺　2017年10月出版｜估价：78.00元
PSN B-2008-121-1/1

妇女绿皮书
中国性别平等与妇女发展报告（2017）
著(编)者：谭琳　2017年12月出版｜估价：99.00元
PSN G-2006-073-1/1

公共服务蓝皮书
中国城市基本公共服务力评价（2017）
著(编)者：钟君　刘志昌　吴正杲　2017年12月出版｜估价：89.
PSN B-2011-214-1/1

公民科学素质蓝皮书
中国公民科学素质报告（2016~2017）
著(编)者：李群　陈雄　马宗文
2017年4月出版｜估价：89.00元
PSN B-2014-379-1/1

公共关系蓝皮书
中国公共关系发展报告（2017）
著(编)者：柳斌杰　2017年11月出版｜估价：89.00元
PSN B-2016-580-1/1

公益蓝皮书
中国公益慈善发展报告（2017）
著(编)者：朱健刚　2018年4月出版｜估价：118.00元
PSN B-2012-283-1/1

国际人才蓝皮书
中国国际移民报告（2017）
著(编)者：王辉耀　2017年4月出版｜估价：89.00元
PSN B-2012-304-3/4

国际人才蓝皮书
中国留学发展报告（2017）No.5
著(编)者：王辉耀　苗绿　2017年10月出版｜估价：89.00元
PSN B-2012-244-2/4

海洋社会蓝皮书
中国海洋社会发展报告（2017）
著(编)者：崔凤　宋宁而　2017年7月出版｜估价：89.00元
PSN B-2015-478-1/1

社会政法类 皮书系列 2017全品种

行政改革蓝皮书
中国行政体制改革报告（2017）No.6
著（编）者：魏礼群　2017年5月出版 / 估价：98.00元
PSN B-2011-231-1/1

华侨华人蓝皮书
华侨华人研究报告（2017）
著（编）者：贾益民　2017年12月出版 / 估价：128.00元
PSN B-2011-204-1/1

环境竞争力绿皮书
中国省域环境竞争力发展报告（2017）
著（编）者：李建平　李闽榕　王金南
2017年11月出版 / 估价：198.00元
PSN G-2010-165-1/1

环境绿皮书
中国环境发展报告（2017）
著（编）者：刘鉴强　2017年4月出版 / 估价：89.00元
PSN G-2006-048-1/1

基金会蓝皮书
中国基金会发展报告（2016~2017）
著（编）者：中国基金会发展报告课题组
2017年4月出版 / 估价：85.00元
PSN B-2013-368-1/1

基金会绿皮书
中国基金会发展独立研究报告（2017）
著（编）者：基金会中心网　中央民族大学基金会研究中心
2017年6月出版 / 估价：88.00元
PSN G-2011-213-1/1

基金会透明度蓝皮书
中国基金会透明度发展研究报告（2017）
著（编）者：基金会中心网　清华大学廉政与治理研究中心
2017年12月出版 / 估价：89.00元
PSN B-2015-509-1/1

家庭蓝皮书
中国"创建幸福家庭活动"评估报告（2017）
国务院发展研究中心"创建幸福家庭活动评估"课题组著
2017年8月出版 / 估价：89.00元
PSN B-2015-508-1/1

健康城市蓝皮书
中国健康城市建设研究报告（2017）
著（编）者：王鸿春　解树江　盛继洪
2017年9月出版 / 估价：89.00元
PSN B-2016-565-2/2

教师蓝皮书
中国中小学教师发展报告（2017）
著（编）者：曾晓东　鱼霞　2017年6月出版 / 估价：89.00元
PSN B-2012-289-1/1

教育蓝皮书
中国教育发展报告（2017）
著（编）者：杨东平　2017年4月出版 / 估价：89.00元
PSN B-2006-047-1/1

科普蓝皮书
中国基层科普发展报告（2016~2017）
著（编）者：赵立　新陈玲　2017年9月出版 / 估价：89.00元
PSN B-2016-569-3/3

科普蓝皮书
中国科普基础设施发展报告（2017）
著（编）者：任福君　2017年6月出版 / 估价：89.00元
PSN B-2010-174-1/3

科普蓝皮书
中国科普人才发展报告（2017）
著（编）者：郑念　任嵘嵘　2017年4月出版 / 估价：98.00元
PSN B-2015-512-2/3

科学教育蓝皮书
中国科学教育发展报告（2017）
著（编）者：罗晖　王康友　2017年10月出版 / 估价：89.00元
PSN B-2015-487-1/1

劳动保障蓝皮书
中国劳动保障发展报告（2017）
著（编）者：刘燕斌　2017年9月出版 / 估价：188.00元
PSN B-2014-415-1/1

老龄蓝皮书
中国老年宜居环境发展报告（2017）
著（编）者：党俊武　周燕珉　2017年4月出版 / 估价：89.00元
PSN B-2013-320-1/1

连片特困区蓝皮书
中国连片特困区发展报告（2017）
著（编）者：游俊　冷志明　丁建军
2017年4月出版 / 估价：98.00元
PSN B-2013-321-1/1

流动儿童蓝皮书
中国流动儿童教育发展报告（2016）
著（编）者：杨东平　2017年1月出版 / 定价：79.00元
PSN B-2017-600-1/1

民调蓝皮书
中国民生调查报告（2017）
著（编）者：谢耘耕　2017年12月出版 / 估价：98.00元
PSN B-2014-398-1/1

民族发展蓝皮书
中国民族发展报告（2017）
著（编）者：郝时远　王延中　王希恩
2017年4月出版 / 估价：98.00元
PSN B-2006-070-1/1

女性生活蓝皮书
中国女性生活状况报告No.11（2017）
著（编）者：韩湘景　2017年10月出版 / 估价：98.00元
PSN B-2006-071-1/1

汽车社会蓝皮书
中国汽车社会发展报告（2017）
著（编）者：王俊秀　2017年12月出版 / 估价：89.00元
PSN B-2011-224-1/1

皮书系列 2017全品种

社会政法类

青年蓝皮书
中国青年发展报告（2017）No.3
著(编)者：廉思 等　2017年4月出版 / 估价：89.00元
PSN B-2013-333-1/1

青少年蓝皮书
中国未成年人互联网运用报告（2017）
著(编)者：李文革 沈洁 季为民
2017年11月出版 / 估价：89.00元
PSN B-2010-165-1/1

青少年体育蓝皮书
中国青少年体育发展报告（2017）
著(编)者：郭建军 杨桦　2017年9月出版 / 估价：89.00元
PSN B-2015-482-1/1

群众体育蓝皮书
中国群众体育发展报告（2017）
著(编)者：刘国永 杨桦　2017年12月出版 / 估价：89.00元
PSN B-2016-519-2/3

人权蓝皮书
中国人权事业发展报告 No.7（2017）
著(编)者：李君如　2017年9月出版 / 估价：98.00元
PSN B-2011-215-1/1

社会保障绿皮书
中国社会保障发展报告（2017）No.8
著(编)者：王延中　2017年1月出版 / 估价：98.00元
PSN G-2001-014-1/1

社会风险评估蓝皮书
风险评估与危机预警评估报告（2017）
著(编)者：唐钧　2017年8月出版 / 估价：85.00元
PSN B-2016-521-1/1

社会管理蓝皮书
中国社会管理创新报告 No.5
著(编)者：连玉明　2017年11月出版 / 估价：89.00元
PSN B-2012-300-1/1

社会蓝皮书
2017年中国社会形势分析与预测
著(编)者：李培林 陈光金 张翼
2016年12月出版 / 定价：89.00元
PSN B-1998-002-1/1

社会体制蓝皮书
中国社会体制改革报告 No.5（2017）
著(编)者：龚维斌　2017年3月出版 / 定价：89.00元
PSN B-2013-330-1/1

社会心态蓝皮书
中国社会心态研究报告（2017）
著(编)者：王俊秀 杨宜音　2017年12月出版 / 估价：89.00元
PSN B-2011-199-1/1

社会组织蓝皮书
中国社会组织发展报告（2016~2017）
著(编)者：黄晓勇　2017年1月出版 / 定价：89.00元
PSN B-2008-118-1/2

社会组织蓝皮书
中国社会组织评估发展报告（2017）
著(编)者：徐家良 廖鸿　2017年12月出版 / 估价：89.00元
PSN B-2013-366-1/1

生态城市绿皮书
中国生态城市建设发展报告（2017）
著(编)者：刘举科 孙伟平 胡文臻
2017年9月出版 / 估价：118.00元
PSN G-2012-269-1/1

生态文明绿皮书
中国省域生态文明建设评价报告（ECI 2017）
著(编)者：严耕　2017年12月出版 / 估价：98.00元
PSN G-2010-170-1/1

土地整治蓝皮书
中国土地整治发展研究报告 No.4
著(编)者：国土资源部土地整治中心
2017年7月出版 / 估价：89.00元
PSN B-2014-401-1/1

土地政策蓝皮书
中国土地政策研究报告（2017）
著(编)者：高延利 李宪文
2017年12月出版 / 定价：89.00元
PSN B-2015-506-1/1

医改蓝皮书
中国医药卫生体制改革报告（2017）
著(编)者：文学国 房志武　2017年11月出版 / 估价：98.00元
PSN B-2014-432-1/1

医疗卫生绿皮书
中国医疗卫生发展报告 No.7（2017）
著(编)者：申宝忠 韩玉珍　2017年4月出版 / 估价：85.00元
PSN G-2004-033-1/1

应急管理蓝皮书
中国应急管理报告（2017）
著(编)者：宋英华　2017年9月出版 / 估价：98.00元
PSN B-2016-563-1/1

政治参与蓝皮书
中国政治参与报告（2017）
著(编)者：房宁　2017年9月出版 / 估价：118.00元
PSN B-2011-200-1/1

宗教蓝皮书
中国宗教报告（2016）
著(编)者：邱永辉　2017年4月出版 / 估价：89.00元
PSN B-2008-117-1/1

行业报告类

SUV蓝皮书
中国SUV市场发展报告（2016~2017）
著（编）者：靳军　　2017年9月出版 / 估价：89.00元
PSN B-2016-572-1/1

保健蓝皮书
中国保健服务产业发展报告No.2
著（编）者：中国保健协会　中共中央党校
2017年7月出版 / 估价：198.00元
PSN B-2012-272-3/3

保健蓝皮书
中国保健食品产业发展报告No.2
著（编）者：中国保健协会
　　　　　中国社会科学院食品药品产业发展与监管研究中心
2017年7月出版 / 估价：198.00元
PSN B-2012-271-2/3

保健蓝皮书
中国保健用品产业发展报告No.2
著（编）者：中国保健协会
　　　　　国务院国有资产监督管理委员会研究中心
2017年4月出版 / 估价：198.00元
PSN B-2012-270-1/3

保险蓝皮书
中国保险业竞争力报告（2017）
著（编）者：项俊波　　2017年12月出版 / 估价：99.00元
PSN B-2013-311-1/1

冰雪蓝皮书
中国滑雪产业发展报告（2017）
著（编）者：孙承华　伍斌　魏庆华　张鸿俊
2017年8月出版 / 估价：89.00元
PSN B-2016-560-1/1

彩票蓝皮书
中国彩票发展报告（2017）
著（编）者：益彩基金　　2017年4月出版 / 估价：98.00元
PSN B-2015-462-1/1

餐饮产业蓝皮书
中国餐饮产业发展报告（2017）
著（编）者：邢颖　　2017年6月出版 / 估价：98.00元
PSN B-2009-151-1/1

测绘地理信息蓝皮书
新常态下的测绘地理信息研究报告（2017）
著（编）者：库热西·买合苏提
2017年12月出版 / 估价：118.00元
PSN B-2009-145-1/1

茶业蓝皮书
中国茶产业发展报告（2017）
著（编）者：杨江帆　李闽榕　　2017年10月出版 / 估价：88.00元
PSN B-2010-164-1/1

产权市场蓝皮书
中国产权市场发展报告（2016~2017）
著（编）者：曹和平　　2017年5月出版 / 估价：89.00元
PSN B-2009-147-1/1

产业安全蓝皮书
中国出版传媒产业安全报告（2016~2017）
著（编）者：北京印刷学院文化产业安全研究院
2017年4月出版 / 估价：89.00元
PSN B-2014-384-13/14

产业安全蓝皮书
中国文化产业安全报告（2017）
著（编）者：北京印刷学院文化产业安全研究院
2017年12月出版 / 估价：89.00元
PSN B-2014-378-12/14

产业安全蓝皮书
中国新媒体产业安全报告（2017）
著（编）者：北京印刷学院文化产业安全研究院
2017年12月出版 / 估价：89.00元
PSN B-2015-500-14/14

城投蓝皮书
中国城投行业发展报告（2017）
著（编）者：王晨艳　丁伯康　　2017年11月出版 / 估价：300.00元
PSN B-2016-514-1/1

电子政务蓝皮书
中国电子政务发展报告（2016~2017）
著（编）者：李季　杜平　　2017年7月出版 / 估价：89.00元
PSN B-2003-022-1/1

杜仲产业绿皮书
中国杜仲橡胶资源与产业发展报告（2016~2017）
著（编）者：杜红岩　胡文臻　俞锐
2017年4月出版 / 估价：85.00元
PSN G-2013-350-1/1

房地产蓝皮书
中国房地产发展报告No.14（2017）
著（编）者：李春华　王业强　　2017年5月出版 / 估价：89.00元
PSN B-2004-028-1/1

服务外包蓝皮书
中国服务服务外包产业发展报告（2017）
著（编）者：王晓红　刘德军
2017年6月出版 / 估价：89.00元
PSN B-2013-331-2/2

服务外包蓝皮书
中国服务外包竞争力报告（2017）
著（编）者：王力　刘春生　黄育华
2017年11月出版 / 估价：85.00元
PSN B-2011-216-1/2

工业和信息化蓝皮书
世界网络安全发展报告（2016~2017）
著（编）者：洪京一　　2017年4月出版 / 估价：89.00元
PSN B-2015-452-5/5

工业和信息化蓝皮书
世界信息化发展报告（2016~2017）
著（编）者：洪京一　　2017年4月出版 / 估价：89.00元
PSN B-2015-451-4/5

皮书系列 2017全品种 — 行业报告类

工业和信息化蓝皮书
世界信息技术产业发展报告（2016~2017）
著（编）者：洪京一　2017年4月出版／估价：89.00元
PSN B-2015-449-2/5

工业和信息化蓝皮书
移动互联网产业发展报告（2016~2017）
著（编）者：洪京一　2017年4月出版／估价：89.00元
PSN B-2015-448-1/5

工业和信息化蓝皮书
战略性新兴产业发展报告（2016~2017）
著（编）者：洪京一　2017年4月出版／估价：89.00元
PSN B-2015-450-3/5

工业设计蓝皮书
中国工业设计发展报告（2017）
著（编）者：王晓红　于炜　张立群
2017年9月出版／估价：138.00元
PSN B-2014-420-1/1

黄金市场蓝皮书
中国商业银行黄金业务发展报告（2016~2017）
著（编）者：平安银行　2017年4月出版／估价：98.00元
PSN B-2016-525-1/1

互联网金融蓝皮书
中国互联网金融发展报告（2017）
著（编）者：李东荣　2017年9月出版／估价：128.00元
PSN B-2014-374-1/1

互联网医疗蓝皮书
中国互联网医疗发展报告（2017）
著（编）者：宫晓东　2017年9月出版／估价：89.00元
PSN B-2016-568-1/1

会展蓝皮书
中外会展业动态评估年度报告（2017）
著（编）者：张敏　2017年4月出版／估价：88.00元
PSN B-2013-327-1/1

金融监管蓝皮书
中国金融监管报告（2017）
著（编）者：胡滨　2017年6月出版／估价：89.00元
PSN B-2012-281-1/1

金融蓝皮书
中国金融中心发展报告（2017）
著（编）者：王力　黄育华　2017年11月出版／估价：85.00元
PSN B-2011-186-6/6

建筑装饰蓝皮书
中国建筑装饰行业发展报告（2017）
著（编）者：刘晓一　葛道顺　2017年7月出版／估价：198.00元
PSN B-2016-554-1/1

客车蓝皮书
中国客车产业发展报告（2016~2017）
著（编）者：姚蔚　2017年10月出版／估价：85.00元
PSN B-2013-361-1/1

旅游安全蓝皮书
中国旅游安全报告（2017）
著（编）者：郑向敏　谢朝武　2017年5月出版／估价：128.00元
PSN B-2012-280-1/1

旅游绿皮书
2016~2017年中国旅游发展分析与预测
著（编）者：宋瑞　2017年2月出版／定价：89.00元
PSN G-2002-018-1/1

煤炭蓝皮书
中国煤炭工业发展报告（2017）
著（编）者：岳福斌　2017年12月出版／估价：85.00元
PSN B-2008-123-1/1

民营企业社会责任蓝皮书
中国民营企业社会责任报告（2017）
著（编）者：中华全国工商业联合会
2017年12月出版／估价：89.00元
PSN B-2015-510-1/1

民营医院蓝皮书
中国民营医院发展报告（2017）
著（编）者：庄一强　2017年10月出版／估价：85.00元
PSN B-2012-299-1/1

闽商蓝皮书
闽商发展报告（2017）
著（编）者：李闽榕　王日根　林琛
2017年12月出版／估价：89.00元
PSN B-2012-298-1/1

能源蓝皮书
中国能源发展报告（2017）
著（编）者：崔民选　王军生　陈义和
2017年10月出版／估价：98.00元
PSN B-2006-049-1/1

农产品流通蓝皮书
中国农产品流通产业发展报告（2017）
著（编）者：贾敬敦　张东科　张玉玺　张鹏毅　周伟
2017年4月出版／估价：89.00元
PSN B-2012-288-1/1

企业公益蓝皮书
中国企业公益研究报告（2017）
著（编）者：钟宏武　汪杰　顾一　黄晓娟　等
2017年12月出版／估价：89.00元
PSN B-2015-501-1/1

企业国际化蓝皮书
中国企业国际化报告（2017）
著（编）者：王辉耀　2017年11月出版／估价：98.00元
PSN B-2014-427-1/1

企业蓝皮书
中国企业绿色发展报告No.2（2017）
著（编）者：李红玉　朱光辉　2017年8月出版／估价：89.00元
PSN B-2015-481-2/2

企业社会责任蓝皮书
中国企业社会责任研究报告（2017）
著（编）者：黄群慧　钟宏武　张蒽　翟利峰
2017年11月出版／估价：89.00元
PSN B-2009-149-1/1

企业社会责任蓝皮书
中资企业海外社会责任研究报告（2016~2017）
著（编）者：钟宏武　叶柳红　张蒽
2017年1月出版／定价：79.00元
PSN B-2017-603-2/2

 行业报告类

皮书系列 2017全品种

汽车安全蓝皮书
中国汽车安全发展报告（2017）
著(编)者：中国汽车技术研究中心
2017年7月出版 / 估价：89.00元
PSN B-2014-385-1/1

汽车电子商务蓝皮书
中国汽车电子商务发展报告（2017）
著(编)者：中华全国工商业联合会汽车经销商商会
　　　　　北京易观智库网络科技有限公司
2017年10月出版 / 估价：128.00元
PSN B-2015-485-1/1

汽车工业蓝皮书
中国汽车工业发展年度报告（2017）
著(编)者：中国汽车工业协会 中国汽车技术研究中心
　　　　　丰田汽车（中国）投资有限公司
2017年4月出版 / 估价：128.00元
PSN B-2015-463-1/2

汽车工业蓝皮书
中国汽车零部件产业发展报告（2017）
著(编)者：中国汽车工业协会 中国汽车工程研究院
2017年10月出版 / 估价：98.00元
PSN B-2016-515-2/2

汽车蓝皮书
中国汽车产业发展报告（2017）
著(编)者：国务院发展研究中心产业经济研究部
　　　　　中国汽车工程学会　大众汽车集团（中国）
2017年8月出版 / 估价：98.00元
PSN B-2008-124-1/1

人力资源蓝皮书
中国人力资源发展报告（2017）
著(编)者：余兴安　2017年11月出版 / 估价：89.00元
PSN B-2012-287-1/1

融资租赁蓝皮书
中国融资租赁业发展报告（2016~2017）
著(编)者：李光荣 王力　2017年8月出版 / 估价：89.00元
PSN B-2015-443-1/1

商会蓝皮书
中国商会发展报告No.5（2017）
著(编)者：王钦敏　2017年7月出版 / 估价：89.00元
PSN B-2008-125-1/1

输血服务蓝皮书
中国输血行业发展报告（2017）
著(编)者：朱永明 耿鸿武　2016年8月出版 / 估价：89.00元
PSN B-2016-583-1/1

社会责任管理蓝皮书
中国上市公司社会责任能力成熟度报告（2017）No.2
著(编)者：肖红军 王晓光 李伟阳
2017年12月出版 / 估价：98.00元
PSN B-2015-507-2/2

社会责任管理蓝皮书
中国企业公众透明度报告(2017)No.3
著(编)者：黄速建 熊梦 王晓光 肖红军
2017年4月出版 / 估价：98.00元
PSN B-2015-440-1/2

食品药品蓝皮书
食品药品安全与监管政策研究报告（2016~2017）
著(编)者：唐民皓　2017年6月出版 / 估价：89.00元
PSN B-2009-129-1/1

世界能源蓝皮书
世界能源发展报告（2017）
著(编)者：黄晓勇　2017年6月出版 / 估价：99.00元
PSN B-2013-349-1/1

水利风景区蓝皮书
中国水利风景区发展报告（2017）
著(编)者：谢婵才 兰思仁　2017年5月出版 / 估价：89.00元
PSN B-2015-480-1/1

碳市场蓝皮书
中国碳市场报告（2017）
著(编)者：定金彪　2017年11月出版 / 估价：89.00元
PSN B-2014-430-1/1

体育蓝皮书
中国体育产业发展报告（2017）
著(编)者：阮伟 钟秉枢　2017年12月出版 / 估价：89.00元
PSN B-2010-179-1/4

网络空间安全蓝皮书
中国网络空间安全发展报告（2017）
著(编)者：惠志斌 唐涛　2017年4月出版 / 估价：89.00元
PSN B-2015-466-1/1

西部金融蓝皮书
中国西部金融发展报告（2017）
著(编)者：李忠民　2017年8月出版 / 估价：85.00元
PSN B-2010-160-1/1

协会商会蓝皮书
中国行业协会商会发展报告（2017）
著(编)者：景朝阳 李勇　2017年4月出版 / 估价：99.00元
PSN B-2015-461-1/1

新能源汽车蓝皮书
中国新能源汽车产业发展报告（2017）
著(编)者：中国汽车技术研究中心
　　　　　日产（中国）投资有限公司 东风汽车有限公司
2017年7月出版 / 估价：98.00元
PSN B-2013-347-1/1

新三板蓝皮书
中国新三板市场发展报告（2017）
著(编)者：王力　2017年6月出版 / 估价：89.00元
PSN B-2016-534-1/1

信托市场蓝皮书
中国信托业市场报告（2016~2017）
著(编)者：用益信托研究院
2017年1月出版 / 定价：198.00元
PSN B-2014-371-1/1

信息化蓝皮书
中国信息化形势分析与预测（2016~2017）
著(编)者：周宏仁　2017年8月出版 / 估价：98.00元
PSN B-2010-168-1/1

皮书系列 2017全品种
行业报告类

信用蓝皮书
中国信用发展报告（2017）
著(编)者：章政 田侃 2017年4月出版 / 估价：99.00元
PSN B-2013-328-1/1

休闲绿皮书
2017年中国休闲发展报告
著(编)者：宋瑞 2017年10月出版 / 估价：89.00元
PSN G-2010-158-1/1

休闲体育蓝皮书
中国休闲体育发展报告（2016～2017）
著(编)者：李相如 钟炳枢 2017年10月出版 / 估价：89.00元
PSN G-2016-516-1/1

养老金融蓝皮书
中国养老金融发展报告（2017）
著(编)者：董克用 姚余栋
2017年8月出版 / 估价：89.00元
PSN B-2016-584-1/1

药品流通蓝皮书
中国药品流通行业发展报告（2017）
著(编)者：佘鲁林 温再兴 2017年8月出版 / 估价：158.00元
PSN B-2014-429-1/1

医院蓝皮书
中国医院竞争力报告（2017）
著(编)者：庄一强 曾益新 2017年3月出版 / 定价：108.00元
PSN B-2016-529-1/1

邮轮绿皮书
中国邮轮产业发展报告（2017）
著(编)者：汪泓 2017年10月出版 / 估价：89.00元
PSN G-2014-419-1/1

智能养老蓝皮书
中国智能养老产业发展报告（2017）
著(编)者：朱勇 2017年10月出版 / 估价：89.00元
PSN B-2015-488-1/1

债券市场蓝皮书
中国债券市场发展报告（2016～2017）
著(编)者：杨农 2017年10月出版 / 估价：89.00元
PSN B-2016-573-1/1

中国节能汽车蓝皮书
中国节能汽车发展报告（2016~2017）
著(编)者：中国汽车工程研究院股份有限公司
2017年9月出版 / 估价：98.00元
PSN B-2016-566-1/1

中国上市公司蓝皮书
中国上市公司发展报告（2017）
著(编)者：张平 王宏淼
2017年10月出版 / 估价：98.00元
PSN B-2014-414-1/1

中国陶瓷产业蓝皮书
中国陶瓷产业发展报告（2017）
著(编)者：左和平 黄速建 2017年10月出版 / 估价：98.00元
PSN B-2016-574-1/1

中国总部经济蓝皮书
中国总部经济发展报告（2016～2017）
著(编)者：赵弘 2017年9月出版 / 估价：89.00元
PSN B-2005-036-1/1

中医文化蓝皮书
中国中医药文化传播发展报告（2017）
著(编)者：毛嘉陵 2017年7月出版 / 估价：89.00元
PSN B-2015-468-1/1

装备制造业蓝皮书
中国装备制造业发展报告（2017）
著(编)者：徐东华 2017年12月出版 / 估价：148.00元
PSN B-2015-505-1/1

资本市场蓝皮书
中国场外交易市场发展报告（2016～2017）
著(编)者：高峦 2017年4月出版 / 估价：89.00元
PSN B-2009-153-1/1

资产管理蓝皮书
中国资产管理行业发展报告（2017）
著(编)者：智信资产管理研究院
2017年6月出版 / 估价：89.00元
PSN B-2014-407-2/2

文化传媒类

传媒竞争力蓝皮书
中国传媒国际竞争力研究报告(2017)
著(编)者：李本乾 刘强
2017年11月出版 / 估价：148.00元
PSN B-2013-356-1/1

传媒蓝皮书
中国传媒产业发展报告(2017)
著(编)者：崔保国 2017年5月出版 / 估价：98.00元
PSN B-2005-035-1/1

传媒投资蓝皮书
中国传媒投资发展报告(2017)
著(编)者：张向东 谭云明
2017年6月出版 / 估价：128.00元
PSN B-2015-474-1/1

动漫蓝皮书
中国动漫产业发展报告(2017)
著(编)者：卢斌 郑玉明 牛兴侦
2017年9月出版 / 估价：89.00元
PSN B-2011-198-1/1

非物质文化遗产蓝皮书
中国非物质文化遗产发展报告(2017)
著(编)者：陈平 2017年5月出版 / 估价：98.00元
PSN B-2015-469-1/1

广电蓝皮书
中国广播电影电视发展报告(2017)
著(编)者：国家新闻出版广电总局发展研究中心
2017年7月出版 / 估价：98.00元
PSN B-2006-072-1/1

广告主蓝皮书
中国广告主营销传播趋势报告 No.9
著(编)者：黄升民 杜国清 邵华冬 等
2017年10月出版 / 估价：148.00元
PSN B-2005-041-1/1

国际传播蓝皮书
中国国际传播发展报告(2017)
著(编)者：胡正荣 李继东 姬德强
2017年11月出版 / 估价：89.00元
PSN B-2014-408-1/1

国家形象蓝皮书
中国国家形象传播报告(2016)
著(编)者：张昆 2017年3月出版 / 定价：98.00元
PSN B-2017-605-1/1

纪录片蓝皮书
中国纪录片发展报告(2017)
著(编)者：何苏六 2017年9月出版 / 估价：89.00元
PSN B-2011-222-1/1

科学传播蓝皮书
中国科学传播报告(2017)
著(编)者：詹正茂 2017年7月出版 / 估价：89.00元
PSN B-2008-120-1/1

两岸创意经济蓝皮书
两岸创意经济研究报告(2017)
著(编)者：罗昌智 林咏能
2017年10月出版 / 估价：98.00元
PSN B-2014-437-1/1

媒介与女性蓝皮书
中国媒介与女性发展报告(2016~2017)
著(编)者：刘利群 2017年9月出版 / 估价：118.00元
PSN B-2013-345-1/1

媒体融合蓝皮书
中国媒体融合发展报告(2017)
著(编)者：梅宁华 宋建武 2017年7月出版 / 估价：89.00元
PSN B-2015-479-1/1

全球传媒蓝皮书
全球传媒发展报告(2017)
著(编)者：胡正荣 李继东 唐晓芬
2017年11月出版 / 估价：89.00元
PSN B-2012-237-1/1

少数民族非遗蓝皮书
中国少数民族非物质文化遗产发展报告(2017)
著(编)者：肖远平(彝) 柴立(满)
2017年8月出版 / 估价：98.00元
PSN B-2015-467-1/1

视听新媒体蓝皮书
中国视听新媒体发展报告(2017)
著(编)者：国家新闻出版广电总局发展研究中心
2017年7月出版 / 估价：98.00元
PSN B-2011-184-1/1

文化创新蓝皮书
中国文化创新报告(2017)No.7
著(编)者：于平 傅才武 2017年7月出版 / 估价：98.00元
PSN B-2009-143-1/1

文化建设蓝皮书
中国文化发展报告(2016~2017)
著(编)者：江畅 孙伟平 戴茂堂
2017年6月出版 / 估价：116.00元
PSN B-2014-392-1/1

文化科技蓝皮书
文化科技创新发展报告(2017)
著(编)者：于平 李凤亮 2017年11月出版 / 估价：89.00元
PSN B-2013-342-1/1

文化蓝皮书
中国公共文化服务发展报告(2017)
著(编)者：刘新成 张永新 张旭
2017年12月出版 / 估价：98.00元
PSN B-2007-093-2/10

文化蓝皮书
中国公共文化投入增长测评报告(2017)
著(编)者：王亚南 2017年2月出版 / 定价：79.00元
PSN B-2014-435-10/10

皮书系列 2017全品种

文化传媒类・地方发展类

文化蓝皮书
中国少数民族文化发展报告（2016~2017）
著（编）者：武翠英 张晓明 任乌晶
2017年9月出版 / 估价：89.00元
PSN B-2013-369-9/10

文化蓝皮书
中国文化产业发展报告（2016~2017）
著（编）者：张晓明 王家新 章建刚
2017年4月出版 / 估价：89.00元
PSN B-2002-019-1/10

文化蓝皮书
中国文化产业供需协调检测报告（2017）
著（编）者：王亚南 2017年2月出版 / 定价：79.00元
PSN B-2013-323-8/10

文化蓝皮书
中国文化消费需求景气评价报告（2017）
著（编）者：王亚南 2017年2月出版 / 定价：79.00元
PSN B-2011-236-4/10

文化品牌蓝皮书
中国文化品牌发展报告（2017）
著（编）者：欧阳友权 2017年5月出版 / 估价：98.00元
PSN B-2012-277-1/1

文化遗产蓝皮书
中国文化遗产事业发展报告（2017）
著（编）者：苏杨 张颖岚 王宇飞
2017年8月出版 / 估价：98.00元
PSN B-2008-119-1/1

文学蓝皮书
中国文情报告（2016~2017）
著（编）者：白烨 2017年5月出版 / 估价：49.00元
PSN B-2011-221-1/1

新媒体蓝皮书
中国新媒体发展报告No.8（2017）
著（编）者：唐绪军 2017年6月出版 / 估价：89.00元
PSN B-2010-169-1/1

新媒体社会责任蓝皮书
中国新媒体社会责任研究报告（2017）
著（编）者：钟瑛 2017年11月出版 / 估价：89.00元
PSN B-2014-423-1/1

移动互联网蓝皮书
中国移动互联网发展报告（2017）
著（编）者：官建文 2017年6月出版 / 估价：89.00元
PSN B-2012-282-1/1

舆情蓝皮书
中国社会舆情与危机管理报告（2017）
著（编）者：谢耘耕 2017年9月出版 / 估价：128.00元
PSN B-2011-235-1/1

影视蓝皮书
中国影视产业发展报告（2017）
著（编）者：司若 2017年4月出版 / 估价：138.00元
PSN B-2016-530-1/1

地方发展类

安徽经济蓝皮书
合芜蚌国家自主创新综合示范区研究报告（2016~2017）
著（编）者：黄家海 王开玉 蔡宪
2017年7月出版 / 估价：89.00元
PSN B-2014-383-1/1

安徽蓝皮书
安徽社会发展报告（2017）
著（编）者：程桦 2017年4月出版 / 估价：89.00元
PSN B-2013-325-1/1

澳门蓝皮书
澳门经济社会发展报告（2016~2017）
著（编）者：吴志良 郝雨凡 2017年6月出版 / 估价：98.00元
PSN B-2009-138-1/1

北京蓝皮书
北京公共服务发展报告（2016~2017）
著（编）者：施昌奎 2017年3月出版 / 定价：79.00元
PSN B-2008-103-7/8

北京蓝皮书
北京经济发展报告（2016~2017）
著（编）者：杨松 2017年6月出版 / 估价：89.00元
PSN B-2006-054-2/8

北京蓝皮书
北京社会发展报告（2016~2017）
著（编）者：李伟东 2017年6月出版 / 估价：89.00元
PSN B-2006-055-3/8

北京蓝皮书
北京社会治理发展报告（2016~2017）
著（编）者：殷星辰 2017年5月出版 / 估价：89.00元
PSN B-2014-391-8/8

北京蓝皮书
北京文化发展报告（2016~2017）
著（编）者：李建盛 2017年4月出版 / 估价：89.00元
PSN B-2007-082-4/8

北京律师绿皮书
北京律师发展报告No.3（2017）
著（编）者：王隽 2017年7月出版 / 估价：88.00元
PSN G-2012-301-1/1

北京旅游蓝皮书
北京旅游发展报告（2017）
著（编）者：北京旅游学会 2017年4月出版 / 估价：88.00元
PSN B-2011-217-1/1

地方发展类 | **皮书系列 2017全品种**

北京人才蓝皮书
北京人才发展报告（2017）
著(编)者：于淼　2017年12月出版　估价：128.00元
PSN B-2011-201-1/1

北京社会心态蓝皮书
北京社会心态分析报告（2016~2017）
著(编)者：北京社会心理研究所
2017年8月出版　估价：89.00元
PSN B-2014-422-1/1

北京社会组织管理蓝皮书
北京社会组织发展与管理（2016~2017）
著(编)者：黄江松　2017年4月出版　估价：88.00元
PSN B-2015-446-1/1

北京体育蓝皮书
北京体育产业发展报告（2016~2017）
著(编)者：钟秉枢　陈杰　杨铁黎
2017年9月出版　估价：89.00元
PSN B-2015-475-1/1

北京养老产业蓝皮书
北京养老产业发展报告（2017）
著(编)者：周明明　冯喜良　2017年8月出版　估价：89.00元
PSN B-2015-465-1/1

滨海金融蓝皮书
滨海新区金融发展报告（2017）
著(编)者：王爱俭　张锐钢　2017年12月出版　估价：89.00元
PSN B-2014-424-1/1

城乡一体化蓝皮书
中国城乡一体化发展报告·北京卷（2016~2017）
著(编)者：张宝秀　黄序　2017年5月出版　估价：89.00元
PSN B-2012-258-2/2

创意城市蓝皮书
北京文化创意产业发展报告（2017）
著(编)者：张京成　王国华　2017年10月出版　估价：89.00元
PSN B-2012-263-1/7

创意城市蓝皮书
天津文化创意产业发展报告（2016~2017）
著(编)者：谢思全　2017年6月出版　估价：89.00元
PSN B-2016-537-7/7

创意城市蓝皮书
武汉文化创意产业发展报告（2017）
著(编)者：黄永林　陈汉桥　2017年9月出版　估价：99.00元
PSN B-2013-354-4/7

创意上海蓝皮书
上海文化创意产业发展报告（2016~2017）
著(编)者：王慧敏　王兴全　2017年8月出版　估价：89.00元
PSN B-2016-562-1/1

福建妇女发展蓝皮书
福建省妇女发展报告（2017）
著(编)者：刘群英　2017年11月出版　估价：88.00元
PSN B-2011-220-1/1

福建自贸区蓝皮书
中国（福建）自由贸易实验区发展报告（2016~2017）
著(编)者：黄茂兴　2017年4月出版　估价：108.00元
PSN B-2017-532-1/1

甘肃蓝皮书
甘肃经济发展分析与预测（2017）
著(编)者：安文华　罗哲　2017年1月出版　定价：79.00元
PSN B-2013-312-1/6

甘肃蓝皮书
甘肃社会发展分析与预测（2017）
著(编)者：安文华　包晓霞　谢增虎
2017年1月出版　定价：79.00元
PSN B-2013-313-2/6

甘肃蓝皮书
甘肃文化发展分析与预测（2017）
著(编)者：王俊莲　周小华　2017年1月出版　定价：79.00元
PSN B-2013-314-3/6

甘肃蓝皮书
甘肃县域和农村发展报告（2017）
著(编)者：朱智文　包东红　王建兵
2017年1月出版　定价：79.00元
PSN B-2013-316-5/6

甘肃蓝皮书
甘肃舆情分析与预测（2017）
著(编)者：陈双梅　张谦元　2017年1月出版　定价：79.00元
PSN B-2013-315-4/6

甘肃蓝皮书
甘肃商贸流通发展报告（2017）
著(编)者：张应华　王福生　王晓芳
2017年1月出版　定价：79.00元
PSN B-2016-523-6/6

广东蓝皮书
广东全面深化改革发展报告（2017）
著(编)者：周林生　涂成林　2017年12月出版　估价：89.00元
PSN B-2015-504-3/3

广东蓝皮书
广东社会工作发展报告（2017）
著(编)者：罗观翠　2017年6月出版　估价：89.00元
PSN B-2014-402-2/3

广东外经贸蓝皮书
广东对外经济贸易发展研究报告（2016~2017）
著(编)者：陈万灵　2017年8月出版　估价：98.00元
PSN B-2012-286-1/1

广西北部湾经济区蓝皮书
广西北部湾经济区开放开发报告（2017）
著(编)者：广西北部湾经济区规划建设管理委员会办公室
广西社会科学院 广西北部湾发展研究院
2017年4月出版　估价：89.00元
PSN B-2010-181-1/1

巩义蓝皮书
巩义经济社会发展报告（2017）
著(编)者：丁同民　朱军　2017年4月出版　估价：58.00元
PSN B-2016-533-1/1

广州蓝皮书
2017年中国广州经济形势分析与预测
著(编)者：庾建设　陈浩钿　谢博能
2017年7月出版　估价：85.00元
PSN B-2011-185-9/14

25

皮书系列 2017全品种 地方发展类

广州蓝皮书
2017年中国广州社会形势分析与预测
著(编)者：张强 陈怡霓 杨秦　2017年6月出版　估价：85.00元
PSN B-2008-110-5/14

广州蓝皮书
广州城市国际化发展报告（2017）
著(编)者：朱名宏　2017年8月出版　估价：79.00元
PSN B-2012-246-11/14

广州蓝皮书
广州创新型城市发展报告（2017）
著(编)者：尹涛　2017年7月出版　估价：79.00元
PSN B-2012-247-12/14

广州蓝皮书
广州经济发展报告（2017）
著(编)者：朱名宏　2017年7月出版　估价：79.00元
PSN B-2005-040-1/14

广州蓝皮书
广州农村发展报告（2017）
著(编)者：朱名宏　2017年8月出版　估价：79.00元
PSN B-2010-167-8/14

广州蓝皮书
广州汽车产业发展报告（2017）
著(编)者：杨再高 冯兴亚　2017年7月出版　估价：79.00元
PSN B-2006-066-3/14

广州蓝皮书
广州青年发展报告（2016~2017）
著(编)者：徐柳 张强　2017年9月出版　估价：79.00元
PSN B-2013-352-13/14

广州蓝皮书
广州商贸业发展报告（2017）
著(编)者：李江涛 肖振宇 荀振英
2017年7月出版　估价：79.00元
PSN B-2012-245-10/14

广州蓝皮书
广州社会保障发展报告（2017）
著(编)者：蔡国萱　2017年8月出版　估价：79.00元
PSN B-2014-425-14/14

广州蓝皮书
广州文化创意产业发展报告（2017）
著(编)者：徐咏虹　2017年7月出版　估价：79.00元
PSN B-2008-111-6/14

广州蓝皮书
中国广州城市建设与管理发展报告（2017）
著(编)者：董皞 陈小钢 李江涛
2017年7月出版　估价：85.00元
PSN B-2007-087-4/14

广州蓝皮书
中国广州科技创新发展报告（2017）
著(编)者：邹采荣 马正勇 陈爽
2017年7月出版　估价：79.00元
PSN B-2006-065-2/14

广州蓝皮书
中国广州文化发展报告（2017）
著(编)者：徐俊忠 陆志强 顾涧清
2017年7月出版　估价：79.00元
PSN B-2009-134-7/14

贵阳蓝皮书
贵阳城市创新发展报告No.2（白云篇）
著(编)者：连玉明　2017年10月出版　估价：89.00元
PSN B-2015-491-3/10

贵阳蓝皮书
贵阳城市创新发展报告No.2（观山湖篇）
著(编)者：连玉明　2017年10月出版　估价：89.00元
PSN B-2011-235-1/1

贵阳蓝皮书
贵阳城市创新发展报告No.2（花溪篇）
著(编)者：连玉明　2017年10月出版　估价：89.00元
PSN B-2015-490-2/10

贵阳蓝皮书
贵阳城市创新发展报告No.2（开阳篇）
著(编)者：连玉明　2017年10月出版　估价：89.00元
PSN B-2015-492-4/10

贵阳蓝皮书
贵阳城市创新发展报告No.2（南明篇）
著(编)者：连玉明　2017年10月出版　估价：89.00元
PSN B-2015-496-8/10

贵阳蓝皮书
贵阳城市创新发展报告No.2（清镇篇）
著(编)者：连玉明　2017年10月出版　估价：89.00元
PSN B-2015-489-1/10

贵阳蓝皮书
贵阳城市创新发展报告No.2（乌当篇）
著(编)者：连玉明　2017年10月出版　估价：89.00元
PSN B-2015-495-7/10

贵阳蓝皮书
贵阳城市创新发展报告No.2（息烽篇）
著(编)者：连玉明　2017年10月出版　估价：89.00元
PSN B-2015-493-5/10

贵阳蓝皮书
贵阳城市创新发展报告No.2（修文篇）
著(编)者：连玉明　2017年10月出版　估价：89.00元
PSN B-2015-494-6/10

贵阳蓝皮书
贵阳城市创新发展报告No.2（云岩篇）
著(编)者：连玉明　2017年10月出版　估价：89.00元
PSN B-2015-498-10/10

贵州房地产蓝皮书
贵州房地产发展报告No.4（2017）
著(编)者：武廷方　2017年7月出版　估价：89.00元
PSN B-2014-426-1/1

贵州蓝皮书
贵州册亨经济社会发展报告（2017）
著(编)者：黄德林　2017年3月出版　估价：89.00元
PSN B-2016-526-8/9

地方发展类 | 皮书系列 2017全品种

贵州蓝皮书
贵安新区发展报告（2016~2017）
著（编）者：马长青 吴大华 2017年6月出版 / 估价：89.00元
PSN B-2015-459-4/9

贵州蓝皮书
贵州法治发展报告（2017）
著（编）者：吴大华 2017年5月出版 / 估价：89.00元
PSN B-2012-254-2/9

贵州蓝皮书
贵州国有企业社会责任发展报告（2016~2017）
著（编）者：郭丽 周航 万强
2017年12月出版 / 估价：89.00元
PSN B-2015-511-6/9

贵州蓝皮书
贵州民航业发展报告（2017）
著（编）者：申振东 吴大华 2017年10月出版 / 估价：89.00元
PSN B-2015-471-5/9

贵州蓝皮书
贵州民营经济发展报告（2017）
著（编）者：杨静 吴大华 2017年4月出版 / 估价：89.00元
PSN B-2016-531-9/9

贵州蓝皮书
贵州人才发展报告（2017）
著（编）者：于杰 吴大华 2017年9月出版 / 估价：89.00元
PSN B-2014-382-3/9

贵州蓝皮书
贵州社会发展报告（2017）
著（编）者：王兴骥 2017年6月出版 / 估价：89.00元
PSN B-2010-166-1/9

贵州蓝皮书
贵州国家级开放创新平台发展报告（2017）
著（编）者：申晓庆 吴大华 李泓
2017年6月出版 / 估价：89.00元
PSN B-2016-518-1/9

海淀蓝皮书
海淀区文化和科技融合发展报告（2017）
著（编）者：陈名杰 孟景伟 2017年5月出版 / 估价：85.00元
PSN B-2013-329-1/1

杭州都市圈蓝皮书
杭州都市圈发展报告（2017）
著（编）者：沈翔 戚建国 2017年5月出版 / 估价：128.00元
PSN B-2012-302-1/1

杭州蓝皮书
杭州妇女发展报告（2017）
著（编）者：魏颖 2017年6月出版 / 估价：89.00元
PSN B-2014-403-1/1

河北经济蓝皮书
河北省经济发展报告（2017）
著（编）者：马树强 金浩 张贵
2017年4月出版 / 估价：89.00元
PSN B-2014-380-1/1

河北蓝皮书
河北经济社会发展报告（2017）
著（编）者：郭金平 2017年1月出版 / 定价：79.00元
PSN B-2014-372-1/2

河北蓝皮书
京津冀协同发展报告（2017）
著（编）者：陈路 2017年1月出版 / 定价：79.00元
PSN B-2017-601-2/2

河北食品药品安全蓝皮书
河北食品药品安全研究报告（2017）
著（编）者：丁锦霞 2017年6月出版 / 估价：89.00元
PSN B-2015-473-1/1

河南经济蓝皮书
2017年河南经济形势分析与预测
著（编）者：王世炎 2017年3月出版 / 定价：79.00元
PSN B-2007-086-1/1

河南蓝皮书
2017年河南社会形势分析与预测
著（编）者：刘道兴 牛苏林 2017年4月出版 / 估价89.00元
PSN B-2005-043-1/8

河南蓝皮书
河南城市发展报告（2017）
著（编）者：张占仓 王建国 2017年5月出版 / 估价：89.00元
PSN B-2009-131-3/8

河南蓝皮书
河南法治发展报告（2017）
著（编）者：丁同民 张林海 2017年5月出版 / 估价：89.00元
PSN B-2014-376-6/8

河南蓝皮书
河南工业发展报告（2017）
著（编）者：张占仓 丁同民 2017年5月出版 / 估价：89.00元
PSN B-2013-317-5/8

河南蓝皮书
河南金融发展报告（2017）
著（编）者：河南省社会科学院
2017年6月出版 / 估价：89.00元
PSN B-2014-390-7/8

河南蓝皮书
河南经济发展报告（2017）
著（编）者：张占仓 完世伟 2017年4月出版 / 估价：89.00元
PSN B-2010-157-4/8

河南蓝皮书
河南农业农村发展报告（2017）
著（编）者：吴海峰 2017年4月出版 / 估价：89.00元
PSN B-2015-445-8/8

河南蓝皮书
河南文化发展报告（2017）
著（编）者：卫绍生 2017年4月出版 / 估价：88.00元
PSN B-2008-106-2/8

河南商务蓝皮书
河南商务发展报告（2017）
著（编）者：焦锦淼 穆荣国 2017年6月出版 / 估价：88.00元
PSN B-2014-399-1/1

黑龙江蓝皮书
黑龙江经济发展报告（2017）
著（编）者：朱宇 2017年1月出版 / 定价：79.00元
PSN B-2011-190-2/2

皮书系列重点推荐 — 地方发展类

黑龙江蓝皮书
黑龙江社会发展报告（2017）
著(编)者：谢宝禄　2017年1月出版 / 定价：79.00元
PSN B-2011-189-1/2

湖北文化蓝皮书
湖北文化发展报告（2017）
著(编)者：吴成国　2017年10月出版 / 估价：95.00元
PSN B-2016-567-1/1

湖南城市蓝皮书
区域城市群整合
著(编)者：童中贤　韩未名
2017年12月出版 / 估价：89.00元
PSN B-2006-064-1/1

湖南蓝皮书
2017年湖南产业发展报告
著(编)者：梁志峰　2017年5月出版 / 估价：128.00元
PSN B-2011-207-2/8

湖南蓝皮书
2017年湖南电子政务发展报告
著(编)者：梁志峰　2017年5月出版 / 估价：128.00元
PSN B-2014-394-6/8

湖南蓝皮书
2017年湖南经济展望
著(编)者：梁志峰　2017年5月出版 / 估价：128.00元
PSN B-2011-206-1/8

湖南蓝皮书
2017年湖南两型社会与生态文明发展报告
著(编)者：梁志峰　2017年5月出版 / 估价：128.00元
PSN B-2011-208-3/8

湖南蓝皮书
2017年湖南社会发展报告
著(编)者：梁志峰　2017年5月出版 / 估价：128.00元
PSN B-2014-393-5/8

湖南蓝皮书
2017年湖南县域经济社会发展报告
著(编)者：梁志峰　2017年5月出版 / 估价：128.00元
PSN B-2014-395-7/8

湖南蓝皮书
湖南城乡一体化发展报告（2017）
著(编)者：陈文胜　王文强　陆福兴　邝奕轩
2017年6月出版 / 估价：89.00元
PSN B-2015-477-8/8

湖南县域绿皮书
湖南县域发展报告 No.3
著(编)者：袁准　周小毛　黎仁寅
2017年3月出版 / 定价：79.00元
PSN G-2012-274-1/1

沪港蓝皮书
沪港发展报告（2017）
著(编)者：尤安山　2017年9月出版 / 估价：89.00元
PSN B-2013-362-1/1

吉林蓝皮书
2017年吉林经济社会形势分析与预测
著(编)者：邵汉明　2016年12月出版 / 定价：79.00元
PSN B-2013-319-1/1

吉林省城市竞争力蓝皮书
吉林省城市竞争力报告（2016~2017）
著(编)者：崔岳春　张磊　2016年12月出版 / 定价：79.00元
PSN B-2015-513-1/1

济源蓝皮书
济源经济社会发展报告（2017）
著(编)者：喻新安　2017年4月出版 / 估价：89.00元
PSN B-2014-387-1/1

健康城市蓝皮书
北京健康城市建设研究报告（2017）
著(编)者：王鸿春　2017年8月出版 / 估价：89.00元
PSN B-2015-460-1/2

江苏法治蓝皮书
江苏法治发展报告 No.6（2017）
著(编)者：蔡道通　龚廷泰　2017年8月出版 / 估价：98.00元
PSN B-2012-290-1/1

江西蓝皮书
江西经济社会发展报告（2017）
著(编)者：张勇　姜玮　梁勇　2017年10月出版 / 估价：89.00元
PSN B-2015-484-1/2

江西蓝皮书
江西设区市发展报告（2017）
著(编)者：姜玮　梁勇　2017年10月出版 / 估价：79.00元
PSN B-2016-517-2/2

江西文化蓝皮书
江西文化产业发展报告（2017）
著(编)者：张圣才　汪春翔
2017年10月出版 / 估价：128.00元
PSN B-2015-499-1/1

街道蓝皮书
北京街道发展报告No.2（白纸坊篇）
著(编)者：连玉明　2017年8月出版 / 估价：98.00元
PSN B-2016-544-7/15

街道蓝皮书
北京街道发展报告No.2（椿树篇）
著(编)者：连玉明　2017年8月出版 / 估价：98.00元
PSN B-2016-548-11/15

街道蓝皮书
北京街道发展报告No.2（大栅栏篇）
著(编)者：连玉明　2017年8月出版 / 估价：98.00元
PSN B-2016-552-15/15

街道蓝皮书
北京街道发展报告No.2（德胜篇）
著(编)者：连玉明　2017年8月出版 / 估价：98.00元
PSN B-2016-551-14/15

街道蓝皮书
北京街道发展报告No.2（广安门内篇）
著(编)者：连玉明　2017年8月出版 / 估价：98.00元
PSN B-2016-540-3/15

地方发展类 | 皮书系列 重点推荐

街道蓝皮书
北京街道发展报告No.2（广安门外篇）
著(编)者：连玉明　2017年8月出版 / 估价：98.00元
PSN B-2016-547-10/15

街道蓝皮书
北京街道发展报告No.2（金融街篇）
著(编)者：连玉明　2017年8月出版 / 估价：98.00元
PSN B-2016-538-1/15

街道蓝皮书
北京街道发展报告No.2（牛街篇）
著(编)者：连玉明　2017年8月出版 / 估价：98.00元
PSN B-2016-545-8/15

街道蓝皮书
北京街道发展报告No.2（什刹海篇）
著(编)者：连玉明　2017年8月出版 / 估价：98.00元
PSN B-2016-546-9/15

街道蓝皮书
北京街道发展报告No.2（陶然亭篇）
著(编)者：连玉明　2017年8月出版 / 估价：98.00元
PSN B-2016-542-5/15

街道蓝皮书
北京街道发展报告No.2（天桥篇）
著(编)者：连玉明　2017年8月出版 / 估价：98.00元
PSN B-2016-549-12/15

街道蓝皮书
北京街道发展报告No.2（西长安街篇）
著(编)者：连玉明　2017年8月出版 / 估价：98.00元
PSN B-2016-543-6/15

街道蓝皮书
北京街道发展报告No.2（新街口篇）
著(编)者：连玉明　2017年8月出版 / 估价：98.00元
PSN B-2016-541-4/15

街道蓝皮书
北京街道发展报告No.2（月坛篇）
著(编)者：连玉明　2017年8月出版 / 估价：98.00元
PSN B-2016-539-2/15

街道蓝皮书
北京街道发展报告No.2（展览路篇）
著(编)者：连玉明　2017年8月出版 / 估价：98.00元
PSN B-2016-550-13/15

经济特区蓝皮书
中国经济特区发展报告（2017）
著(编)者：陶一桃　2017年12月出版 / 估价：98.00元
PSN B-2009-139-1/1

辽宁蓝皮书
2017年辽宁经济社会形势分析与预测
著(编)者：曹晓峰　梁启东
2017年4月出版 / 估价：79.00元
PSN B-2006-053-1/1

洛阳蓝皮书
洛阳文化发展报告（2017）
著(编)者：刘福兴　陈启明　2017年7月出版 / 估价：89.00元
PSN B-2015-476-1/1

南京蓝皮书
南京文化发展报告（2017）
著(编)者：徐宁　2017年10月出版 / 估价：89.00元
PSN B-2014-439-1/1

南宁蓝皮书
南宁法治发展报告（2017）
著(编)者：杨维超　2017年12月出版 / 估价：79.00元
PSN B-2015-509-1/3

南宁蓝皮书
南宁经济发展报告（2017）
著(编)者：胡建华　2017年9月出版 / 估价：79.00元
PSN B-2016-570-2/3

南宁蓝皮书
南宁社会发展报告（2017）
著(编)者：胡建华　2017年9月出版 / 估价：79.00元
PSN B-2016-571-3/3

内蒙古蓝皮书
内蒙古反腐倡廉建设报告 No.2
著(编)者：张志华　无极　2017年12月出版 / 估价：79.00元
PSN B-2013-365-1/1

浦东新区蓝皮书
上海浦东经济发展报告（2017）
著(编)者：沈开艳　周奇　2017年2月出版 / 定价：79.00元
PSN B-2011-225-1/1

青海蓝皮书
2017年青海经济社会形势分析与预测
著(编)者：陈玮　2016年12月出版 / 定价：79.00元
PSN B-2012-275-1/1

人口与健康蓝皮书
深圳人口与健康发展报告（2017）
著(编)者：陆杰华　罗乐宣　苏杨
2017年11月出版 / 估价：89.00元
PSN B-2011-228-1/1

山东蓝皮书
山东经济形势分析与预测（2017）
著(编)者：李广杰　2017年7月出版 / 估价：89.00元
PSN B-2014-404-1/4

山东蓝皮书
山东社会形势分析与预测（2017）
著(编)者：张华　唐洲雁　2017年6月出版 / 估价：89.00元
PSN B-2014-405-2/4

山东蓝皮书
山东文化发展报告（2017）
著(编)者：涂可国　2017年11月出版 / 估价：98.00元
PSN B-2014-406-3/4

山西蓝皮书
山西资源型经济转型发展报告（2017）
著(编)者：李志强　2017年7月出版 / 估价：89.00元
PSN B-2011-197-1/1

皮书系列重点推荐 — 地方发展类

陕西蓝皮书
陕西经济发展报告（2017）
著(编)者：任宗哲 白宽犁 裴成荣
2017年1月出版 / 定价：69.00元
PSN B-2009-135-1/5

陕西蓝皮书
陕西社会发展报告（2017）
著(编)者：任宗哲 白宽犁 牛昉
2017年1月出版 / 定价：69.00元
PSN B-2009-136-2/5

陕西蓝皮书
陕西文化发展报告（2017）
著(编)者：任宗哲 白宽犁 王长寿
2017年1月出版 / 定价：69.00元
PSN B-2009-137-3/5

上海蓝皮书
上海传媒发展报告（2017）
著(编)者：强荧 焦雨虹 2017年2月出版 / 定价：79.00元
PSN B-2012-295-5/7

上海蓝皮书
上海法治发展报告（2017）
著(编)者：叶青 2017年6月出版 / 估价：89.00元
PSN B-2012-296-6/7

上海蓝皮书
上海经济发展报告（2017）
著(编)者：沈开艳 2017年2月出版 / 定价：79.00元
PSN B-2006-057-1/7

上海蓝皮书
上海社会发展报告（2017）
著(编)者：杨雄 周海旺 2017年2月出版 / 定价：79.00元
PSN B-2006-058-2/7

上海蓝皮书
上海文化发展报告（2017）
著(编)者：荣跃明 2017年2月出版 / 定价：79.00元
PSN B-2006-059-3/7

上海蓝皮书
上海文学发展报告（2017）
著(编)者：陈圣来 2017年6月出版 / 估价：89.00元
PSN B-2012-297-7/7

上海蓝皮书
上海资源环境发展报告（2017）
著(编)者：周冯琦 汤庆合
2017年2月出版 / 定价：79.00元
PSN B-2006-060-4/7

社会建设蓝皮书
2017年北京社会建设分析报告
著(编)者：宋贵伦 冯虹 2017年10月出版 / 估价：89.00元
PSN B-2010-173-1/1

深圳蓝皮书
深圳法治发展报告（2017）
著(编)者：张骁儒 2017年6月出版 / 估价：89.00元
PSN B-2015-470-6/7

深圳蓝皮书
深圳经济发展报告（2017）
著(编)者：张骁儒 2017年7月出版 / 估价：89.00元
PSN B-2008-112-3/7

深圳蓝皮书
深圳劳动关系发展报告（2017）
著(编)者：汤庭芬 2017年6月出版 / 估价：89.00元
PSN B-2007-097-2/7

深圳蓝皮书
深圳社会建设与发展报告（2017）
著(编)者：张骁儒 陈东平 2017年7月出版 / 估价：89.00元
PSN B-2008-113-4/7

深圳蓝皮书
深圳文化发展报告（2017）
著(编)者：张骁儒 2017年7月出版 / 估价：89.00元
PSN B-2016-555-7/7

丝绸之路蓝皮书
丝绸之路经济带发展报告（2017）
著(编)者：任宗哲 白宽犁 谷孟宾
2017年1月出版 / 定价：75.00元
PSN B-2014-410-1/1

法治蓝皮书
四川依法治省年度报告 No.3（2017）
著(编)者：李林 杨天宗 田禾
2017年3月出版 / 定价：118.00元
PSN B-2015-447-1/1

四川蓝皮书
2017年四川经济形势分析与预测
著(编)者：杨钢 2017年1月出版 / 定价：98.00元
PSN B-2007-098-2/7

四川蓝皮书
四川城镇化发展报告（2017）
著(编)者：侯水平 陈炜 2017年4月出版 / 估价：85.00元
PSN B-2015-456-7/7

四川蓝皮书
四川法治发展报告（2017）
著(编)者：郑泰安 2017年4月出版 / 估价：89.00元
PSN B-2015-441-5/7

四川蓝皮书
四川企业社会责任研究报告（2016～2017）
著(编)者：侯水平 盛毅 翟刚
2017年4月出版 / 估价：89.00元
PSN B-2014-386-4/7

四川蓝皮书
四川社会发展报告（2017）
著(编)者：李羚 2017年5月出版 / 估价：89.00元
PSN B-2008-127-3/7

四川蓝皮书
四川生态建设报告（2017）
著(编)者：李晟之 2017年4月出版 / 估价：85.00元
PSN B-2015-455-6/7

地方发展类 · 国际问题类　皮书系列重点推荐

四川蓝皮书
四川文化产业发展报告（2017）
著（编）者：向宝云 张立伟
2017年4月出版／估价：89.00元
PSN B-2006-074-1/7

体育蓝皮书
上海体育产业发展报告（2016～2017）
著（编）者：张林 黄海燕
2017年10月出版／估价：89.00元
PSN B-2015-454-4/4

体育蓝皮书
长三角地区体育产业发展报告（2016～2017）
著（编）者：张林　2017年4月出版／估价：89.00元
PSN B-2015-453-3/4

天津金融蓝皮书
天津金融发展报告（2017）
著（编）者：王爱俭 孔德昌
2017年12月出版／估价：98.00元
PSN B-2014-418-1/1

图们江区域合作蓝皮书
图们江区域合作发展报告（2017）
著（编）者：李铁　2017年6月出版／估价：98.00元
PSN B-2015-464-1/1

温州蓝皮书
2017年温州经济社会形势分析与预测
著（编）者：潘忠强 王春光 金浩
2017年4月出版／估价：89.00元
PSN B-2008-105-1/1

西咸新区蓝皮书
西咸新区发展报告（2016~2017）
著（编）者：李扬 王军　2017年6月出版／估价：89.00元
PSN B-2016-535-1/1

扬州蓝皮书
扬州经济社会发展报告（2017）
著（编）者：丁纯　2017年12月出版／估价：98.00元
PSN B-2011-191-1/1

长株潭城市群蓝皮书
长株潭城市群发展报告（2017）
著（编）者：张萍　2017年12月出版／估价：89.00元
PSN B-2008-109-1/1

中医文化蓝皮书
北京中医文化传播发展报告（2017）
著（编）者：毛嘉陵　2017年5月出版／估价：79.00元
PSN B-2015-468-1/2

珠三角流通蓝皮书
珠三角商圈发展研究报告（2017）
著（编）者：王先庆 林至颖
2017年7月出版／估价：98.00元
PSN B-2012-292-1/1

遵义蓝皮书
遵义发展报告（2017）
著（编）者：曾征 龚永育 雍思强
2017年12月出版／估价：89.00元
PSN B-2014-433-1/1

国际问题类

"一带一路"跨境通道蓝皮书
"一带一路"跨境通道建设研究报告（2017）
著（编）者：郭业洲　2017年8月出版／估价：89.00元
PSN B-2016-558-1/1

"一带一路"蓝皮书
"一带一路"建设发展报告（2017）
著（编）者：孔丹 李永全　2017年7月出版／估价：89.00元
PSN B-2016-553-1/1

阿拉伯黄皮书
阿拉伯发展报告（2016～2017）
著（编）者：罗林　2017年11月出版／估价：89.00元
PSN Y-2014-381-1/1

北部湾蓝皮书
泛北部湾合作发展报告（2017）
著（编）者：吕余生　2017年12月出版／估价：85.00元
PSN B-2008-114-1/1

大湄公河次区域蓝皮书
大湄公河次区域合作发展报告（2017）
著（编）者：刘稚　2017年8月出版／估价：89.00元
PSN B-2011-196-1/1

大洋洲蓝皮书
大洋洲发展报告（2017）
著（编）者：喻常森　2017年10月出版／估价：89.00元
PSN B-2013-341-1/1

皮书系列重点推荐 国际问题类

德国蓝皮书
德国发展报告（2017）
著(编)者：郑春荣　2017年6月出版 / 估价：89.00元
PSN B-2012-278-1/1

东盟黄皮书
东盟发展报告（2017）
著(编)者：杨晓强　庄国土
2017年4月出版 / 估价：89.00元
PSN Y-2012-303-1/1

东南亚蓝皮书
东南亚地区发展报告（2016～2017）
著(编)者：厦门大学东南亚研究中心　王勤
2017年12月出版 / 估价：89.00元
PSN B-2012-240-1/1

俄罗斯黄皮书
俄罗斯发展报告（2017）
著(编)者：李永全　2017年7月出版 / 估价：89.00元
PSN Y-2006-061-1/1

非洲黄皮书
非洲发展报告No.19（2016～2017）
著(编)者：张宏明　2017年8月出版 / 估价：89.00元
PSN Y-2012-239-1/1

公共外交蓝皮书
中国公共外交发展报告（2017）
著(编)者：赵启正　雷蔚真
2017年4月出版 / 估价：89.00元
PSN B-2015-457-1/1

国际安全蓝皮书
中国国际安全研究报告（2017）
著(编)者：刘慧　2017年7月出版 / 估价：98.00元
PSN B-2016-522-1/1

国际形势黄皮书
全球政治与安全报告（2017）
著(编)者：张宇燕
2017年1月出版 / 定价：89.00元
PSN Y-2001-016-1/1

韩国蓝皮书
韩国发展报告（2017）
著(编)者：牛林杰　刘宝全
2017年11月出版 / 估价：89.00元
PSN B-2010-155-1/1

加拿大蓝皮书
加拿大发展报告（2017）
著(编)者：仲伟合　2017年9月出版 / 估价：89.00元
PSN B-2014-389-1/1

拉美黄皮书
拉丁美洲和加勒比发展报告（2016～2017）
著(编)者：吴白乙　2017年6月出版 / 估价：89.00元
PSN Y-1999-007-1/1

美国蓝皮书
美国研究报告（2017）
著(编)者：郑秉文　黄平　2017年6月出版 / 估价：89.00元
PSN B-2011-210-1/1

缅甸蓝皮书
缅甸国情报告（2017）
著(编)者：李晨阳　2017年12月出版 / 估价：86.00元
PSN B-2013-343-1/1

欧洲蓝皮书
欧洲发展报告（2016～2017）
著(编)者：黄平　周弘　江时学
2017年6月出版 / 估价：89.00元
PSN B-1999-009-1/1

葡语国家蓝皮书
葡语国家发展报告（2017）
著(编)者：王成安　张敏　2017年12月出版 / 估价：89.00元
PSN B-2015-503-1/2

葡语国家蓝皮书
中国与葡语国家关系发展报告·巴西（2017）
著(编)者：张曙光　2017年8月出版 / 估价：89.00元
PSN B-2016-564-2/2

日本经济蓝皮书
日本经济与中日经贸关系研究报告（2017）
著(编)者：张季风　2017年5月出版 / 估价：89.00元
PSN B-2008-102-1/1

日本蓝皮书
日本研究报告（2017）
著(编)者：杨伯江　2017年5月出版 / 估价：89.00元
PSN B-2002-020-1/1

上海合作组织黄皮书
上海合作组织发展报告（2017）
著(编)者：李进峰　吴宏伟　李少捷
2017年6月出版 / 估价：89.00元
PSN Y-2009-130-1/1

世界创新竞争力黄皮书
世界创新竞争力发展报告（2017）
著(编)者：李闽榕　李建平　赵新力
2017年4月出版 / 估价：148.00元
PSN Y-2013-318-1/1

泰国蓝皮书
泰国研究报告（2017）
著(编)者：庄国土　张禹东
2017年8月出版 / 估价：118.00元
PSN B-2016-557-1/1

土耳其蓝皮书
土耳其发展报告（2017）
著(编)者：郭长刚　刘义　2017年9月出版 / 估价：89.00元
PSN B-2014-412-1/1

亚太蓝皮书
亚太地区发展报告（2017）
著(编)者：李向阳　2017年4月出版 / 估价：89.00元
PSN B-2001-015-1/1

印度蓝皮书
印度国情报告（2017）
著(编)者：吕昭义　2017年12月出版 / 估价：89.00元
PSN B-2012-241-1/1

 国际问题类 皮书系列 重点推荐

印度洋地区蓝皮书
印度洋地区发展报告（2017）
著（编）者：汪戎　　2017年6月出版／估价：89.00元
PSN B-2013-334-1/1

英国蓝皮书
英国发展报告（2016～2017）
著（编）者：王展鹏　　2017年11月出版／估价：89.00元
PSN B-2015-486-1/1

越南蓝皮书
越南国情报告（2017）
著（编）者：谢林城
2017年12月出版／估价：89.00元
PSN B-2006-056-1/1

以色列蓝皮书
以色列发展报告（2017）
著（编）者：张倩红　　2017年8月出版／估价：89.00元
PSN B-2015-483-1/1

伊朗蓝皮书
伊朗发展报告（2017）
著（编）者：冀开远　　2017年10月出版／估价：89.00元
PSN B-2016-575-1/1

中东黄皮书
中东发展报告No.19（2016～2017）
著（编）者：杨光　　2017年10月出版／估价：89.00元
PSN Y-1998-004-1/1

中亚黄皮书
中亚国家发展报告（2017）
著（编）者：孙力 吴宏伟　　2017年7月出版／估价：98.00元
PSN Y-2012-238-1/1

　　皮书序列号是社会科学文献出版社专门为识别皮书、管理皮书而设计的编号。皮书序列号是出版皮书的许可证号，是区别皮书与其他图书的重要标志。

　　它由一个前缀和四部分构成。这四部分之间用连字符"－"连接。前缀和这四部分之间空半个汉字（见示例）。

《国际人才蓝皮书：中国留学发展报告》序列号示例

　　从示例中可以看出，《国际人才蓝皮书：中国留学发展报告》的首次出版年份是2012年，是社科文献出版社出版的第244个皮书品种，是"国际人才蓝皮书"系列的第2个品种（共4个品种）。

社会科学文献出版社　　　　　　　　　　**皮书系列**

❖ 皮书起源 ❖

"皮书"起源于十七、十八世纪的英国,主要指官方或社会组织正式发表的重要文件或报告,多以"白皮书"命名。在中国,"皮书"这一概念被社会广泛接受,并被成功运作、发展成为一种全新的出版形态,则源于中国社会科学院社会科学文献出版社。

❖ 皮书定义 ❖

皮书是对中国与世界发展状况和热点问题进行年度监测,以专业的角度、专家的视野和实证研究方法,针对某一领域或区域现状与发展态势展开分析和预测,具备原创性、实证性、专业性、连续性、前沿性、时效性等特点的公开出版物,由一系列权威研究报告组成。

❖ 皮书作者 ❖

皮书系列的作者以中国社会科学院、著名高校、地方社会科学院的研究人员为主,多为国内一流研究机构的权威专家学者,他们的看法和观点代表了学界对中国与世界的现实和未来最高水平的解读与分析。

❖ 皮书荣誉 ❖

皮书系列已成为社会科学文献出版社的著名图书品牌和中国社会科学院的知名学术品牌。2016年,皮书系列正式列入"十三五"国家重点出版规划项目;2012~2016年,重点皮书列入中国社会科学院承担的国家哲学社会科学创新工程项目;2017年,55种院外皮书使用"中国社会科学院创新工程学术出版项目"标识。

中国皮书网

www.pishu.cn

发布皮书研创资讯，传播皮书精彩内容
引领皮书出版潮流，打造皮书服务平台

栏目设置

关于皮书：何谓皮书、皮书分类、皮书大事记、皮书荣誉、
皮书出版第一人、皮书编辑部

最新资讯：通知公告、新闻动态、媒体聚焦、网站专题、视频直播、下载专区

皮书研创：皮书规范、皮书选题、皮书出版、皮书研究、研创团队

皮书评奖评价：指标体系、皮书评价、皮书评奖

互动专区：皮书说、皮书智库、皮书微博、数据库微博

所获荣誉

2008年、2011年，中国皮书网均在全国新闻出版业网站荣誉评选中获得"最具商业价值网站"称号；

2012年，获得"出版业网站百强"称号。

网库合一

2014年，中国皮书网与皮书数据库端口合一，实现资源共享。更多详情请登录www.pishu.cn。

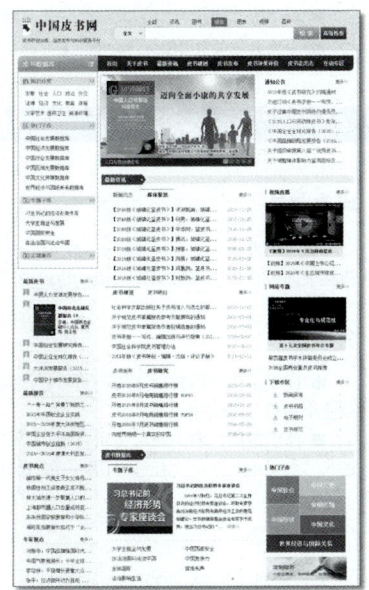

权威报告·热点资讯·特色资源

皮书数据库
ANNUAL REPORT(YEARBOOK) DATABASE

当代中国与世界发展高端智库平台

所获荣誉

- 2016年,入选"国家'十三五'电子出版物出版规划骨干工程"
- 2015年,荣获"搜索中国正能量 点赞2015""创新中国科技创新奖"
- 2013年,荣获"中国出版政府奖·网络出版物奖"提名奖
- 连续多年荣获中国数字出版博览会"数字出版·优秀品牌"奖

成为会员

通过网址www.pishu.com.cn或使用手机扫描二维码进入皮书数据库网站,进行手机号码验证或邮箱验证即可成为皮书数据库会员(建议通过手机号码快速验证注册)。

会员福利

- 使用手机号码首次注册会员可直接获得100元体验金,不需充值即可购买和查看数据库内容(仅限使用手机号码快速注册)。
- 已注册用户购书后可免费获赠100元皮书数据库充值卡。刮开充值卡涂层获取充值密码,登录并进入"会员中心"—"在线充值"—"充值卡充值",充值成功后即可购买和查看数据库内容。

数据库服务热线:400-008-6695
数据库服务QQ:2475522410
数据库服务邮箱:database@ssap.cn

图书销售热线:010-59367070/7028
图书服务QQ:1265056568
图书服务邮箱:duzhe@ssap.cn

1997~2017
皮书品牌20年
YEAR BOOKS

更多信息请登录

皮书数据库
http://www.pishu.com.cn

中国皮书网
http://www.pishu.cn

皮书微博
http://weibo.com/pishu

皮书博客
http://blog.sina.com.cn/pishu

皮书微信"皮书说"

请到当当、亚马逊、京东或各地书店购买，也可办理邮购

咨询/邮购电话：010-59367028　59367070
邮　　箱：duzhe@ssap.cn
邮购地址：北京市西城区北三环中路甲29号院3号楼
　　　　　华龙大厦13层读者服务中心
邮　　编：100029
银行户名：社会科学文献出版社
开户银行：中国工商银行北京北太平庄支行
账　　号：0200010019200365434